# Cada día con Jesús

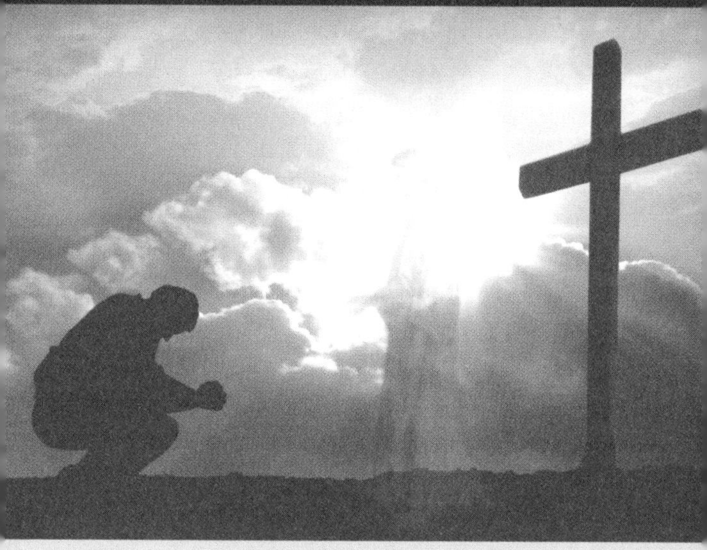

# Cada día con Jesús

## 365 Devociones interactivas

**Inspirado por los más de 27 millones de seguidores en Facebook**

**Dr. Aaron Tabor**
Fundador de la página de fans *Jesus Daily*®

*Cada día con Jesús*


Diseño por Koechel Peterson & Associates, Inc., Minneapolis, MN.

FaithWords
Hachette Book Group USA
237 Park Avenue, New York, NY 10017
www.faithwords.com

Impreso en los Estados Unidos de América
Primera edición: Octubre 2014
10 9 8 7 6 5 4 3 2 1

FaithWords es una división de Hachette Book Group, Inc.
El nombre y el logotipo de FaithWords es una marca registrada de Hachette Book Group, Inc.



International Standard Book Number: 978-1-4555-8775-9

# Introducción

*Danos cada día nuestro pan cotidiano.*

LUCAS 11:3

Antes de crear la página *Jesus Daily* en Facebook, yo sentía que realmente no estaba haciendo cada día lo suficiente para Cristo. Por supuesto, leo a diario mi Biblia y otros materiales, pero como médico, mi tiempo era consumido por la investigación del cáncer de mama y la terapia génica para heridas y regeneración de la piel. Así que parecía muy fuera de mi alcance hacer *cada* día algo positivo como discípulo de Jesús.

Pero entonces, me di cuenta de la increíble oportunidad que tenía al alcance de mis manos, y así nació la página *Jesus Daily*. ¡Decir que su popularidad me ha impactado es un eufemismo! Los números me siguen asombrando y sorprendiendo. Al momento de escribir esto, ¡*Jesus Daily* es la página de fans número uno en más actividad de Facebook con 27 millones de seguidores en 20 países diferentes! Cuando se piensa en las decenas de sitios dedicados a celebridades, cantantes, líderes mundiales y otros sistemas de creencias, es realmente extraordinario. Más de mil millones le dieron "Me gusta", comentaron y compartieron posts en el muro de *Jesus Daily* el año pasado. En promedio, *Jesus Daily* alcanza ahora a casi 200 millones de personas cada mes, llegando a veces a más de 300 millones.

¡La web y las redes sociales han creado el mayor "Camino de los Romanos" (plan de salvación) de la historia y nos permiten a cada uno de nosotros compartir audazmente el amor, el perdón y la salvación de Jesús con unos simples clics y pulsaciones al día! Como los primeros cristianos utilizaron las carreteras de los romanos para llevar el evangelio a los perdidos en las partes más lejanas del mundo, cada uno de nosotros puede ahora leer acerca de Dios en nuestras devociones diarias, así como *hacer* más. Todos los días después de su devoción, usted podrá compartir el evangelio con un amigo a larga distancia por correo electrónico, escribir una oración por los enfermos de cáncer, firmar una petición para salvar a los animales domésticos maltratados, consolar a un nuevo cristiano de un país extranjero que está angustiado porque podría ser asesinado por su fe, y compartir con otros la paz de Dios que sobrepasa todo entendimiento humano.

He creado este devocionario *Cada día con Jesús* para que le resulte rápido y fácil hacer una pausa diaria para reflexionar sobre su amor y su relación con Jesús, y comenzar a dar frutos en la vida real. Cada devoción incluye una breve misión en **CONÉCTESE** con la web (ver ejemplo abajo), que toma solo unos segundos

INTERACCIÓN DIARIA ▾

**CONÉCTESE:** Postee en JesusDaily.com una imagen que muestre cómo lo hace sentir la gracia de Dios.

de su tiempo, y le permite obedecer a Jesús cuando dijo: "Ama a tu prójimo". Le prometo que si ama a Jesús lo suficiente para completar las 365 devociones interactivas y cada misión diaria en la web, usted estará más cerca de Dios que nunca. Ayudar a otros a disfrutar de la gracia salvadora y la consolación de nuestro Señor y Salvador Jesucristo, es la mejor forma de crecer espiritualmente.

Lo reto no solo a empezar a leer y reflexionar acerca de Jesús, sino también a **CONECTARSE** con otros compartiendo el amor y el consuelo de Dios. Aunque muchos buenos libros devocionales le ayudan a pensar y reflexionar en Jesús, este libro le permite y lo motiva a compartir y defender la fe en nuestro Salvador con audacia y amor. Usted será bendecido en muchas maneras de las que puede imaginarse, incluso en medio de las inevitables tormentas de la vida.

Por último, lo insto a crear otros discípulos para multiplicar nuestro impacto global. ¡Jesús fue el Maestro del mensaje viral! Este libro le permite emular fácilmente las acciones de Cristo como parte del mayor Cuerpo de Cristo conectado en www.Facebook.com/JesusDaily, con solo unos simples clics y pulsaciones de teclado cada día. ¡Así que salga de su tranquilo cuarto de oración y "ruja" como el León de Judá que ha salvado nuestras almas pecadoras!

Que sea bendecido cada día.

Dr. Aaron Tabor

# ENERO

*Así que mi Dios les proveerá de todo lo que necesiten, conforme a las gloriosas riquezas que tiene en Cristo Jesús.*

Filipenses 4:19

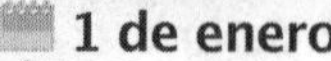

## 1 de enero

*Por lo tanto, si alguno está en Cristo, es una nueva creación. ¡Lo viejo ha pasado, ha llegado ya lo nuevo!*
2 Corintios 5:17

DEVOCIÓN ▾

# Buenas noticias

Una página en blanco, un espacio libre, un nuevo comienzo.

En un nuevo año, con frecuencia nos sentimos presionados a tomar resoluciones y llegar a ser, de una buena vez, la mejor versión de nosotros mismos que podamos lograr. Aunque cuando el calendario voltea una nueva página es un buen momento para hacer cambios, también es bueno saber que realmente hay una sola cosa que puede transformarnos. La gracia de Dios nos es dada gratuitamente, sin tener en cuenta cuántas calorías contamos o cuántos ejercicios completamos. No necesitamos mirar menos televisión y comer más vegetales. Solo tenemos que pedirle a nuestro Padre que nos perdone, y aceptar la gracia que Él tan generosamente da.

Y la buena noticia es que este nuevo comienzo está disponible todos los días, no solo el día de Año Nuevo. El perdón de Dios nos cambia de adentro hacia afuera. ¡Qué mejor manera de volver a empezar que recordar quiénes somos en Cristo!

INTERACCIÓN DIARIA ▾

**CONÉCTESE:** Postee en JesusDaily.com una imagen que muestre cómo lo hace sentir la gracia de Dios.

*Porque yo sé muy bien los planes que tengo para ustedes "afirma el Señor", planes de bienestar y no de calamidad, a fin de darles un futuro y una esperanza.*

JEREMÍAS 29:11

▼ DEVOCIÓN

## Él tiene el control

Cuando anotamos por escrito nuestras citas y arreglamos nuestros horarios, debemos recordar que en última instancia Dios controla nuestro calendario. Cada día pensamos que sabemos lo que está por delante, y a menudo nuestra rutina mantiene el mismo patrón. Pero cuando no es así, podemos sentirnos decepcionados, preocupados, o tener temor de lo rápido que nuestras vidas pueden cambiar en el transcurso de un día. Nuestro amigo nos traiciona, los resultados de los exámenes nos asustan, o nuestro jefe mina nuestro desempeño. Así que muchas cosas pueden cambiar en cuestión de segundos.

Pero en su Palabra, Dios nos dice que Él es el mismo ayer, hoy y mañana. Él no solo sigue siendo el único constante en un mundo de cambios continuos, sino que además tiene un plan para nuestras vidas. No siempre podemos ver lo que se trae entre manos, pero podemos descansar en la seguridad de saber que nuestro futuro se halla en las manos de nuestro Padre.

INTERACCIÓN DIARIA ▼

**CONÉCTESE:** Organice un tiempo para charlar o tener una videoconferencia con amigos a larga distancia y dígales algo que usted realmente extraña de ellos.

## 3 de enero

*Me has dado a conocer la senda de la vida; me llenarás de alegría en tu presencia, y de dicha eterna a tu derecha.*
SALMO 16:11

DEVOCIÓN ▾

# Él está con nosotros

Frecuentemente, al comienzo de un nuevo año usted afronta un montón de decisiones. Ya se trate de reuniones programadas, viajes y eventos, o elegir cómo gastará su tiempo y su dinero, usted proyecta una visión de cómo le gustaría que fueran los próximos doce meses. Usted puede planificar todo lo que quiera, pero si el Señor no es la brújula que está en el centro de sus opciones, es seguro que se perderá.

Cuando nos volvemos a Dios y pedimos su guía, Él se deleita en guiarnos para cumplir nuestro propósito. Aunque podamos enfrentar obstáculos y desafíos, podemos perseverar, sabiendo que Él va delante de nosotros. Incluso cuando sufrimos circunstancias dolorosas, podemos experimentar el gozo, porque sabemos que Dios está con nosotros, dirigiendo nuestro camino y protegiendo nuestro corazón.

INTERACCIÓN DIARIA ▾

**CONÉCTESE:** Visite JesusDaily.com, regístrese para recibir actualizaciones y aliento por correo electrónico (solo en inglés), y explore maneras de conectarse con otros creyentes.

*¡Refúgiense en el Señor y en su fuerza, busquen siempre su presencia! ¡Recuerden las maravillas que ha realizado, los prodigios y los juicios que ha emitido!*

1 Crónicas 16:11–12

▼ DEVOCIÓN

## Él va delante de nosotros

El comienzo de un nuevo año suele ser un buen momento para reflexionar en el año que pasó y dónde se halla usted ahora. Usted puede rastrear su trayectoria durante los doce meses anteriores y vislumbrar la presencia de Dios en sus experiencias. Ya sea que se trate del recuerdo de una imponente puesta de sol en la playa o de la conexión que sintió con un ser querido, Dios se revela de muchas maneras hermosas e inesperadas. Él también está allí para nosotros en los momentos difíciles, los momentos del año pasado en que nos sentimos decepcionados, heridos, y temerosos. A veces estas experiencias nos proporcionan más fuerza que las agradables. Cuando miramos hacia atrás y vemos cómo Dios proveyó para nosotros, nos fortaleció y nos protegió, se nos recuerda que Él hará lo mismo por nosotros este año. Podemos sentir aprensión sobre lo que nos deparan los próximos meses, pero Dios ya está delante de nosotros, abriéndonos el camino.

INTERACCIÓN DIARIA ▼

**CONÉCTESE:** Comparta algo de su lista de gratitud con un amigo en línea. Pídale que comparta uno de sus agradecimientos con usted.

## 5 de enero

*El Señor es mi fuerza y mi escudo; mi corazón en él confía; de él recibo ayuda. Mi corazón salta de alegría, y con cánticos le daré gracias.*

SALMO 28:7

DEVOCIÓN ▾

# Él es fuerte

¿Cuántas resoluciones tomó para este nuevo año? Una que aparece en la lista de la mayoría de la gente es hacer más ejercicio. Al aceptar un nuevo comienzo, a menudo nos comprometemos a ejercitarnos más y ser más prudentes respecto al cuidado de nuestro cuerpo.

Esta es una meta estupenda: después de todo, su cuerpo es en verdad el templo del Señor, el lugar sagrado donde mora su Espíritu. Cuando respeta y reverencia su cuerpo como un don de Dios, usted está diciendo gracias. Si puede leer estas palabras, sus ojos están funcionando. Si puede iniciar sesión en la página de *Jesus Daily,* sus dedos deben poder escribir. Si disfrutó un buen sueño por la noche o el sabor de su desayuno, dé gracias al Señor.

Independientemente de la condición de su cuerpo, cuanta más intimidad tenga en su relación con Dios, más fuerte se vuelve—a menudo, externamente, pero siempre internamente.

INTERACCIÓN DIARIA ▾

**CONÉCTESE:** Dé un paseo de veinte minutos con un compañero de trabajo, vecino o miembro de la familia. Comparta con esa persona algo que usted sepa que podría fortalecer su cuerpo.

*Al que puede hacer muchísimo más que todo lo que podamos imaginarnos o pedir, por el poder que obra eficazmente en nosotros, ¡a él sea la gloria en la iglesia y en Cristo Jesús...!*

EFESIOS 3:20-21

▾ DEVOCIÓN

## Él es capaz

Usted sirve a un Dios que es capaz de hacer mucho más de lo que usted siquiera puede imaginar. Con frecuencia podemos sentir temor de pedirle a Dios lo que necesitamos, y ni hablar de lo que pensamos que queremos. Pero si se acerca a Él con las mayores expectativas, esperando más allá de lo que podemos imaginar, usted podrá darse cuenta de cuán a menudo Él satisface sus peticiones.

A veces, su fe puede sentirse limitada simplemente porque usted no está orando con expectativa ni prestando atención. Jesús nos dice que no tenemos porque no pedimos. No deberíamos sentirnos cohibidos, culpables o codiciosos cuando le pedimos a nuestro Padre lo que necesitamos. Él se deleita en darnos buenos regalos, sobrepasando en mucho cualquier cosa que podamos imaginar para nosotros mismos. Pero tenemos que darle la oportunidad volviendo nuestro corazón hacia Él. Cuando practicamos este hábito, descubrimos que sus misericordias son realmente nuevas cada mañana.

INTERACCIÓN DIARIA ▾

**CONÉCTESE:** Busque una oportunidad para satisfacer las necesidades de otra persona revisando mensajes, blogs y sitios web que enumeran las oportunidades de servir al reino de Dios.

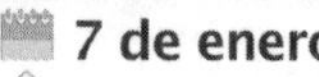

# 7 de enero

*El justo será siempre recordado; ciertamente nunca fracasará. No temerá recibir malas noticias; su corazón estará firme, confiado en el Señor.*
SALMO 112:6-7

DEVOCIÓN ▾

## Corra hacia Él

Ahora que ya vivió una semana entera de este nuevo año, puede encontrarse deslizándose a los viejos patrones. Sus metas para cambiar eran bien intencionadas, y usted seguirá intentando cuando las piense. Pero es que hay mucho por hacer y muchas horas en el día. Parece muy difícil mantenerse en contacto con Dios cuando todo y todos a su alrededor lo están empujando y tironeando constantemente.

Dios lo está capacitando para que camine con paso seguro. Muchas cosas lo interrumpen, lo distraen y obstaculizan la conciencia de la presencia de Dios en su vida. Con tantas voces que exigen nuestra atención, con los teléfonos inteligentes y las redes sociales siempre al alcance, usted puede perder la concentración y perder de vista sus verdaderas prioridades. No pierda la esperanza. Cuando se encuentre distraído, pídale a Dios que ponga el ancla de su corazón en Él. Cuando los problemas vengan a su encuentro, corra hacia Él y pida orientación y protección. Mantenga el rumbo sin importarle lo que ocurra.

INTERACCIÓN DIARIA ▾

**CONÉCTESE:** Aliente a un amigo que también esté tratando de hacer algunos cambios en este nuevo año y que ya podría estar sintiéndose desanimado.

*Bueno es el Señor; es refugio en el día de la angustia, y protector de los que en él confían.*

Nahum 1:7

▼ DEVOCIÓN

## Él puede manejarlo

Cuando su corazón está turbado, puede ser difícil poner en orden todo lo que siente. Y puede ser aun más difícil saber qué hacer con esas emociones. No quiere soltarlas sobre quienes lo rodean, las personas que le importan. Pero usted sabe que no puede contenerlas en su interior. Y Dios no quiere que las sepulte: así es como la amargura, los celos y la envidia brotan en su vida.

Sea lo que sea, Dios quiere que usted lo comparta con Él. Deje su carga ante Él, sabiendo que Él siempre puede manejar lo que usted no puede. Si está dispuesto a afrontar sus sentimientos y examinar las personas y acontecimientos con los que se relacionan, es más fácil ser sincero con Dios.

En cambio, cuando usted los tapa, los ignora o los niega, genera problemas mucho mayores. Por lo tanto, entregue sus preocupaciones a Dios hoy. Sienta que el peso de hoy es quitado de sus hombros.

INTERACCIÓN DIARIA ▼

**CONÉCTESE:** Visite JesusDaily.com y postee un pedido de oración. Si es posible, conéctese con un nuevo compañero para orar habitualmente.

## 9 de enero

*Pedro bajó de la barca y caminó sobre el agua en dirección a Jesús. Pero al sentir el viento fuerte, tuvo miedo y comenzó a hundirse. Entonces gritó: ¡Señor, sálvame!*

MATEO 14:29-30

DEVOCIÓN ▾

# Camine sobre el agua

Cuando Pedro y los discípulos estaban en el mar de Galilea, no previeron la tormenta que se desató en torno a ellos. ¡Y ciertamente no esperaban ver a alguien caminando sobre las olas hacia ellos! Aunque Jesús se identificó, Pedro quería pruebas.

"Si realmente eres el Maestro", gritó Pedro, "¡mándame que vaya a ti!" Así que, por supuesto, Jesús hizo exactamente eso. Y sin pensarlo, Pedro salió de la pequeña barca y puso un pie delante del otro. Dio un paso y luego otro, hasta que de pronto su fe dio paso a la lógica, la razón y el miedo. ¿Cómo podía Él estar *caminando sobre el agua*?

Cristo le explica a Pedro y a nosotros que la fe nos sostiene, llevándonos mucho más allá de lo que creemos posible. Incluso cuando caemos y nos encontramos hundiéndonos y salpicando en las aguas profundas, Jesús nos rescata y nos pone otra vez de pie.

INTERACCIÓN DIARIA ▾

**CONÉCTESE:** Realice una videoconferencia con alguien que muestre la clase de fe que usted más admira, un cristiano dispuesto a salir de la barca y obedecer la voz del Maestro.

## 10 de enero

*Es cierto que con la verdadera religión se obtienen grandes ganancias, pero solo si uno está satisfecho con lo que tiene.*

1 Timoteo 6:6

▼ DEVOCIÓN

# Hallar contentamiento

¿Cuándo fue la última vez que dejó escapar un suspiro de satisfacción?

Pablo nos dice que demos gracias en todas las circunstancias y descubramos un gozo que va más allá de cómo nos sintamos por esas circunstancias. Y él ciertamente sabía algo acerca de las circunstancias difíciles. Él naufragó, fue arrestado, golpeado, encarcelado y estuvo empobrecido. A usted le puede resultar difícil imaginar que alguien pudiera estar contento en tales circunstancias funestas.

Pero usted puede. Cuando amarramos nuestra esperanza a Cristo, no tenemos que depender de nuestras circunstancias y de nuestros estados de ánimo para tener satisfacción. Nos podemos relajar al saber que nuestras vidas tienen significado cuando vivimos el propósito para el cual fuimos creados.

INTERACCIÓN DIARIA ▼

**CONÉCTESE:** Postee un pedido de oración en JesusDaily.com y además comprométase a orar por la necesidad de otra persona que vea allí.

# 11 de enero

*Dios es el que nos mantiene firmes en Cristo.*
2 CORINTIOS 1:21

DEVOCIÓN ▼

## Su gracia transforma

Más que nunca, nos sentimos presionados para estar equilibrados en todas las áreas de nuestras vidas. A veces es tentador compararnos con amigos y con otros que vemos en Facebook y otros sitios de redes sociales. Queremos cambiar nuestras vidas y ser tan felices y exitosos como ellos parecen.

Pero no tenemos que cambiarnos a nosotros mismos para ganar el amor de Dios. Él nos ama y experimentar su gracia nos transforma desde adentro hacia afuera. Tal vez usted jamás pierda esos kilos de más o mantenga todas sus resoluciones. ¡Y la buena noticia es que no tiene que hacerlo!

Usted naturalmente se volverá más como Cristo cuando se acerque más a Él, disfrute de llegar a conocerlo mejor, y lo sirva por gratitud, no por obligación. A veces la mejor manera de crecer en nuestra fe es dejar de intentar tanto ser una mejor persona.

INTERACCIÓN DIARIA ▼

**CONÉCTESE:** Postee una foto o una ilustración de una oruga convirtiéndose en una mariposa, y úsela como estado de su página personal.

## 12 de enero

*Ayúdense unos a otros a llevar sus cargas, y así cumplirán la ley de Cristo.*
GÁLATAS 6:2

▼ DEVOCIÓN

# Manténgase conectado

¿Quién sabe sus secretos? ¿En quién confía usted cuando está en un verdadero problema? ¿Quién le ayuda cuando usted no puede ayudarse a sí mismo? Amigos, familiares y confidentes son bendiciones maravillosas, y Dios los usa en nuestras vidas de muchas maneras estupendas. A veces llegamos a estar tan ocupados que terminamos aislados sin darnos cuenta. Nos mantenemos conectados con otros al enviar mensajes de texto o un correo electrónico, redactar un "tuit" apurado o publicar una "selfie" en Instagram. Pero esas conexiones rara vez satisfacen nuestras almas.

Dios nos creó para estar en relación con otras personas. Pídale que lo guíe a las relaciones que Él quiere profundizar en su vida. Busque a otros que comparten su fe y su compromiso con Dios. Y luego vean cómo pueden bendecirse y animarse unos a otros en la fe. Dios no quiere que usted esté solo.

INTERACCIÓN DIARIA ▼

**CONÉCTESE:** Pida oración por un área de lucha a tres amigos íntimos cristianos o miembros de su comunidad de fe.

## 13 de enero

*Tú creaste mis entrañas; me formaste en el vientre de mi madre. ¡Te alabo porque soy una creación admirable!*
SALMO139: 13-14

DEVOCIÓN ▾

# Sea quien usted es

Puede ser muy tentador querer ser alguien distinto del que somos. Estamos condicionados para compararnos, y la mayoría de las veces tendemos a quedar cortos. Conocemos personas que son más inteligentes, más ricas, más exitosas "incluso más maduras en la fe" que lo que nosotros podremos ser alguna vez. Vivimos en un mundo virtual en el que continuamente podemos encontrar a alguien en línea que parece estar viviendo la buena vida.

Y no es que no debamos buscar la excelencia y el éxito; es que simplemente el imitar el viaje de otra persona nunca puede reemplazar el abrir nuestro propio sendero. Dios sabía quién quería Él que nosotros fuéramos mucho tiempo antes de que siquiera naciéramos. Él invirtió exactamente lo que necesitábamos para nuestra vida, nada más ni nada menos. Podemos confiar en que Él nos diseñó para ser originales. Usted es único en su clase, ¡un original especial del Diseñador!

INTERACCIÓN DIARIA ▾

**CONÉCTESE:** Busque imágenes de sus cosas favoritas y forme un *collage* electrónico con ellas. Comparta su *flash art* en línea con alguien a quien usted espera llegar a conocer mejor.

*Así que mi Dios les proveerá de todo lo que necesiten, conforme a las gloriosas riquezas que tiene en Cristo Jesús.*

Filipenses 4:19

▼ DEVOCIÓN

## Él proveerá

Usted se dedica a muchas tareas y se compara de muchas maneras a lo largo del día. En el trabajo, espera hacer un buen trabajo que alcance la aprobación de su jefe. En casa, intenta mantenerse al día con las tareas y con las necesidades de su familia para poder sentirse como un ancla para ellos. En la iglesia y en el vecindario, está tratando de ayudar a otros y de servirlos en el nombre del Señor. Pero en medio de todas estas evaluaciones momentáneas y juicios personales, usted puede sentir que no tiene suficiente: suficiente tiempo, suficiente energía, suficiente compasión, suficiente algo.

No olvide que Dios ha prometido proveer para todas nuestras necesidades conforme a sus riquezas en gloria en Cristo Jesús. A veces, buscando alcanzar tantos objetivos, tareas y responsabilidades, nos olvidamos de nuestras necesidades primarias. Pero Dios no. Él se asegura de que tengamos todo lo que necesitamos.

INTERACCIÓN DIARIA ▼

**CONÉCTESE:** Sorprenda a alguien con elogios no solicitados. Podría ser un compañero de empleo por un trabajo bien hecho o un miembro de la familia que está con luchas. Dígales que los aprecia.

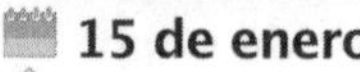

## 15 de enero

*Pues Dios no nos ha dado un espíritu de timidez, sino de poder, de amor y de dominio propio.*
2 Timoteo 1:7

DEVOCIÓN ▾

# Depender de Él

Ponemos mucho esfuerzo al tratar de que nuestra vida funcione sin sobresaltos. Planificamos y programamos cómo queremos gastar nuestro tiempo, compramos aparatos a fin de crear atajos para todo lo que queremos lograr, y revisamos constantemente este nivel de perfección en el que queremos vivir. Como resultado, hacemos que cada día esté condicionado por lo bien que se ajusta a estas imágenes de éxito que habitan en nuestras expectativas.

Pero Dios deja en claro que nuestras vidas nunca estarán libres de problemas. Jesús nos dijo que cuanto más nos acerquemos a Él, más vamos a estar en desacuerdo con el mundo. No tenemos que vivir a la altura de los estándares de cualquier otra persona "incluso los nuestros propios" a medida que avanzamos a lo largo de cada día. Solamente tenemos que estar en constante comunicación con Dios, permitirle que nos señale lo que es necesario hacer y dejar de lado nuestras propias expectativas poco realistas.

Puede confiar en Dios en todo lo que usted afronte hoy.

INTERACCIÓN DIARIA ▾

**CONÉCTESE:** Vaya a JesusDaily.com y postee su versículo bíblico favorito de aliento.

*Torre inexpugnable es el nombre del Señor; a ella corren los justos y se ponen a salvo.*

PROVERBIOS 18:10

▾ DEVOCIÓN

## Nuestro firme fundamento

Más que nunca, el mundo cambia no solo a diario, sino a toda hora. Las relaciones van y vienen, y las nuevas oportunidades destellan ante usted, mientras otras puertas se cierran. La información lo asalta desde la multitud de medios de comunicación que constantemente compiten por captar la atención. Los desastres golpean y ocurren tragedias, junto con una ocasional sorpresa inesperada. Con tantos cambios, es difícil sentirse como si se estuviera en tierra firme. El mundo puede percibirse como un lugar extraño y desconocido de un día para otro.

Por esa razón, usted no puede sobrevivir sin el más firme de los fundamentos para su vida. Dios sigue siendo el mismo, independientemente de lo que haga el mercado de valores o de la manera en que muchas empresas hagan recortes de personal. Usted puede descansar al saber que no importa cuán caótico e inestable pueda sentirse el resto de su vida, su relación con su Padre es sólida como una roca.

INTERACCIÓN DIARIA ▾

**CONÉCTESE:** Explore JesusDaily.com y busque ejemplos de las formas en que otros están poniendo su confianza en Dios en tiempos difíciles.

# 17 de enero

*Gran remedio es el corazón alegre, pero el ánimo decaído seca los huesos.*

PROVERBIOS 17:22

DEVOCIÓN ▾

## Reír regularmente

¿Cuándo fue la última vez que rió hasta que las lágrimas corrieron por su cara? Quizás fue al ver una película divertida con la familia, al compartir una broma con los compañeros de trabajo, o al desternillarse de risa por uno de sus propios errores. Independientemente de lo que lo hizo reír, vemos en la Palabra de Dios que la risa es una buena medicina para nuestras almas. Cuando podemos aligerar nuestra carga al ver una perspectiva diferente o celebrar lo tonto de una situación inesperada, a menudo se nos recuerdan nuestras propias limitaciones y el poder y la soberanía de Dios.

A veces estamos muy agobiados por el peso de todo lo que llevamos. Presionados por las exigencias de nuestras muchas responsabilidades, nos olvidamos de reír. Pero reír regular y frecuente mente restaura una fuente de gozo y gratitud en nuestras vidas. Hacemos una pausa y nos damos cuenta de que no tenemos que ser responsables de cada detalle hoy. Dios tiene el control.

INTERACCIÓN DIARIA ▾

**CONÉCTESE:** Postee un relato humorístico o un chiste favorito en el muro de *Jesus Daily* hoy, y tómese el tiempo para leer lo que otros han compartido y para reír con ellos.

# 18 de enero

*Esperamos confiados en el Señor;*
*él es nuestro socorro y nuestro escudo.*
Salmo 33:20

▼ DEVOCIÓN

## Confiar en Él

No es fácil pedir ayuda, ya sea que pidamos dirección, ayuda para completar una tarea, o los recursos que necesitamos. Quizás sea nuestro orgullo humano o el deseo de ser independientes y autosuficientes. Probablemente tiene algo que ver con ser vulnerable a otros y reconocer que los necesitamos. Y, finalmente, es probable que no nos guste pedir ayuda porque no queremos ser decepcionados, porque a veces pedimos y somos rechazados.

También podemos estar decepcionados por la respuesta de Dios a nuestras peticiones. Pero Él nunca nos dejará sin proveer lo que más necesitamos en su debido tiempo y lugar. Es aquí donde tenemos que confiar en Él y depender de Él en formas que van más allá de nuestras zonas de confort. Esta es la esencia de la fe: confiar en que el Señor proveerá todo lo que necesitamos, aún si opta por hacerlo de manera diferente a lo que habíamos solicitado.

INTERACCIÓN DIARIA ▼

**CONÉCTESE:** Ofrezca su ayuda a otros en una comunidad o en la cartelera de anuncios de la iglesia. O comparta una necesidad que usted tenga y requiera ayuda de otro.

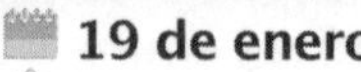

## 19 de enero

*La prueba de su fe produce constancia.*
SANTIAGO 1:3

DEVOCIÓN ▾

# Terminar la carrera

Algunos días no es fácil seguir adelante. Ya sea que tenga un mal día en el que nada sale bien, o simplemente otra aburrida repetición de la misma rutina, luchamos por mantener el rumbo. Empezamos a sentirnos inseguros e inadecuados, sin saber si podemos mantener el ritmo al que hemos estado yendo. No tenemos todas las respuestas ni nos sentimos en control. Nos cansamos y no sabemos cómo vamos a terminar el día.

Estos son los momentos en que debemos clamar a Dios, reconocer nuestro dolor y debilidad, y pedir que su poder y su fuerza nos sostengan. Sabemos que no podemos hacerlo solos y no podemos imaginar cómo terminar la carrera. Y eso está bien: no depende de nosotros. Simplemente tenemos que seguir la vida día a día, y dar pasos de fe momento a momento.

INTERACCIÓN DIARIA ▾

**CONÉCTESE:** Anime a alguien en línea a seguir adelante más allá de sus propios límites. Comparta un versículo preferido o un momento de su propia vida.

## 20 de enero

*Así como el Señor los perdonó, perdonen también ustedes.*

COLOSENSES 3:13

▾ DEVOCIÓN

# Vivir como perdonado

¿Quién lo ofendió esta semana? Tal vez un amigo se olvidó de llamarlo o un miembro de la familia le dijo algo hiriente. Puede haber sido menospreciado por un compañero de trabajo o encerrado por un conductor agresivo en la autopista. Estos rasguños y cortes se suman con el tiempo, y afectan nuestra propia capacidad de perdonar a otros y de pedir perdón por las maneras en que los herimos.

Es probable que usted tenga algunas lesiones más graves que también acarrea. Las heridas de por vida de la traición, el abuso, la pérdida y la adicción no se sanan de un día para otro. Requieren que usted busque la sanidad de parte del Señor mientras atraviesa el proceso de recuperación y restauración. Aunque tal vez las consecuencias sigan llenando su vida, usted puede avanzar drásticamente en su sanidad al perdonar a las personas que lo han herido.

El perdón restaura esas contrariedades y nos permite apreciar cómo nos perdona Dios.

INTERACCIÓN DIARIA ▾

**CONÉCTESE:** Perdone a alguien que ha posteado un mensaje o una imagen que a usted lo ofendió. Ofrézcale un mensaje de esperanza en vez de herir.

## 21 de enero

*Padre nuestro que estás en el cielo, santificado sea tu nombre; venga tu reino, hágase tu voluntad en la tierra como en el cielo.*

Mateo 6:9-10

DEVOCIÓN ▾

# Ser un puente

Cuando consideramos la manera en que Jesús nos enseñó a orar, surgen muchas lecciones. Una de las más básicas es que nos mantenemos fieles, buceando por debajo de la superficie de la vida cada día para volver a conectarnos con nuestro Padre en un nivel básico. La repetición es importante no porque Dios cuente cuántas veces hablamos con Él, sino porque hablar con Él "y escucharlo" fortalece y profundiza nuestra relación.

"Padre nuestro que estás en el cielo" nos recuerda inmediatamente nuestra relación con Él. Nosotros, sus hijos, estamos aquí en la tierra en cuerpos mortales. Nuestro Creador y Abba Padre se ocupa de su reino desde el ámbito de los cielos. Tenemos la oportunidad de tender un puente entre el cielo y la tierra cuando seguimos a Cristo y compartimos la bondad de Dios con los que nos rodean. No podemos hacer la tierra tan perfecta como el cielo, pero Dios puede—al morar en nosotros y brillar en todos los que nos rodean.

INTERACCIÓN DIARIA ▾

**CONÉCTESE:** Envíe una postal electrónica a alguien que necesite al Señor.

*¡Ya puedes, alma mía, estar tranquila, que el Señor ha sido bueno contigo!*

SALMO 116:7

▼ DEVOCIÓN

## Planificar el descanso

Los mensajes de texto, correos electrónicos, videollamadas, reuniones, conferencias telefónicas, conducir aquí y allá. En el nanoritmo de nuestro megamundo, es difícil encontrar verdadero tiempo de descanso en que usted se desconecte de sus preocupaciones y responsabilidades tanto física como mentalmente. Pero es esencial, no solo para la mente y el cuerpo, sino también para su alma. Necesitamos pasar tiempo alejados de todas las demandas y distracciones habituales para poder aquietarnos delante del Señor y acallar el parloteo de nuestra mente.

Una de las mejores maneras de asegurarse de tener el descanso que necesitamos es programarlo. Como con cualquier otra cita, ¡a menudo necesitamos agregar a la lista el tiempo de no hacer nada! Cuando tallamos el tiempo y el espacio para descansar, Dios nos refresca y renueva nuestra energía para las tareas a realizar después.

INTERACCIÓN DIARIA ▼

**CONÉCTESE:** ¡Manténgase desconectado hoy! O elija un día de esta semana en que se desconectará y usará el tiempo para experimentar el sagrado descanso.

# 23 de enero

*Si a alguno de ustedes le falta sabiduría, pídasela a Dios, y él se la dará, pues Dios da a todos generosamente sin menospreciar a nadie.*

SANTIAGO 1:5

DEVOCIÓN ▾

## Pedir sabiduría

La sabiduría es diferente del conocimiento, porque la sabiduría ha sido sazonada por la experiencia. Se acumula sobre la base de las pruebas y tentaciones que usted ha resistido y superado, no de cuántos libros ha leído o el número de títulos que ha ganado. Cuando nos falta sabiduría, por lo general carecemos de la capacidad de sufrir en tiempos difíciles, mientras dependemos de Dios.

Se nos dice que le pidamos sabiduría a Dios, si no la tenemos. Pero tenga en cuenta que podemos estar pidiéndole que nos permita pasar una prueba o sufrir una dificultad. Sin duda, la sabiduría puede ser obtenida de otras maneras, incluso como un don sobrenatural otorgado por el Señor inmediatamente sobre nosotros. Pero, por lo general, la sabiduría se acumula con el tiempo, capa sobre capa, a medida que confiamos en que Dios proveerá para nuestras necesidades y verá que cumplamos nuestros desafíos.

INTERACCIÓN DIARIA ▾

**CONÉCTESE:** Haga una lista de cinco cosas que Dios le ha enseñado en la última semana y comparta uno de los elementos de su lista como comentario en la página de *Jesus Daily*.

# 24 de enero

*¿Quién es sabio y entendido entre ustedes? Que lo demuestre con su buena conducta, mediante obras hechas con la humildad que le da su sabiduría.*

SANTIAGO 3:13

▼ DEVOCIÓN

## Compartir sus luchas

Frecuentemente, cuando seguimos a Jesús todos los días, olvidamos que no tenemos que parecer perfectos ante los que nos rodean. Obviamente, queremos dar un buen ejemplo y compartir el amor de Dios con otros en maneras que los moverán a quererlo. Pero como la sabiduría se obtiene es sufriendo algunos de los golpes duros de la vida. Vivir una "buena vida" incluye mostrar algunas de nuestras luchas, necesidades y errores.

Cuando otras personas nos ven pasar por pruebas sin darnos por vencidos, cuando son testigos de que nos volvemos a Dios para que nos ayude a lograrlo, se dan cuenta de que no estamos tratando de hacerlo solos. Quienes nos rodean necesitan ver nuestras limitaciones de vez en cuando, para que puedan apreciar las formas milagrosas en que Dios interviene en nuestras vidas.

INTERACCIÓN DIARIA ▼

**CONÉCTESE:** Postee en Instagram o Pinterest una foto que ilustre la humildad.

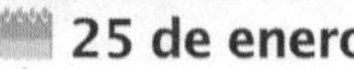

# 25 de enero

*[Dijo Jesús] Yo soy la vid y ustedes son las ramas. El que permanece en mí, como yo en él, dará mucho fruto; separados de mí no pueden ustedes hacer nada.*

Juan 15:5

DEVOCIÓN ▾

## Podar un poco

Tendemos a pensar que la poda es dolorosa, y si bien puede serlo en ocasiones, también es muy refrescante para el alma. Hay algo muy liberador en hacer espacio para que haya más de Dios en su vida. Con las prioridades de su fe como guía, vuelva a lo básico, recordando cómo desea invertir su tiempo y sus recursos en lugar de dejar que los consuman las demandas de todos los demás.

Los jardineros saben que los árboles requieren poda para mantenerse saludables y crecer derechos. Nosotros somos iguales. Tenemos que deshacernos de las posesiones, relaciones y responsabilidades que no funcionan, especialmente las que nos alejan de Dios. A medida que "limpiamos la casa" de nuestra vida, podemos descubrir nuevas habitaciones donde Dios está esperando encontrarse con nosotros.

INTERACCIÓN DIARIA ▾

**CONÉCTESE:** Ordene sus correos electrónicos personales, elimine el "correo basura espiritual", mensajes que ya no son relevantes para quién es usted en Cristo.

*Ahora bien, la fe es la garantía de lo que se espera, la certeza de lo que no se ve.*

Hebreos 11:1

▼ DEVOCIÓN

## El perfil de Dios nunca cambia

Como tenemos millones de fuentes en línea, a veces es difícil saber a quién creer. Hace años, podríamos haber creído más cosas que veíamos en la "superautopista de la información". Pero con una creciente comunidad global en línea, está claro que no se puede confiar en todos. Desde los sitios de citas hasta las oportunidades de comenzar un negocio, muchos individuos se esconden detrás de su identidad virtual y engañan a otros en cuanto a quiénes son y lo que tienen para ofrecer. Literalmente no podemos a todo el mundo en línea al pie de la letra, porque no podemos verlos. Pueden tener "selfies", perfiles, "Me gusta" y "Ya no me gusta", pero desafortunadamente, ellos no pueden revelar con certeza quién es realmente como persona el usuario en línea.

Nuestra fe en Dios también requiere tomar decisiones basadas en información limitada. A menudo, tenemos que correr el riesgo de caminar en fe, inseguros del resultado debido a nuestra visión limitada. Sin importar el resultado, podemos confiar en que el perfil de Dios nunca cambia.

INTERACCIÓN DIARIA ▼

**CONÉCTESE:** Actualice su perfil o estado compartiendo la última verdad que ha aprendido acerca de Dios.

## 27 de enero

*Manténganse firmes e inconmovibles, progresando siempre en la obra del Señor, conscientes de que su trabajo en el Señor no es en vano.*

1 Corintios 15:58

DEVOCIÓN ▾

# Mantenerse firmes

Algunos días parece que nada sale bien. Usted se queda dormido, su auto se descompone, y se olvida de la gran reunión de trabajo. Aun cuando el día va bien, puede parecer monótono y agotador. Usted se ve atrapado en todo tipo de ocupaciones, pero luego, al final del día, se pregunta qué es lo que realmente ha logrado.

La gente tiende a evaluar su día sobre la base de lo que produce, completa, resuelve y tilda en sus listas. Sin embargo, cuando nos enfocamos en Dios, podemos estar firmes cuando se nos presenta el cambio y bloquea nuestro camino. Podemos saber que todo lo que hacemos contribuye al plan maestro de nuestro Padre, a su santo propósito para nuestras vidas. Incluso cuando nos sentimos como si no avanzáramos nada en nuestras listas de tareas pendientes, somos parte de algo más grande y más significativo que lo que podemos ver.

INTERACCIÓN DIARIA ▾

**CONÉCTESE:** Postee una nota o un versículo de aliento en la página *Jesus Daily* para alguien que necesite saber que lo que hace importa.

*El Señor fortalece a su pueblo.*
Salmo 29:11

▼ DEVOCIÓN

## Acondicionamiento espiritual

Cuando usted ejercita su cuerpo, se empuja más allá de lo que es cómodo para que sus músculos se vuelvan más fuertes. El estiramiento, las flexiones, y el poner a prueba los músculos de su cuerpo producen dolor, pero su reactivación resulta en tejido más fuerte, con menos grasas, más densidad y potencia. Nunca es fácil, pero conocer el resultado "un cuerpo más fuerte, más saludable" nos motiva a ejercitarnos.

Rara vez nos acercamos de la misma manera al acondicionamiento espiritual, pero podría sorprendernos que el principio de entrenamiento sea similar. Nadie corre deliberadamente a una crisis con un enfoque calmo y tranquilo a menos que antes haya pasado tiempos difíciles y experimentado el poder del Señor. Reflexionar en el pasado y las formas en que ha crecido puede ayudarle a darse cuenta de que usted es capaz de conquistar cualquier cosa que afronte hoy.

Sabemos que Dios nos empodera más allá de las limitaciones de nuestras propias capacidades. Él sabe lo que podemos soportar y, como un buen entrenador, solo nos presiona para hacernos más fuertes.

INTERACCIÓN DIARIA ▼

**CONÉCTESE:** Descargue un podcast de un pastor o profesor cristiano de su preferencia para escuchar hoy durante la hora del almuerzo o del café.

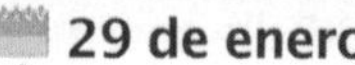

## 29 de enero

*Pero ahora, así dice el Señor te amo y eres ante mis ojos precioso y digno de honra.*
Isaías 43:1, 4

DEVOCIÓN ▼

# Amor incondicional

Las notas de amor mantienen vivo el romance cuando usted está de novio al igual que después de casarse. De manera similar, un correo electrónico de un padre o un hermano, un mensaje de texto de un querido amigo, o una tarjeta de sus hijos pueden hacer que su día entero parezca muy especial. Saber que su ser querido se tomó tiempo para escribirle sus sentimientos lo hace sentirse amado de manera única y le recuerda lo mucho que se interesan por usted.

La Palabra de Dios provee la misma clase de aliento para nosotros como sus hijos amados. A lo largo de sus páginas, nos revela su apasionada búsqueda de sus hijos e hijas, incluso cuando nos apartamos de Él o luchamos por comprender los acontecimientos de nuestra vida. El Señor nos consuela, nos abraza y nos anima como el Padre amoroso que es. Cuando vemos que la Biblia está llena de notas de amor de nuestro Papá, no podemos esperar para explorar sus páginas.

INTERACCIÓN DIARIA ▼

**CONÉCTESE:** Comparta uno de sus versículos favoritos sobre el amor de Dios con alguien a quien usted admira secretamente.

## 30 de enero

*Lleven a cabo su salvación con temor y temblor, pues Dios es quien produce en ustedes tanto el querer como el hacer para que se cumpla su buena voluntad.*

FILIPENSES 2:12-13

▾ DEVOCIÓN

# Una obra en desarrollo

Aun después de tener un encuentro con el amor de Dios y de darle su corazón a Cristo al aceptar el don de la salvación por medio de su muerte en la cruz, usted seguirá descubriendo nuevas dimensiones de lo que significa ser salvo. Cuando aceptó a Jesús en su vida, el Espíritu Santo vino a morar dentro de usted, y su presencia lo guía y lo dirige, lo consuela y lo anima.

Pero debemos seguir tomando decisiones y debemos aprender a permitir que nuestro amor por Dios sea el centro de esas decisiones. Nuestra obediencia a Dios es por nuestro propio bien, no porque debamos obrar para abrirnos camino al cielo o porque Él nos vaya a dejar si nuestra obra no es lo suficientemente buena. Llevar a cabo nuestra salvación con temor y temblor significa que sigamos siendo humildes, dóciles y abiertos a lo que Dios está haciendo en nuestras vidas. La salvación es un proceso, una obra en desarrollo, a medida que somos transformados a la imagen de Jesús.

INTERACCIÓN DIARIA ▾

**CONÉCTESE:** Elija la representación de un artista de la crucifixión en los muchos sitios web con arte sacro y postéelo en la página principal de su Facebook, Pinterest o Snapchat.

## 31 de enero

*Somos hechura de Dios, creados en Cristo Jesús para buenas obras, las cuales Dios dispuso de antemano a fin de que las pongamos en práctica.*
EFESIOS 2:10

DEVOCIÓN ▼

# La obra artesanal del Maestro

Una de las cosas que nos encantan de las manualidades de los niños es la manera abierta y sincera en que expresan sus emociones. Quizás nos gusten tanto sus manualidades porque no son perfectas en la forma en que están hechas, y sin embargo expresan una inmensa belleza.

La obra de Dios en nuestras vidas refleja la misma clase de tensión que vemos en las obras de los niños. Por cierto, no somos personas perfectas aún, pero debido a lo que Dios está haciendo en nosotros, revelamos la santidad y el amor de nuestro Creador por su creación y por las demás personas que nos rodean. No necesitamos tener nuestras vidas equilibradas, o todas las áreas bajo control, para saber que somos obras maestras divinas, obras en desarrollo que revelan la dulce y hermosa obra artesanal del Maestro.

Hoy, pase menos tiempo preocupándose por vivir según el estándar imposible de perfección de otra persona, o incluso el suyo propio. En cambio, sencillamente disfrute ser único y auténtico: la equilibrada y exclusiva obra de arte viviente formada por el Alfarero para ser usada como su vaso.

INTERACCIÓN DIARIA ▼

**CONÉCTESE:** Realice en línea un *collage*—dibujo de imágenes, técnicas digitales y obras de otros—que refleje lo que Dios está haciendo en su vida. Compártalo en línea con amigos.

Preocupación

Trabajo

Angustia

Depresión

Dinero

Cáncer

Acoso escolar

Adicción

Ansiedad

Divorcio

Soledad

Muerte

JESÚS
ES
LA
RESPUESTA

# FEBRERO

*La bondad y el amor me seguirán todos los días de mi vida; y en la casa del Señor habitaré para siempre.*

Salmo 23:6

## 1 de febrero

*Al de carácter firme lo guardarás en perfecta paz, porque en ti confía.*
Isaías 26:3

DEVOCIÓN ▾

# Perfecta paz

¿Cómo le parece que es la "perfecta paz"? Muchas personas creen la falsa idea de que la paz es la ausencia de problemas, conflictos o ansiedad en sus vidas. Creen que para sentirse contentos, tranquilos y relajados, todo debe ir de acuerdo a lo previsto, sin contratiempos siguiendo sus propios planes y expectativas.

Sin embargo, la vida no funciona de esta manera, y tampoco la paz. Así como su cuerpo puede estar saludable aunque tenga hambre, calor, frío o está cansado, usted puede experimentar la paz en su vida, a pesar de las circunstancias. Cuando usted se concentra en amar al Señor y servir a otros por este amor, puede conocer la paz sin importarle qué más ocurra hoy.

Esta especie de centro de calma permanece sin ser afectado por los vientos de cambio y las tormentas de problemas inesperados. Esta clase de paz proporciona un refugio permanente contra todo lo que usted afronte hoy.

INTERACCIÓN DIARIA ▾

**CONÉCTESE:** Explore sitios web de fotógrafos y otras fuentes en línea y encuentre un paisaje hermoso que ilustre su visión de la perfecta paz de Dios.

# 2 de febrero

*El gozo del Señor es nuestra fortaleza.*

NEHEMÍAS 8:10

▼ DEVOCIÓN

## Verdadero gozo

¿Alguna vez miró la caída de una lluvia fuerte, y notó la manera en que formó charcos y llenó riachuelos, arroyos y ríos? A veces, por supuesto, las lluvias originan inundaciones que causan estragos, ya que destruyen edificios y cobran vidas. Pero la mayoría de las lluvias traen nueva vida a todo. Las plantas crecen, las fuentes de agua vuelven a llenarse, y los seres vivos tienen abundancia para beber.

Cuando usted pasa por un día duro o un tiempo difícil, puede sentir eso como una sequía. Su gozo parece haberse agotado sin esperanza de chaparrones a la vista. Su corazón se siente reseco y su espíritu está muy sediento del poder vivificante del verdadero gozo. Usted pasa por las instancias de su día, pero en el interior el pozo está seco.

El amor de Dios provee la luz continua que necesitamos para crecer, y nuestro gozo en Él produce el frescor que vuelve a llenarnos y a sustentarnos. El gozo es la lluvia para la tierra de nuestro espíritu. Regados por su amor, crecemos más fuertes.

INTERACCIÓN DIARIA ▼

**CONÉCTESE:** Comuníquese por videoconferencia o cámara con alguien cuya presencia le trae gozo.

## 3 de febrero

*[Dijo Jesús] Den, y se les dará:*
LUCAS 6:38

DEVOCIÓN ▼

## Dar de sí mismo

Dios nos dio el don de su Hijo, el regalo supremo para nuestra salvación. Su regalo nos permite disfrutar de la más íntima de las relaciones con Él, nuestro Padre. Porque Él nos ama tanto, nos bendice con frecuencia con los regalos de la amistad, la belleza y la provisión. No hay condiciones adjuntas; simplemente tenemos que aceptarlos para poder disfrutar de ellos.

Dios proporciona nuestro modelo para el dar. Con Cristo, vemos este modelo en la carne. Jesús nunca estaba demasiado ocupado para escuchar a un niño, a un leproso, a un recaudador de impuestos, a una prostituta o incluso a un fariseo, los líderes religiosos hipócritas de su tiempo. Él daba de sí mismo a todos los que encontraba, los sanaba, les daba de comer y los transformaba por el poder de su verdad.

Dé hoy de usted mismo a quienes lo rodean, de la misma manera que Jesús lo hizo: con desinterés, compasión y aceptación.

INTERACCIÓN DIARIA ▼

**CONÉCTESE:** Vaya a JesusDaily.com y dé aliento a tres personas posteando comentarios esperanzadores en respuesta a sus peticiones de oración.

*Si por la noche hay llanto, por la mañana habrá gritos de alegría.*

Salmo 30:5

▾ DEVOCIÓN

## Gozo restaurado

Todos hemos enfrentado la decepción y el fracaso. Por lo general, en esos momentos nos sentimos muy solos, a veces hasta abandonados por los que están más cerca de nosotros. Sentimos distante a Dios. Todo lo que queremos es que alguien nos tome de la mano y nos diga: "Las cosas no siempre serán así. Vas a estar bien. Te volverás a sentir feliz". Queremos que alguien nos ofrezca esperanza por algo más allá de lo que podemos ver y sentir en ese momento.

Dios nos ofrece esta clase de confort directamente a través de su Palabra. En el Salmo 30, David alaba a Dios por levantarlo y salvar su alma, restaurarlo y otorgarle su favor. Le dijo estas cosas a Dios después de experimentar su propia noche oscura del alma, cuando sintió que estaba tan bajo como podía. Dios vino a él y le devolvió el gozo. Él hará lo mismo por usted.

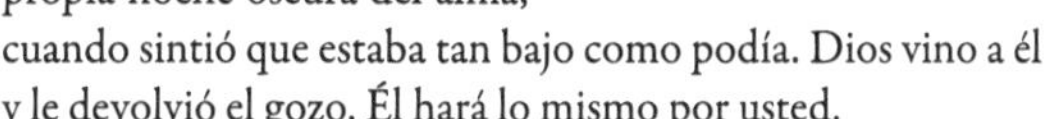

INTERACCIÓN DIARIA ▾

**CONÉCTESE:** Envíe por correo electrónico palabras de aliento a alguien que usted sepa que está sufriendo. Hágale saber que no está solo.

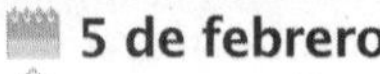

## 5 de febrero

*Señor, ponme en la boca un centinela; un guardia a la puerta de mis labios.*

SALMO 141:3

DEVOCIÓN ▼

# Controlar nuestras palabras

A menudo recordamos conversaciones recientes y hacemos una mueca de dolor. *¡No puedo creer que dije eso! Creo que herí sus sentimientos. Yo solo estaba tratando de ser gracioso y resultó contraproducente.* Todos tenemos muchos momentos que nos dan vergüenza y desearíamos poder volver atrás. Miramos más allá de nuestras palabras y podemos ver que nuestro comentario tenía mucho que ver con nuestra propia inseguridad, egoísmo, enojo y dolor.

¿Sabía usted que Dios puede ayudarlo a controlar lo que dice? Si le pide que lo ayude, se sorprenderá por su efecto en el habla. Habrá un momento antes de hablar en que hará una pausa para pensar. No podrá encontrar las palabras correctas sin pensar primero. Puede llegar a estar inusualmente tranquilo. Pronto, su conversación interna de alabanza y paz emergerá en lo que usted dice.

Dios quiere que sus palabras bendigan y edifiquen a quienes lo rodean.

INTERACCIÓN DIARIA ▼

**CONÉCTESE:** Antes de escribir un mensaje de texto hoy, tome un momento y piense en su respuesta. Sea considerado y revise las palabras.

# 6 de febrero

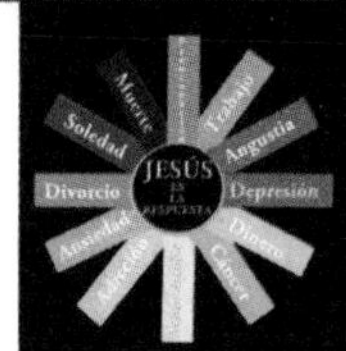


*Te basta con mi gracia, pues mi poder se perfecciona en la debilidad. Por lo tanto, gustosamente haré más bien alarde de mis debilidades, para que permanezca sobre mí el poder de Cristo.*

2 Corintios 12:9

▼ DEVOCIÓN

## En sus debilidades

Cada día algunos de nosotros despertamos y nos preguntamos si tenemos lo que se necesita para afrontar el día. Podemos tener por delante un día atareado, o puede ser un día bastante vacío. Las demandas que enfrentamos pueden ir desde enormes desafíos únicos hasta el aburrimiento absoluto.

El apóstol Pablo se sintió así en algún momento. Le pidió a Dios que le quitara las debilidades. No se nos dice exactamente lo que eran, pero la respuesta de Dios le dijo qué hacer. *¡Alégrate de tus debilidades! ¡Presume de ellas! ¡Esta es la manera en que yo me mostraré a través de ti!*

Podemos sentirnos quebrantados, pero el poder de Dios brilla a través de nosotros e ilumina el mundo que nos rodea. Si pudiéramos hacer todo nosotros mismos, no sería necesario depender de Dios. Dé gracias hoy por la forma en que Dios se ocupa de usted en sus luchas.

INTERACCIÓN DIARIA ▼

**CONÉCTESE:** Envíese a usted mismo el mensaje de texto “Te basta con mi gracia” y a un amigo que usted sepa que está luchando con una debilidad.

## 7 de febrero

*¿No saben que ustedes son templo de Dios y que el Espíritu de Dios habita en ustedes?*

1 Corintios 3.16

DEVOCIÓN ▾

# Para su gloria

¿Qué está poniendo en su templo hoy?

El apóstol Pablo nos dice que nuestros cuerpos están hechos para la adoración como un lugar donde vive Dios, como vasos donde el Espíritu Santo mora. Los problemas surgen porque no creemos esto de nosotros mismos. Dios nos ve como santos, una palabra que no solemos usar para describirnos a nosotros mismos. Importa lo que permitimos que entre dentro de nuestros "templos".

Cuando participamos de comida, bebida, entretenimiento y relaciones poco saludables, estamos eligiendo corromper el templo de Dios y empañamos nuestro vaso. Tener esta perspectiva de nuestro cuerpo, mente y corazón puede ayudarnos a tomar mejores decisiones. Podemos honrar a Dios en nuestros cuerpos si nos vemos a nosotros mismos como su templo.

Hoy, tenga en cuenta lo que come, lo que mira, a dónde va. ¿Honra y edifica eso su templo para la gloria de Dios?

INTERACCIÓN DIARIA ▾

**CONÉCTESE:** Tome un tiempo para investigar hábitos más saludables o mejores alternativas.

## 8 de febrero

*En verdes pastos me hace descansar. Junto a tranquilas aguas me conduce; me infunde nuevas fuerzas.*

SALMO 23:2-3

▼ DEVOCIÓN

# Desconectarse

¿Lo primero que agarra cada mañana es su teléfono celular o su computadora? ¿Entra en pánico cuando no puede poner de inmediato sus manos en el teléfono? Los ciudadanos del siglo 21 nos hemos vuelto dependientes de estos dispositivos para sentirnos conectados con el mundo. Estamos "conectados" la mayor parte del tiempo, y eso contribuye a nuestro estrés.

Podemos estar conectados con el mundo, pero es difícil encontrar a Dios en medio de todos esos medios de comunicación. Dios nos ha hecho para la conexión profunda con Él. Nos hizo para descansar en su presencia. Pero nos sentimos culpables cuando descansamos, cuando no parecemos estar ocupados en algo.

Cuando nos detenemos y pasamos tiempo en silencio con Dios, le estamos diciendo que somos débiles y que lo necesitamos. No podemos conectarnos con Él, a menos que estemos en silencio y escuchemos. Eso es un reconocimiento de que no podemos vivir nuestras vidas separados de Él.

Hoy, desconéctese y permítase recibir la paz del Señor.

INTERACCIÓN DIARIA ▼

**CONÉCTESE:** Hoy desconéctese de todos los dispositivos electrónicos al menos por una hora.

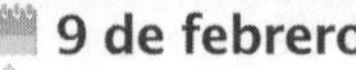

## 9 de febrero

*Agar le puso por nombre "El Dios que me ve" pues se decía: Ahora he visto al que me ve.*

GÉNESIS 16:13

DEVOCIÓN ▾

# Él ve

Usted se pone de pie y mira por la ventana, y puede ver el tránsito o árboles u otras casas o personas, y un pensamiento cruza por su mente. Nadie sabe cómo es mi vida. Nadie sabe lo que pasa dentro de mí. Usted se siente solo. Si mantiene ese pensamiento, se abre paso a la autocompasión— y a nadie le importa. Aun si usted tiene estrechas relaciones con amigos y con la familia, a veces en momentos de quietud, de soledad, podemos sentirnos aislados del mundo.

Y la verdad es que lo estamos.

Fuimos creados por Dios y para Dios, a su imagen. Eso significa que hay lugares dentro de nosotros que solo Él puede alcanzar. Aunque a veces la vida puede ser muy buena, no hay ningún lugar tan bueno como la intimidad con Dios, porque Él nos conoce. Él sabe todo de nosotros. Él sabe que a veces usted no disfruta de estar con sus hijos. Él sabe que la gente especial de su vida no siempre lo "entiende" a usted. Él sabe que algunos días no puede hablar con nadie en absoluto y que se siente olvidado. Él lo ve a usted.

Y lo ama.

INTERACCIÓN DIARIA ▾

**CONÉCTESE:** Comparta un artículo de su diario de oración con alguien que hoy podría estar sintiéndose solo.

## 10 de febrero

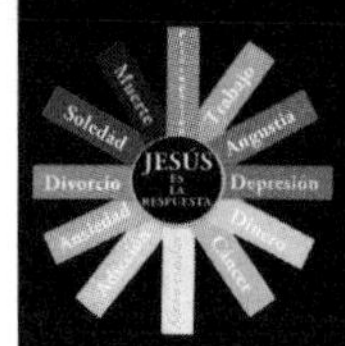


*Pues estoy convencido de que ni la muerte ni la vida, ni los ángeles ni los demonios… ni cosa alguna en toda la creación, podrá apartarnos del amor que Dios nos ha manifestado en Cristo Jesús nuestro Señor.*

ROMANOS 8:38-39

▾ DEVOCIÓN

# El poder de su amor

La mayor mentira que creemos es que Dios no puede amarnos tal como somos. Nunca hemos sido amados perfectamente. Nuestras familias y amigos han hecho lo mejor que pueden, pero están limitados por sus propias heridas y sentimientos de no ser amados. Algunos de nosotros, desafortunadamente, hemos recibido profundas heridas, y como resultado hemos empezado a creer mentiras. *No soy digno de ser amado. Tengo que ser bueno para ser amado. El amor duele.* Llevamos estas creencias con nosotros, y ellas dan forma a nuestra capacidad de dar y recibir amor y aceptación.

¿Cómo podemos cambiar esta creencia? No podemos hacerlo por nosotros mismos.

Solo Dios puede mostrarnos lo mucho que nos ama. Por medio de su Palabra, por medio de las palabras y acciones de otros, y por medio de sus susurros a nuestro corazón, nuestro Padre quiere que su amor se impregne completamente en nosotros. Las mentiras del enemigo se desvanecen en el poder del amor de Dios.

INTERACCIÓN DIARIA ▾

**CONÉCTESE:** Aliente a un amigo diciéndole que usted lo ama. Usted puede ser el mensaje del amor de Dios para ellos hoy.

## 11 de febrero

*Pues así como en Adán todos mueren, también en Cristo todos volverán a vivir.*

1 Corintios 15:22

DEVOCIÓN ▾

# Vida abundante

La nueva vida que recibimos por medio de Cristo no es un cambio de imagen de nuestra apariencia externa y guardarropa. No es un sentimiento especial o una sensación física que experimentamos mientras ocurre. No es ganar la lotería y hacer que nuestros problemas desaparezcan.

La vida que obtenemos cuando le damos nuestro corazón a Jesús es vida eterna—la promesa de estar con nuestro Señor en el cielo—pero además una vida abundante con propósito, gozo y contentamiento en nuestra existencia terrenal. Tenemos las dos mejores razones posibles para regocijarnos por los inmensos regalos que Dios nos extiende mediante la salvación en su Hijo. Aunque nuestros cuerpos mortales morirán igual que el de Adán, nuestro espíritu no morirá sino que completará nuestra transformación.

Disfrute hoy de los regalos de la nueva vida que le han sido dados por Dios.

INTERACCIÓN DIARIA ▾

**CONÉCTESE:** Postee un mensaje en la página de *Jesus Daily*, alabando a Dios por su salvación y por la vida abundante.

# 12 de febrero 

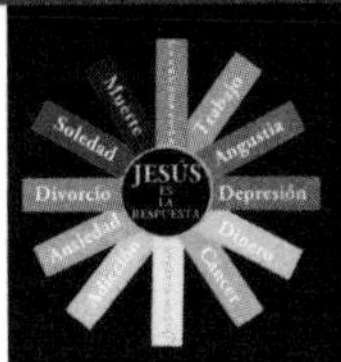


*La bondad y el amor me seguirán todos los días de mi vida; y en la casa del Señor habitaré para siempre.*

SALMO 23:6

▾ DEVOCIÓN

## Su bondad y amor

Algunas veces cuando viajamos por carretera, seguimos a alguien que conocemos que conduce un coche delante de nosotros. Mantenemos ambos vehículos a la vista y nos detenemos al mismo tiempo por gasolina y comidas. Por lo general, viajamos así por necesidad, ya que todos los que van no caben en un solo coche. Pero también nos seguimos uno al otro porque es más seguro, y garantiza que si un coche se rompe, el otro pueda prestarle ayuda.

Cuando miramos por el espejo retrovisor de nuestra vida, notaremos a alguien que siempre nos sigue de cerca. Dios nos ha seguido y sigue viajando con nosotros, y ofrece su misericordia, su guía y su protección dondequiera que vayamos. Nunca vamos solos en el viaje de la vida, porque la bondad de nuestro Padre prepara el camino.

INTERACCIÓN DIARIA ▾

**CONÉCTESE:** Navegue un poco y elija a alguien que inspira su fe y sígalo en las redes sociales.

## 13 de febrero

*Bendito sea el Señor, nuestro Dios y Salvador, que día tras día sobrelleva nuestras cargas.*

SALMO 68:19

DEVOCIÓN ▼

# Alivio divino

Si alguna vez ha llevado una mochila repleta, los brazos llenos de bolsas de comestibles, o un paquete pesado para el correo, conoce el alivio que viene al soltar la carga. Sus músculos se relajan, siente hormigueo en los brazos y puede recuperar el aliento. Si alguna vez ha llevado una carga pesada y alguien vino a ayudarle a aligerarla, ya sabe la clase de gratitud que se siente por esa ayuda.

Dios nos provee la misma clase de ayuda cada día. Desde la larga lista de preocupaciones e inquietudes que continuamente parecemos llevar, hasta los nuevos puntos que agregaremos hoy, Él puede llevarlo todo. No tenemos que estresarnos, esforzarnos y luchar solos. En su poder, soberanía y sabiduría, Él conoce los puntos de apoyo que nos ayudarán a levantar nuestra parte de la carga. Como Jesús también nos recuerda: es ligera y fácil de llevar.

Descanse hoy sabiendo que Dios lleva sus cargas.

INTERACCIÓN DIARIA ▼

**CONÉCTESE:** Envíe un correo electrónico a un amigo o a un ser querido y ofrezca su ayuda para hacer frente a una carga que pese actualmente sobre ellos.

## 14 de febrero

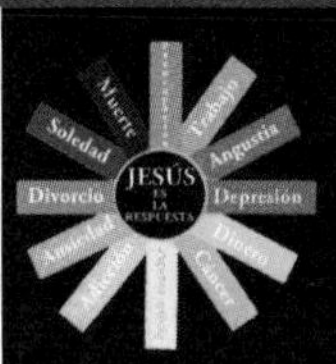


*No te dejes impresionar por su apariencia ni por su estatura, pues yo lo he rechazado. La gente se fija en las apariencias, pero yo me fijo en el corazón.*

1 Samuel 16:76

▼ DEVOCIÓN

# El más preciado regalo de amor

Romance y corazones abundan hoy, y usted puede o no tener ganas de participar en las celebraciones tradicionales. De cualquier manera, está bien, porque el amor que usted celebra cada día tiene una fuente que dura mucho más tiempo que las rosas y tiene un sabor más dulce que cualquier chocolate. Dios sabe lo que usted está sintiendo y pasando hoy, y su amor lo envuelve completamente.

Él lo amó tanto que le dio el más preciado regalo de amor imaginable: la carta de amor que es palabra viva de su Hijo, Jesús. Y el amor de Cristo lo movió a hacer el sacrificio supremo, entregando su vida. Como Él nos dice: no hay mayor regalo que una persona puede dar. Tenemos un Dios que demostró su amor en la cruz y sigue demostrándolo por medio de sus muchas bendiciones cada día de nuestras vidas. Así que hoy, en medio de los chocolates y las flores, recuerde que el amor que usted tiene es sin fin y no requiere otro regalo que no sea su propio corazón. ¡El amor de su Padre es incondicional!

INTERACCIÓN DIARIA ▼

**CONÉCTESE:** Extienda el amor de Cristo hoy a tres personas en línea—¡Use el Día de San Valentín como una excusa y sea creativo!

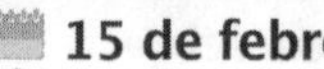

## 15 de febrero

*Señor, ten compasión de nosotros; pues en ti esperamos. Sé nuestra fortaleza cada mañana, nuestra salvación en tiempo de angustia.*
ISAÍAS 33:2

DEVOCIÓN ▼

## A quién conocemos

La fortaleza, ya sea física, emocional o espiritual, sigue siendo un producto que deseamos. Y en la mayoría de los casos, sabemos que el tipo de fortaleza que deseamos no ocurrirá del día a la noche. Levantamos pesas y hacemos ejercicio, y sabemos que pasará un tiempo antes de lucir como un superhéroe, si es que alguna vez lo hacemos. Nos abrimos paso por decepciones dolorosas y lloramos pérdidas privadas, sentimos nuestras emociones, pero no permitimos que nos dominen. Y espiritualmente, fortalecemos nuestra fe al orar, pasar tiempo con la Palabra de Dios y al servir a otros.

Nuestra fortaleza espiritual, sin embargo, no se basa en lo que hacemos, sino en a quién conocemos. Dios es la fuente de nuestra fortaleza, y es nuestra relación con Él lo que aumenta nuestra fortaleza, no ninguna disciplina espiritual por sí misma. Muchas personas pueden hacer "ejercicios espirituales" por razones equivocadas. Si nos comprometemos a amar a Dios, esas son formas naturales de ejercitar los músculos de nuestro corazón.

INTERACCIÓN DIARIA ▼

**CONÉCTESE:** Hágase amigo de alguien en línea y conéctelo con JesusDaily.com, haciendo hincapié en las características que usted disfruta más.

# 16 de febrero

*[Dijo Jesús] Quien quiera servirme, debe seguirme; y donde yo esté, allí también estará mi siervo. A quien me sirva, mi Padre lo honrará.*

Juan 12:26

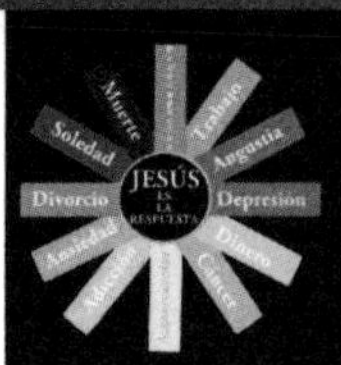


▼ DEVOCIÓN

## Sirva a los necesitados

Algunas veces siente que nadie lo entiende o que nadie puede apreciar su fe. Usted quiere hablar más de Jesús—en la casa, en el trabajo, en la escuela, en el vecindario—pero no quiere que lo malinterpreten como un fanático religioso o alguien impulsado por intereses políticos. Quiere hacer algo más que compartir su perspectiva o intercambiar palabras con otras personas.

La solución es simple.

Permita que otros vean a Jesús en usted por lo que usted hace, no por nada que diga. Las acciones de Cristo gritaban del amor de su Padre a los que lo rodeaban, al alimentar a los hambrientos, sanar a los enfermos, ayudar a los forasteros. Hoy, salga de su camino para servir a los necesitados, para sorprender a los que están junto a usted, y para honrar a quienes están en posición de autoridad por encima de usted. Humíllese de la manera en que Jesús se humilló a sí mismo.

INTERACCIÓN DIARIA ▼

**CONÉCTESE:** Envíe un mensaje a alguien que es modelo de un corazón de siervo y dígale lo mucho que usted puede ver a Jesús por medio de lo que él hace.

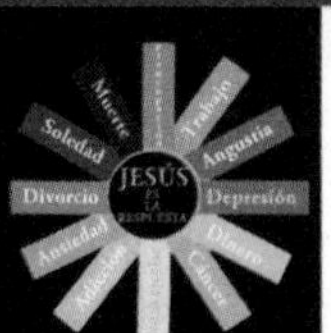


## 17 de febrero

*El fruto de la justicia se siembra en paz para los que hacen la paz.*

Santiago 3:18

DEVOCIÓN ▾

# Ser un pacificador

Aunque los conflictos son inevitables en la vida diaria, Dios sigue queriendo que usted sea su pacificador. De hecho, porque los conflictos son inevitables, Él lo necesita a usted para que lleve su paz al mundo que lo rodea. Ya se trate de un problema en el trabajo, una discusión con su familia, o diferentes puntos de vista con un amigo, usted debe aprender a acceder a la paz sobrenatural de su Padre a fin de entrar a ella y compartirla con otros.

Ser un pacificador no significa someterse, esquivar un desacuerdo, o evitar un problema. No será fácil, pero Dios quiere que nosotros presentemos una perspectiva más amplia de la situación, un punto de vista santo y eterno. Él quiere que seamos los agricultores que planten las semillas de la unidad, la armonía, el amor y la reconciliación, para que nuestra cosecha produzca relaciones y resultados que lo honren a Él. Ser un pacificador no significa controlar el enojo; significa dar fruto de justicia.

INTERACCIÓN DIARIA ▾

**CONÉCTESE:** Vuelva a conectarse con alguien de quien se había apartado por discrepancias de opiniones. Hágale saber que usted se sigue preocupando por conectarse con él.

## 18 de febrero

*Mantengamos firme la esperanza que profesamos, porque fiel es el que hizo la promesa.*
HEBREOS 10:23

▼ DEVOCIÓN

# Sus promesas son inconmovibles

Las promesas parecen haber perdido su valor como moneda de cambio, probablemente porque muchas veces no hay nada que las respalde. Los candidatos políticos hacen promesas, sabiendo que, aunque ganen, no van a ser capaces de mantener su palabra. Las empresas hacen promesas acerca de sus productos y empleados, pero seguimos viendo productos que se retiran y despidos frecuentes. Las parejas se prometen amor eterno el uno al otro, y sin embargo, nuestra tasa de divorcio sigue siendo más del cincuenta por ciento.

Al vivir en una cultura que espera que las promesas se rompan, nos hastiamos y hasta nos volvemos cínicos cuando alguien nos da su palabra. Dicen que van a llegar a tiempo, pero terminan llegando tarde. Prometen entregar los términos de nuestro acuerdo, pero luego dan excusas por fallar. Ofrecen una garantía para los productos y servicios, pero hallan fisuras legales ocultas para justificar romper su promesa.

Con más razón debemos darnos cuenta de que las promesas de Dios son roca firme: inamovibles, inconmovibles, eternas. Nuestra esperanza tiene un fundamento en Aquel que es el único que nunca ha roto una promesa. Él siempre es fiel.

INTERACCIÓN DIARIA ▼

**CONÉCTESE:** Postee una de sus promesas favoritas de la Palabra de Dios en la página de *Jesus Daily*.

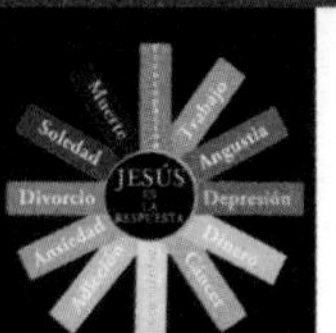


## 19 de febrero

*Háganlo todo sin quejas ni contiendas, para que sean intachables y puros, hijos de Dios sin culpa.*
FILIPENSES 2:14-15

DEVOCIÓN ▾

# Ser sinceros como niños

Los niños suelen discutir o disputar por las cosas, pero por lo general no albergan resentimiento. Ya sea que disientan en las reglas de un juego, en el reparto de golosinas o al pelear por el tiempo en la tableta, los niños suelen expresar sus emociones en el mismo momento.

Los adultos, por su parte, aprenden a ser educados, "agradables" y socialmente aceptables. Llegamos a estar condicionados para refrenar nuestras emociones desagradables y en cambio lograr soluciones amistosas, al menos en la superficie. Sin embargo, muchas veces sería mejor que fuéramos tan sinceros como los niños. Cuando somos sinceros con nuestras emociones, no permitimos que el enojo, el resentimiento y el conflicto degeneren en amargura, celos y envidia.

La autodisciplina es importante. Y nadie disfruta con un quejoso o un chillón. Así que si queremos representar el amor y la compasión de Dios para quienes nos rodean, quizás tengamos que encontrar un equilibrio entre la sinceridad y la empatía.

INTERACCIÓN DIARIA ▾

**CONÉCTESE:** Hágase amigo de alguien que usted sepa que tiene creencias religiosas diferentes de las de usted.

*Lleven una vida de amor, así como Cristo nos amó y se entregó por nosotros como ofrenda y sacrificio fragante para Dios.*

EFESIOS 5:2

▼ DEVOCIÓN

## Una dulce fragancia

El sentido del olfato provoca una de nuestras experiencias sensoriales más impactantes. Los científicos nos dicen que normalmente tenemos más recuerdos asociados con los olores que con cualquier otro sentido. Y si usted ha inhalado últimamente el aroma de las galletas al ser horneadas, un césped recién cortado, o gasolina, sabe que es cierto.

No es de extrañar entonces que la mayoría de las empresas incluyan deliberadamente un aroma agradable como parte de sus productos. Desde perfume, colonia, velas, desodorante ambiental, jabones, champú, loción, limpiador de ventanas, cada vez más esencias nos rodean todos los días.

Los fabricantes de estos productos saben que un olor agradable puede ser muy impactante. Más dulce que el aroma de cualquier rosa, más fragante que el jazmín, la esencia del sacrificio de Cristo nos recuerda su amor insondable. Tenemos el privilegio de llevar este mismo aroma a quienes nos rodean.

INTERACCIÓN DIARIA ▼

**CONÉCTESE:** Envíe un mensaje de texto o chatee con alguien y agradézcale por el agradable aroma de su actitud.

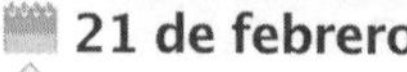

# 21 de febrero

*A los que reciben un encargo se les exige que demuestren ser dignos de confianza.*

1 Corintios 4:2

**DEVOCIÓN ▾**

## Prueba viviente

Cuando un detective resuelve un crimen, busca evidencias. Cuando un abogado representa a un acusado, examina toda la evidencia reunida para armar el caso. Cuando un juez o un jurado determinan un veredicto, revisan toda la evidencia para ver el modus operandi que surge.

¿Qué evidencia está dejando usted que garantice que otros sepan que es un seguidor de Jesús? ¿Sus palabras son amables y consideradas? ¿Sus acciones desinteresadas y diligentes? ¿Su actitud compasiva y auténtica? Si alguien tratara de "probar" que usted es cristiano, ¿habría suficiente evidencia hoy?

Afortunadamente, pudieran hacerlo ellos o no, la gracia de Dios nos sostiene y nos recuerda que hemos sido perdonados. No tenemos que probar nada a nadic. Cristo ha establecido toda la prueba que necesitamos para vivir como gente perdonada.

**INTERACCIÓN DIARIA ▾**

**CONÉCTESE:** Anime en línea a un amigo que recientemente le demostró a usted el amor de Cristo.

## 22 de febrero

*Así que tengan cuidado de su manera de vivir. No vivan como necios sino como sabios,*

Efesios 5:15

▼ DEVOCIÓN

### Siga la sabiduría de Dios

Al cocinar usted sigue una receta, al viajar sigue las instrucciones de su GPS o mapa, al montar un nuevo gabinete sigue las instrucciones. Leer los pasos consecutivos y actuar sobre la base de la información proporcionada nos permite lograr los resultados que deseamos: un delicioso pastel, un viaje agradable a nuestro destino, y una resistente pieza de mobiliario.

Demasiado a menudo, sin embargo, olvidamos o pasamos por alto las instrucciones que Dios ha provisto para nosotros en su Palabra. Allí encontramos las importantes instrucciones para el viaje de nuestra vida. Estas no son solo reglas y reglamentos o sugerencias agradables para hacernos sentir mejor. Son principios de la verdad acerca de la realidad suprema: quiénes somos, cómo fuimos hechos, nuestro propósito en la vida, el carácter de Dios, el poder de la gracia, y mucho más.

Si queremos agradar a nuestro Padre, vamos a seguir la sabiduría que Él ha provisto.

INTERACCIÓN DIARIA ▼

**CONÉCTESE:** Visite JesusDaily.com, y postee algo que usted aprendió recientemente en la Palabra de Dios.

## 23 de febrero

*Jesús se acercó entonces a ellos y les dijo: ...vayan y hagan discípulos de todas las naciones, enseñándoles a obedecer todo lo que les he mandado a ustedes.*

MATEO 28:18-20

DEVOCIÓN ▾

# Ser las manos y los pies de Cristo

En la comunidad global, es más fácil que nunca compartir información, intercambiar correos electrónicos y comunicarse electrónicamente con videollamadas. Si bien estos avances tecnológicos nos permiten compartir el evangelio en formas nuevas, nunca debemos pasar por alto el poder de nuestro ejemplo. Ciertamente, el Espíritu de Dios obra de maneras sorprendentes y milagrosas, pero tenemos más para compartir con otros alrededor del mundo.

Dios puede llegar a la gente en cualquier lugar, en cualquier momento, pero está claro por su Palabra que Él quiere que vivamos y amemos en comunidad. Las personas eran transformadas cuando se encontraban con Jesús durante su vida; nosotros tenemos ahora la oportunidad de ser las manos y los pies, los ojos y los oídos de Cristo en todo el mundo.

Considere hoy lo que significa para usted compartir su fe con personas de otras culturas, de otros países y otros continentes.

INTERACCIÓN DIARIA ▾

**CONÉCTESE:** Elija a alguien de otro país en la página de *Jesus Daily*, y conviértase en su amigo por correspondencia electrónica.

## 24 de febrero

*No hemos dejado de orar por ustedes. Pedimos que Dios les haga conocer plenamente su voluntad con toda sabiduría y comprensión espiritual.*

Colosenses 1:9

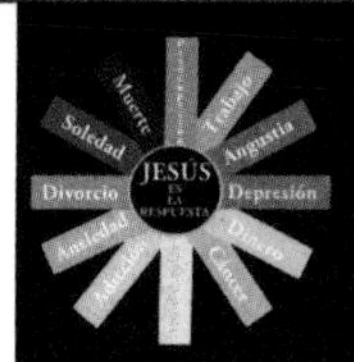


▾ DEVOCIÓN

# Comprometidos con la oración

Orar con otras personas puede ser una experiencia muy íntima. Usted no está compartiendo meramente palabras e información con ellos. Está revelando sus creencias, dudas, luchas, necesidades, sueños y deseos—bueno, ¡quizás no todos a la vez! Pero la oración tiene una manera de unir a los individuos y entretejer sus corazones juntos hacia metas comunes para el reino de Dios.

Cuando nos comprometemos a orar por las necesidades de otras personas, estamos compartiendo la carga y ofreciéndonos a interceder por ellos ante el Padre. Él ya conoce sus necesidades, por supuesto, pero nuestra participación en oración es para nuestro beneficio tanto como para el de ellos. Somos cambiados cuando compartimos desde una perspectiva a nivel de la oración.

La oración nos permite el acceso a la fuerza más poderosa del mundo. Pero también abre una conexión de compasión entre nosotros.

INTERACCIÓN DIARIA ▾

**CONÉCTESE:** Postee una solicitud pidiendo a otros que oren por una necesidad específica que usted tenga hoy.

 25 de febrero

*Porque mis pensamientos no son los de ustedes, ni sus caminos son los míos, afirma el Señor.*
Isaías 55:8

DEVOCIÓN ▼

## Hablar el lenguaje de Dios

Algunas veces las personas hablan el mismo idioma, pero siguen sin poder comunicarse Puede ser debido a diferentes creencias, trasfondo o motivaciones. Se oyen unos a otros, pero ninguno parece poder escuchar. Si no pueden perseverar y hallar una manera de comunicarse, fracasan en conectarse de una manera significativa.

A veces nuestras palabras, oraciones y acciones deben parecer como un desafío para Dios. No porque no nos entienda—Él lo hace, por supuesto—sino debido a nuestras limitaciones. Solo vemos lo que es visible y por lo tanto tendemos a confiar en eso para tener un sentido de realidad. Con esta base concreta de comparación, solo podemos imaginar un número limitado de opciones, posibilidades y caminos a seguir.

Dios, en cambio, ve lo que es visible para nosotros y lo que es invisible. Él puede ver todo el tiempo, la historia, y el espacio en un abrir y cerrar de ojos. Debemos contar con la fe, si queremos hablar el lenguaje de Dios, confiar en que sus pensamientos verdaderamente son más altos y mejores.

INTERACCIÓN DIARIA ▼

**CONÉCTESE:** Conéctese a la Internet y halle un versículo bíblico favorito que esté en otro idioma. Posteélo como un recordatorio de nuestra capacidad limitada para comprender a Dios.

# 26 de febrero

*Consérvate puro.*
1 Timoteo 5:22

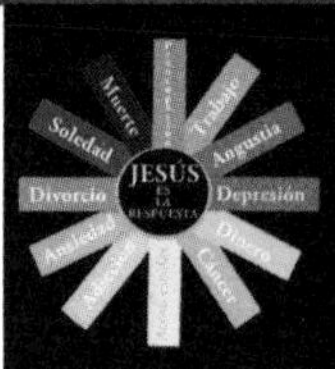


▼ DEVOCIÓN

## Blanco como la nieve

Después de un largo viaje, especialmente si usted va de campamento o de excursión, no hay nada como un baño o una ducha caliente. El agua caliente nunca se sintió tan bien en su piel. El aroma a limpio del jabón quitando las capas de suciedad lo refresca como ninguna otra cosa. Fregar el cabello con champú lo hace sentir renacido.

Esta misma sensación de limpieza es posible si estamos dispuestos a seguir las pautas de Dios y mantener puros nuestros cuerpos y corazones. Los dos van juntos, así que tenemos que asegurarnos de que estamos eliminando los contaminantes dañinos que encontramos en el mundo. También tenemos que asegurarnos de sumergirnos en la Palabra de Dios, confesar nuestros pecados en oración, recibir el perdón de Dios y servir a otros.

Por la gracia de Dios, somos lavados tan blancos como la nieve, perdonados de nuestros pecados, y purificados por medio del amor de Cristo.

INTERACCIÓN DIARIA ▼

**CONÉCTESE:** Pídale perdón a alguien que usted haya ofendido y luego muéstrele que lo dice en serio.

## 27 de febrero

*¡Defiende a los pobres y necesitados!*
PROVERBIOS 31:9

DEVOCIÓN ▾

# Atender a los necesitados

Nos encantan las historias de amor sobre desvalidos que derrotan a oponentes más poderosos. Y nos encantan los héroes que voluntariamente sacrifican sus recursos para defender, guardar y proteger a otros. Pero podemos no danos cuenta de que nosotros, como seguidores de Jesús, estamos llamados a ser defensores de los débiles y protectores de los necesitados.

Cristo estableció un ejemplo para que lo sigamos, que deja en claro nuestro rol. No tenemos que regalar un montón de dinero, apartar los ojos por vergüenza, o solucionar todos los problemas de otra persona. Simplemente tenemos que abrir nuestros corazones y participar en la lucha que la otra persona afronta. Puede ser satisfacer una necesidad física: proveer alimento al hambriento, agua al sediento, refugio para las personas sin hogar. Pero además puede ser escuchar, orar, llorar, y reír con los que están solos, los afligidos, los enfermos.

No tenemos que tener súper poderes para cuidar a los desvalidos que nos rodean. Simplemente tenemos que amarlos como Cristo nos ama.

INTERACCIÓN DIARIA ▾

**CONÉCTESE:** Explore sitios que ministren a los pobres y necesitados; elija uno y comprométase a orar y, posiblemente, a servir con ese ministerio.

*¡Busquen la justicia y reprendan al opresor! ¡Aboguen por el huérfano y defiendan a la viuda!*

Isaías 1:17

▼ DEVOCIÓN

## Ser su voz

Cuando Jesús volvió al cielo después de su resurrección, nos dejó con el don del Espíritu Santo. Cristo explicó que el Espíritu mora en nosotros y es nuestro abogado y consolador, la presencia de Dios que se comunica a nuestro favor.

Con esta clase de defensa como modelo, somos llamados a hablar por los que pueden no tener voz, o aquellos cuya voz no se puede oír. Esto puede ser difícil y doloroso. A otros puede no gustarles el hecho de que estemos defendiendo a los que no pueden defenderse. Pero Dios nos da la fuerza para estar firmes delante de quienes dañarían a los que son más débiles. No se trata tanto de violencia como de recordar a otros la paz, el poder y la protección de Dios.

Hoy, busque oportunidades de adoptar una postura por la verdad de Dios contra los que oprimen a otros.

INTERACCIÓN DIARIA ▼

**CONÉCTESE:** Vaya a JesusDaily.com, y haga saber su opinión acerca de la injusticia en nuestro mundo actual.

3:16 PM

JESÚS

Invitación por FaceTime

Rechazar

Aceptar

# MARZO

*¡Ya se te ha declarado lo que es bueno! Ya se te ha dicho lo que de ti espera el Señor: Practicar la justicia, amar la misericordia, y humillarte ante tu Dios.*

Miqueas 6:8

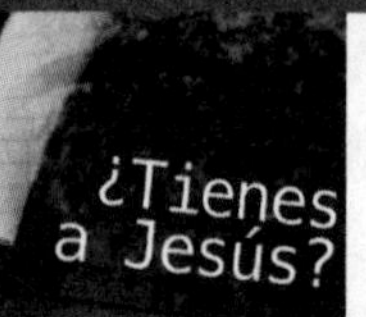

## 1 de marzo

*Yo mismo iré contigo y te daré descanso, respondió el Señor.*

Éxodo 33:14

DEVOCIÓN ▾

# Verdadero descanso

A menudo programamos tiempo de descanso o de vacaciones y luego nos preguntamos por qué no nos sentimos más revitalizados. El descanso no siempre proviene de la falta de actividad. Las noches sin dormir nos recuerdan que se necesita algo más que acostarse y cerrar los ojos. Los pensamientos de ansiedad que giran en la mente mientras tratamos de relajarnos dejan en claro que no podemos simplemente tirar de un interruptor y apagar nuestra mente.

El verdadero descanso viene cuando experimentamos la presencia de Dios en nuestras vidas. Nuestro día puede estar cargado de actividades, reuniones y conversaciones, pero si hemos invitado a Dios al centro de nuestro programa, podemos confiar en su coordinación del tiempo y dejar de lado el estrés que surge de tratar de controlar todo. Dios tiene el control de su vida y le dará el descanso que usted necesita.

INTERACCIÓN DIARIA ▾

**CONÉCTESE:** En *Jesus Daily* comparta con otros cómo ha experimentado el profundo descanso lleno de paz que solo puede venir de Dios.

## 2 de marzo

*Por mi integridad habrás de sostenerme, y en tu presencia me mantendrás para siempre.*
SALMO41:12

¿Tienes a Jesús?

▼ DEVOCIÓN

# La integridad crece

Usted no tiene que ser una persona perfecta para tener integridad. Simplemente tiene que estar centrado en la verdad de Dios. La palabra integridad significa totalidad así como virtud. Cuando estamos singularmente comprometidos a amar y servir al Señor en cada área de nuestras vidas, podemos contar con Él para que nos sostenga y nos guíe. Aunque a veces estemos distraídos y perdamos de vista nuestras prioridades, podemos saber que Dios permanece con nosotros y quiere investirnos de poder para avanzar en su reino.

Con todas las voces, fragmentos de audio e información que nos n cada día, puede ser difícil concentrarnos en nuestra relación con el Señor. Razón más que suficiente para que sea necesario que a lo largo de nuestro día nos hagamos tiempo para orar e invitar su presencia a todas las áreas de nuestra vida. La integridad crece con el tiempo a medida que usted es más y más transformado a la semejanza de Cristo. Manténgase concentrado en lo que más importa, haciendo caso omiso de las muchas distracciones que hay a lo largo del día.

INTERACCIÓN DIARIA ▼

**CONÉCTESE:** Al final del día, revise su historial en línea—los sitios, blogs y búsquedas que ha visitado. ¿Hay alguno que esté fuera de lo mejor que Dios tiene para usted?

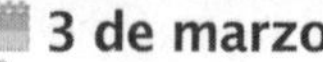

## 3 de marzo

*[Dijo Jesús] Dichosos los compasivos, porque serán tratados con compasión.*

Mateo 5:7

DEVOCIÓN ▾

# Pasar la misericordia de Dios

Algunos días parece que todo anda por su carril: el sol brilla, su programación se ejecuta sin problemas, y llega un cheque inesperado en el correo. En esos días, es fácil sentir como si experimentara misericordia: la bondad inmerecida. Como un regalo de un desconocido o una advertencia de un oficial de policía en vez de una multa, la misericordia, le recuerda que usted está obteniendo algo mucho mejor de lo que se merece.

Jesús nos dice que seamos misericordiosos como su Padre, a fin de que se nos muestre misericordia. Cada día tenemos la oportunidad de sorprender a quienes nos rodean haciéndoles probar la bondad de Dios. Tanto en nuestra actitud como en nuestras acciones, podemos demostrar nuestra gratitud por su gracia y su perdón.

No importa qué desafíos afronte hoy, la misericordia de Dios—su compasión y su bondad—irán delante de usted. Teniendo en cuenta este regalo, usted tiene la oportunidad de pasarlo a todas las personas que encuentre.

INTERACCIÓN DIARIA ▾

**CONÉCTESE:** Visite JesusDaily.com y postee un mensaje de aliento para quienes están luchando a fin de mostrar misericordia hoy.

*Humíllense, pues, bajo la poderosa mano de Dios, para que él los exalte a su debido tiempo.*
1 Pedro 5:6

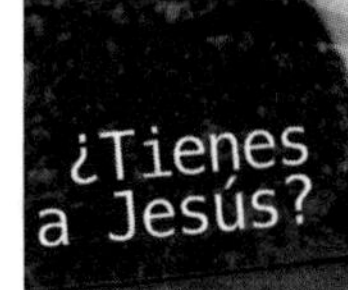


▼ DEVOCIÓN

## La verdadera humildad

La línea entre la humildad y la humillación a veces se difumina. Cuando nos humillamos, reconocemos nuestra falta de autosuficiencia, orgullo y poder. Dejamos en claro que no podemos lograr nada por nosotros mismos y que no nos vamos a llevar el crédito inmerecido por nuestra contribución en lo que se logre realizar.

La humillación, por otro lado, corrompe la humildad con un sentido de vergüenza y menosprecio. Sea que nos humillemos nosotros mismos u otra persona, la sensación de ineptitud y falta de mérito se halla de igual manera.

Cuando somos verdaderamente humildes, no existe una sensación de menoscabarnos o menoscabar a otro. De hecho, es todo lo contrario: reconocemos nuestro verdadero valor solamente en Cristo y dejamos en claro que dependemos de la bondad y del poder de Dios que nos sostienen. Cuanto más recordamos nuestra fuente, más nos inviste Él de poder para realizar hechos poderosos para su reino.

INTERACCIÓN DIARIA ▼

**CONÉCTESE:** Vaya a JesusDaily.com y dé a Dios el crédito por algo que Él le permitió lograr hoy, algo que claramente usted no podría haber hecho con sus propias fuerzas.

## 5 de marzo

*Yo te instruiré, yo te mostraré el camino que debes seguir; yo te daré consejos y velaré por ti.*

Salmo 32:8

DEVOCIÓN ▾

# Nuevas perspectivas

Cada día nos provee nuevas oportunidades de aprendizaje. No tenemos que estar en la escuela o capacitándonos para una nueva carrera para experimentar las lecciones de la vida a nuestro alrededor. Dios se deleita en enseñarnos su verdad. Por medio de su Palabra, tenemos la oportunidad de estudiar sus muchas lecciones, descubrir cada día una nueva perspectiva o un nuevo punto de vista de la única certeza que permanece para siempre.

Dios también nos revela sus instrucciones a través de la oración y de nuestras relaciones con los demás. Aunque podemos no tener la respuesta que queremos cuando la queremos, o la sabiduría para ver la perspectiva que nuestro Padre ve, aun podemos saber que Él nos guiará. Como un excursionista perdido en el bosque que descubre su brújula, no tenemos que depender de nuestro propio conocimiento por sí solo.

Observe lo que Dios está tratando de enseñarle hoy, sobre usted mismo, su vida y su carácter.

INTERACCIÓN DIARIA ▾

**CONÉCTESE:** Reenvíe un post de *Jesus Daily* o de otro post o entrada de blog que le ha revelado algo nuevo sobre el amor de Dios.

*[Dijo Jesús] Dichosos los que lloran, porque serán consolados.*

Mateo 5:4

▼ DEVOCIÓN

## Tiempo de llorar

Nadie elige estar triste. Ocurre naturalmente cuando experimentamos pérdidas o afrontamos el dolor de las circunstancias difíciles. Y la mayoría de los días, en la aldea global de nuestro mundo de hoy, podemos hallar mucho por lo cual estar tristes. Tanto, de hecho, que podemos tener en cortocircuito nuestra capacidad de llorar.

Cuando estamos enlutados no tenemos que usar ropa de color negro, llorar todo el día, o incluso sentirnos tristes. El estar enlutados se refiere más a nuestra capacidad de reconocer la injusticia, reconocer la imperfección, y divisar la distancia entre nuestro mundo destrozado y la santidad perfecta de Dios. No depende de nosotros cerrar esta brecha: ya Cristo proveyó el puente entre nuestro pecado y el amor de Dios.

El llanto implica traer nuestro reconocimiento de lo que está quebrantado ante Dios y pedir su sanidad, consuelo y restauración. Hoy, usted no tiene que estar triste, aunque puede estarlo, al reflexionar sobre las áreas y personas que necesitan el amor de Jesús.

INTERACCIÓN DIARIA ▼

**CONÉCTESE:** Investigue un problema, lucha o área de quebrantamiento en nuestro mundo de hoy. Consulte en línea sobre las maneras en que usted puede ayudar a ministrar en esta área de necesidad.

## 7 de marzo

*El Señor está cerca de los quebrantados de corazón, y salva a los de espíritu abatido.*

SALMO 34:18

DEVOCIÓN ▾

# Sanar nuestras heridas

Cuando éramos niños, bastaba solamente un momento en los brazos de nuestros padres para superar una rodilla raspada o una copa de jugo derramada. La sensación de intimidad proveía un consuelo tangible para nuestra angustia. Nos sentíamos seguros y protegidos, conscientes de que nuestro doloroso problema nos molestaba, pero que la presencia amorosa de nuestra madre o de nuestro padre era más grande que cualquier problema en que nos encontráramos.

A medida que crecemos, aprendemos a manejar por nosotros mismos nuestras dolorosas pérdidas y decepciones, a hacernos fuertes y aceptarlas. Pero a menudo estas heridas nunca sanan. Persisten solo para doler aun más agudamente.

Aun necesitamos el abrazo de nuestro Padre cuando tropezamos y caemos. Ya se trate de un día en que nada sale bien o de una importante pérdida de vida, debemos recordar que Alguien es más grande que incluso el más grande de los obstáculos que podamos afrontar. Aunque nos sintamos quebrantados y machacados, Dios nos consuela con su cuidado.

INTERACCIÓN DIARIA ▾

**CONÉCTESE:** Ofrezca un versículo que lo ha consolado a alguien que usted sepa que necesita consuelo.

*Bueno es el Señor; es refugio en el día de la angustia, y protector de los que en él confían.*

Nahum 1:7

▼ DEVOCIÓN

## Él es nuestro refugio

En una tormenta nos guarecemos en donde podemos hallar un refugio seguro y seco que nos cubra. La mayoría de las veces, nos gusta estar en una casa o en un edificio para escapar de la tormenta, pero a veces una entrada, una parada de autobús, o una cueva nos mantiene fuera de peligro. Todavía podemos mojarnos un poco, pero estamos a salvo de la peor parte de la tormenta.

Durante las tormentas de la vida, Dios quiere cubrirnos de la misma manera. Cuando corremos a Él, podemos experimentar su cuidado y su compasión, un refugio seguro de todas las palabras ásperas, las acciones hirientes, y la odiosa hostilidad de un mal día. Como al calentarnos ante una chimenea después de habernos empapado con la lluvia, podemos experimentar la energía renovada para volver a aventurarnos al día siguiente.

Sin que importe el tipo de clima que experimente hoy, Dios está allí para usted.

INTERACCIÓN DIARIA ▼

**CONÉCTESE:** Chatee, envíe mensajes de texto o tenga una videoconferencia con un amigo hoy, animándose entre sí para superar las luchas actuales.

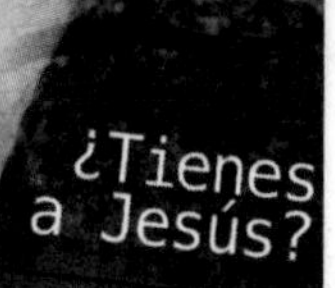


## 9 de marzo

*Que los creyentes vean en ti un ejemplo a seguir en la manera de hablar, en la conducta, y en amor, fe y pureza.*
1 Timoteo 4:12

DEVOCIÓN ▾

## Lo que ellos ven

Usted puede no ser consciente de la cantidad de gente que lo está viendo, pero hay muchos. Ahora más que nunca, los demás notan lo que usted hace y dice en persona y en línea. Un comentario descuidado, un tuit malo, o estados de página arrogantes podrían enviar una señal equivocada a otros que lo miran a usted como un ejemplo.

Con tanta gente que expresa opiniones, especialmente en línea, es tentador pensar que nadie se dará cuenta de su presencia—o ausencia. Pero lo notarán. Muchas personas que no conocen a Dios basan su comprensión del evangelio en lo que ven en su vida.

Esta responsabilidad no debería añadir una presión indebida a lo que usted dice y hace. Más bien, usted debe considerar qué privilegio es representar el amor de Dios y la verdad de Cristo a los que lo rodean. Usted no tiene que ser perfecto; solo tiene que estar presente para las necesidades de otros.

INTERACCIÓN DIARIA ▾

**CONÉCTESE:** Escoja a alguien que usted sigue en línea cuya fe lo inspira. Escríbale una breve nota de agradecimiento por establecer un ejemplo tan semejante al de Cristo.

*Justo es el Señor, y ama la justicia; por eso los íntegros contemplarán su rostro.*

Salmo 11:7

▾ DEVOCIÓN

## La claridad en un mundo gris

Muchos estándares, tradiciones y costumbres que una vez parecieron partes integrantes permanentes ahora se han desmoronado con los cambios de nuestra cultura actual. Aunque algunos de estos pueden tener un impacto positivo, muchos de ellos simplemente indican cuán egoístas y veleidosos pueden ser los seres humanos. Queremos los absolutos por la seguridad que proporcionan, pero queremos ser la excepción a las reglas que estos requieren.

Dios provee el estándar por el cual se miden todas las cosas justas, rectas y santas. Y la gente en su totalidad no alcanza ese estándar—naturalmente tenemos tendencia a enfocarnos en nuestros propios deseos egoístas y pecaminosos, incapaces de vivir una vida perfecta. De hecho, solamente una persona vivió una vida perfecta: Jesús. Como nunca podríamos vivir por el estándar de santidad de Dios, Él envió a su Hijo a vivir entre nosotros, proveyó un ejemplo, y nos ofrece vida eterna mediante el don de la salvación.

Aun si vivimos en un mundo gris, Dios provee la claridad y la definición que necesitamos en blanco y negro.

INTERACCIÓN DIARIA ▾

**CONÉCTESE:** Explore diferentes opiniones sobre un tema cultural o moral en el que los cristianos parezcan estar en desacuerdo. Comience un diálogo en línea con alguien de ese foro.

## 11 de marzo

*No devuelvan mal por mal ni insulto por insulto; más bien, bendigan, porque para esto fueron llamados, para heredar una bendición.*

1 Pedro 3:9

DEVOCIÓN ▾

### Poner la otra mejilla

Gran parte de nuestra vida cotidiana se basa en la acción y la reacción, la necesidad y la recompensa. Vamos a trabajar para ganar un sueldo. Necesitamos ese sueldo para tener dinero para vivir. Hablamos con una amiga y le pedimos un favor. Nuestra amiga nos otorga el favor, y sabemos que ahora le debemos una. Es una especie de ciclo de reciprocidad en el cual el dar y recibir natural de la vida se convierte en la ley predominante de supervivencia.

El mismo principio parece aplicarse cuando sufrimos una herida, un insulto, o una indiscreción. Nuestro compañero de trabajo nos desprecia, así que también lo despreciamos. Nuestro cónyuge busca pelea, así que nos defendernos y discutimos. Se descubre que nuestra amiga es la fuente de un cruel rumor sobre nosotros, así que plantamos cuidadosamente una semilla de chisme interesante acerca de ella. Tomamos represalias y suponemos que esta es la manera en que sobrevivimos.

Pero esta no es la manera de Dios. Por medio de su Palabra y el ejemplo de su Hijo, se nos recuerda que la gracia es irracional, ilógica e injustificada. La gracia rompe el ciclo de pagar con la misma moneda. Ponga la otra mejilla y bendiga a alguien que lo ofenda hoy

INTERACCIÓN DIARIA ▾

**CONÉCTESE:** Evite hacer comentarios críticos en la Internet o enviar correos electrónicos de represalia.

*Bendito el que viene en el nombre del Señor. Desde la casa del Señor los bendecimos.*

Salmo 118:26

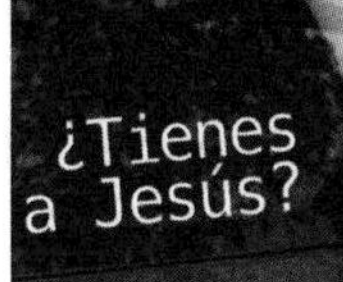


▾ DEVOCIÓN

## Mensajero de esperanza

Usted puede haber oído la expresión "no disparen al mensajero", que significa que al mensajero de malas noticias no debemos hacerlo responsable del mensaje en sí. Por otra parte, a todo el mundo le encanta dar buenas noticias—ya sea el anuncio de una nueva promoción, la emoción de una nueva incorporación a la familia, o los resultados positivos de los exámenes de otro. Si bien no siempre podemos recibir el crédito por las buenas noticias, podemos celebrar con el destinatario.

Cuando vivimos por fe como seguidores de Jesús, llevamos buenas noticias dondequiera que vayamos. Quizás no siempre sea lo que quieren oír los que nos rodean, pero en última instancia es lo que todos y cada uno de nosotros anhela oír. Queremos creer que hay sentido en la vida y esperanza para el futuro. Queremos experimentar el profundo y permanente amor de Dios de maneras que transformen nuestras vidas.

No hay mejor noticia que podamos compartir con alguien que el amor de Dios por medio del don de su Hijo, Jesucristo.

INTERACCIÓN DIARIA ▾

**CONÉCTESE:** ¿Quién necesita oír las buenas noticias que usted puede compartir con ellos? Envíe un correo electrónico, mensaje de texto, o chatee con alguien que necesita conocer a Cristo.

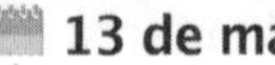

## 13 de marzo

*Porque me has visto, has creído "le dijo Jesús"; dichosos los que no han visto y sin embargo creen.*
JUAN 20:29

DEVOCIÓN ▾

# Dar un paso de fe

En estos días podemos pedir casi cualquier cosa por la Internet: ropa, comida, electrodomésticos, computadoras, hasta coches y casas. Pero por lo general, cuanto mayor es el precio de la compra, más queremos ver lo que estamos obteniendo por nuestro dinero antes de invertir. Aunque algunas personas se sienten cómodas al comprar un coche por la Internet, sin haberlo visto, la mayoría de nosotros queremos verlo, tocarlo, conducirlo, antes de gastar nuestros dólares ganados con tanto esfuerzo para comprarlo.

La fe nos demanda invertir en nuestra relación con Dios en formas que a veces parecen imprecisas y poco claras. No podemos ver lo que hay por delante o entender por qué Dios permite que ocurran ciertos acontecimientos. Y sin embargo, somos llamados a dar un paso en fe, confiando en que nuestro Padre nos guiará a cada paso del camino, sin importar cuán claramente podamos ver la senda.

Hoy, no se preocupe por cuán nítidamente pueda ver lo que Dios es capaz de hacer; solo dé el siguiente paso.

INTERACCIÓN DIARIA ▾

**CONÉCTESE:** Investigue la vida de alguien que usted admira como un pilar de la fe, tal como Billy Graham o la Madre Teresa. ¿Cómo caminaron en fe y obediencia a Dios?

## 14 de marzo

*Quien quiera servirme, debe seguirme; y donde yo esté, allí también estará mi siervo. A quien me sirva, mi Padre lo honrará.*

Juan 12:26

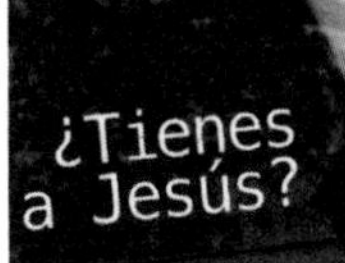


▼ DEVOCIÓN

## Servicio de amor

El concepto de siervos generalmente evoca imágenes de mucamas y mayordomos de uniforme blanco y negro esperando en propiedades lujosas de gente adinerada. La relación puede ir más allá de la de empleador y empleado, pero históricamente estos papeles se mantuvieron con un estricto decoro. Los siervos esperaban a sus amos y amas sin cuestionar, mientras que sus empleadores no trataban de convertirse en sus amigos.

Por el ejemplo que vemos en la vida de Cristo, sabemos que servir a otros refleja el amor de Dios. El servicio nos mantiene humildes y nos recuerda que todos somos iguales, sin importar nuestro ingreso, estado, educación, o título. Todos somos hijos de Dios, pecadores y necesitados, transformados solamente por su gracia, mediante el don de la salvación.

Cuando nos desprendemos de la anticuada mentalidad de roles superiores e inferiores unos hacia otros, vislumbramos la forma en que Dios nos ve: como sus hijos e hijas, seres eternos creados a su imagen.

INTERACCIÓN DIARIA ▼

**CONÉCTESE:** Revise la cartelera de anuncios de su iglesia local o sitio web ministerial favorito. Elija una necesidad que usted pueda solucionar de alguna manera hoy.

## 15 de marzo

*Sin fe es imposible agradar a Dios, ya que cualquiera que se acerca a Dios tiene que creer que él existe y que recompensa a quienes lo buscan*

HEBREOS 11:6

DEVOCIÓN ▾

# Agradar a Dios

No importa cuánto trate de agradar a Dios, usted nunca puede hacer suficiente para ganar su favor. Puede dar todo su dinero a la iglesia, trabajar en una misión para las personas sin hogar, y leer su Biblia todos los días. Aunque son buenas si están motivadas por el amor y no por el legalismo, estas actividades son inútiles cuando se trata de agradar a Dios, a menos que usted tenga fe.

Cuando confía en alguien, usted naturalmente cuenta con el consuelo, conexión y colaboración de ellos. Nuestra relación con Dios opera de la misma manera; es una relación, no una transacción comercial, oportunidad profesional, o una lámpara mágica. No importa lo que hagamos, si lo hacemos para el Señor con una fe sincera, a Él le agradará. Pero desea que nosotros crezcamos y maduremos en nuestra fe. Un padre valora la figura que su hijito le dibuja con un crayón, pero espera más cuando el niño se convierte en adulto.

La buena noticia es que no podemos obligarnos a crecer; ocurre de modo natural al familiarizarnos más profundamente con el amor de nuestro Padre celestial.

INTERACCIÓN DIARIA ▾

**CONÉCTESE:** Reafirme el crecimiento de un amigo como creyente, diciéndole cómo lo ha visto progresar durante el último año.

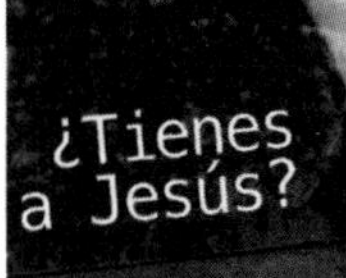


*Ya se te ha dicho lo que de ti espera el Señor: Practicar la justicia, amar la misericordia, y humillarte ante tu Dios.*

MIQUEAS 6:8

▼ DEVOCIÓN

## Predicar con el ejemplo

Los requisitos de trabajo suelen determinar que estemos calificados para solicitar un puesto en particular. A veces, los empleadores quieren cierto grado de educación o años de experiencia en ese campo. Pueden desear que tengamos capacitación en cierto software o conocimiento de los sistemas de la industria. Cuando alguien comienza su carrera puede ser frustrante, porque todos quieren que tenga experiencia, pero nadie le da la oportunidad.

Nosotros no tenemos que solicitarle un puesto a Dios. Él nos adopta como hijos e hijas suyos cuando aceptamos a Cristo en nuestros corazones y nos comprometemos a seguirlo. Esto no significa que Dios no requiera nada de nosotros, pero sí nos tranquiliza que nos tome tal como somos. No necesitamos ciertos requisitos previos para ser salvos por su gracia.

En nuestro caminar con Él, Dios quiere que "prediquemos con el ejemplo", literalmente. Si estamos verdaderamente concentrados en conocerlo, amarlo, y servirlo, lo que pensemos, digamos y hagamos reflejará su bondad.

INTERACCIÓN DIARIA ▼

**CONÉCTESE:** Postee un versículo de la Biblia en JesusDaily.com que ilustre dónde está hoy usted en su relación con Dios.

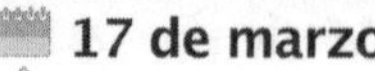

## 17 de marzo

*¡Este Dios es nuestro Dios eterno! ¡Él nos guiará para siempre!*
SALMO 48:14

DEVOCIÓN ▾

# Él nos guiará

Ya no tenemos que preocuparnos mucho acerca de la dirección. Tenemos muchos dispositivos, aplicaciones y programas que nos ayudan a navegar a nuestros destinos. La mayoría de ellos nos hacen llegar allí por la ruta más directa posible, teniendo en cuenta ocasionalmente variables como el tránsito, la construcción y el clima. A veces, sin embargo, los sistemas de cartografía no están actualizados o tienen un problema técnico que nos envía por la tangente o, peor aún, nos hace perder.

De manera similar, nuestra vida rara vez parece tomar la ruta directa de un hito a otro. Aunque nos gustaría la previsibilidad que proviene de saber exactamente hacia dónde vamos en todo momento y cómo llegar allí, la mayor parte del tiempo no lo sabemos. Sin embargo, esto no significa que no tengamos una guía confiable.

Dios nos provee constantemente su guía y dirección. Cuando confiamos en Él en cada decisión que tomamos y cada paso que damos, podemos descansar en su soberanía.

INTERACCIÓN DIARIA ▾

**CONÉCTESE:** Haga una lista de los hitos más importantes de su vida, tal vez los diez o doce primeros. Reflexione en cómo Dios lo ha guiado desde cada uno al siguiente.

*Si el corazón no nos condena, tenemos confianza delante de Dios, y recibimos todo lo que le pedimos.*

1 Juan 3:21-22

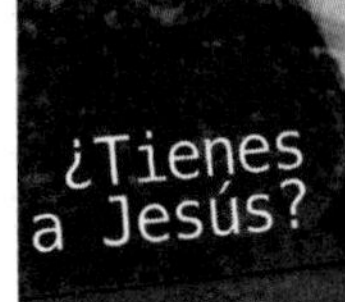


▼ DEVOCIÓN

## No hay condenación

Usted conoce más íntimamente a la persona que más lo critica. La voz de este crítico está siempre en su oído, señalando lo que debería haber hecho, mofándose de lo que ha hecho, y haciendo caso omiso de sus refutaciones. Aunque otros pueden contribuir a la crítica, por lo general nosotros somos nuestro peor crítico. Al compararnos constantemente con otros y experimentar los altibajos de la vida diariamente, no es de extrañar que a menudo tengamos luchas en nuestra fe.

Cuando aceptamos el don gratuito de la salvación y aceptamos el perdón amoroso de Dios por medio de Cristo, ya no afrontamos condenación de ninguna fuente. Aunque parece más fácil creer que Dios nos ha perdonado que perdonarnos a nosotros mismos, debemos aprender a acallar a nuestro crítico. A medida que crecemos en la fe, somos más conscientes de nuestra verdadera identidad: hijo de Dios, creado a su imagen para buenas obras.

Dios dice que usted es digno. La confianza proviene de nadar en las profundidades del amor de Dios. No crea lo que ningún otro—incluso usted mismo—intente decirle.

INTERACCIÓN DIARIA ▼

**CONÉCTESE:** Envíe un correo electrónico a personas que ama y recuérdeles la verdad acerca de quiénes son, no quienes ellos piensan que deben ser.

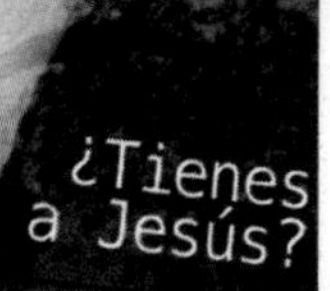


## 19 de marzo

*Yo soy el Señor, tu Dios, que sostiene tu mano derecha; yo soy quien te dice: No temas, yo te ayudaré.*
Isaías 41:13

DEVOCIÓN ▾

# Soltar nuestros temores

La mayoría de nuestros temores provienen de nuestra percepción de que algo es peligroso, incierto e impredecible. Los rayos pueden o no golpear nuestra casa, así que podemos contratar un seguro y colocar pararrayos para minimizar el daño si nos impacta. La enfermedad es más propensa a desarrollarse si no nos ejercitamos, ni comemos alimentos nutritivos, ni tenemos un descanso adecuado. Hacemos lo que podemos para disipar y controlar nuestros temores, pero no importa la edad que tengamos o cuán maduros seamos en la fe, todavía nos asustamos a veces.

Como un niño que camina por el bosque en una noche sin luna, tropezamos y caemos, aterrados por lo que no podemos ver. Nuestra imaginación capta cada pequeño sonido y se pregunta si se trata de un animal salvaje que nos acecha—o peor aún—de otra persona. El estruendo de un trueno o el crujido de las ramas nos impulsan a correr, aunque estemos sumidos en una oscuridad total.

Cuando tenemos miedo, nuestro Padre sostiene nuestra mano y abre camino a través de cualquier cosa que podamos afrontar. No tenemos nada que temer.

INTERACCIÓN DIARIA ▾

**CONÉCTESE:** Comparta en línea uno de sus temores con alguien y pídale que oren para que usted experimente la paz de Dios. Luego haga lo mismo por ellos.

## 20 de marzo

*En todo esto somos más que vencedores por medio de aquel que nos amó.*
ROMANOS 8:37

▼ DEVOCIÓN

### Su amor es continuo

En pleno invierno es difícil creer que todavía reside vida bajo el suelo helado, enterrada allí en la oscuridad. Pero es así, por supuesto, como nos lo confirma la belleza de la primavera. El hielo y la nieve se derriten, los tiernos renuevos se abren paso por el suelo, y los brotes se ríen de nosotros con un pavoneo de ramas coloridas. Los días se alargan y el sol trae nueva vida a todo en la naturaleza, reviviendo la promesa de los calurosos días de verano.

Frecuentemente no podemos ver más allá de la época de invierno espiritual en la que a veces nos hallamos. Nuestra fe se siente sin vida y apagada, nuestro interés en pasar tiempo en oración o estudio bíblico parece haberse evaporado, y la esperanza de volver a superar los problemas actuales parece imposible. Pero incluso en esos tiempos, especialmente durante esos tiempos, debemos recordar que el amor de Dios es continuo. No vacila ni aumenta ni disminuye según nuestros sentimientos.

Usted superará sus luchas tan seguramente como que la primavera traerá nueva vida.

INTERACCIÓN DIARIA ▼

**CONÉCTESE:** Plante una semilla de esperanza en alguien que usted conozca, recordándole que el amor de Dios no es estacional.

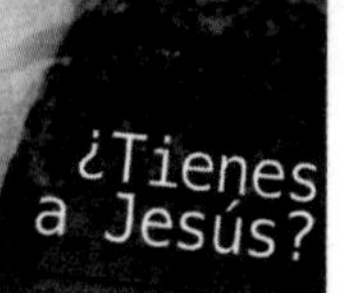


## 21 de marzo

*[Dijo Jesús] Ciertamente les aseguro que el que oye mi palabra y cree al que me envió, tiene vida eterna y no será juzgado, sino que ha pasado de la muerte a la vida.*
JUAN 5:24

DEVOCIÓN ▾

## Correr la carrera

Como un corredor con los pies doloridos, a menudo luchamos por seguir poniendo un pie delante del otro. Durante esos momentos, estamos tentados a abandonar la carrera de la fe y seguir simplemente nuestro propio camino. Queremos perseguir placeres egoístas que proveen gratificación instantánea en vez de resistir la tentación al confiar en Dios. A menudo, el enemigo de nuestras almas sabe que estamos vulnerables y débiles, agotados y abrumados. Él puede tratar de alejarnos del camino de la justicia de Dios arrojando comodidades pecaminosas e ídolos adictivos enfrente de nosotros.

Huir de las luchas de la vida a la larga nunca proporciona alivio, especialmente después de experimentar la bondad de Dios. Las tentaciones pueden apelar a nuestros sentidos u ofrecer una ilusión de descanso y confort. Pero en última instancia, solo nos distraen de lo que más importa. Si queremos correr la carrera de la fe, debemos estar preparados para seguir adelante. Y cuando no podemos, tenemos que confiar en que Dios nos lleva.

Ya hemos cruzado la línea de llegada de muerte a vida. Dios nos sostendrá a medida que seguimos corriendo.

INTERACCIÓN DIARIA ▾

**CONÉCTESE:** Vea en YouTube un video de un corredor de maratón o un triatleta Ironman que finaliza una carrera. Piense en lo que pueden enseñarle acerca de correr la carrera de la fe.

## 22 de marzo

*Tan grande es su amor por los que le temen como alto es el cielo sobre la tierra. Tan lejos de nosotros echó nuestras transgresiones como lejos del oriente está el occidente.*

Salmo 103:11-12

¿Tienes a Jesús?

▼ DEVOCIÓN

### Un amor tan grande

Estar en medio de un vasto espejo de agua, el océano, un gran lago o un río, puede resultar desorientador. Si usted no puede ver la costa en ninguna dirección, le es difícil saber qué es qué. Y si el sol no ha salido de este a oeste, para ayudar con algunas pistas, es realmente difícil. El horizonte se ve igual desde todos los ángulos. Miramos desde una esquina de nuestra línea de visión a otra y solamente vemos el agua azul oscuro. No podemos imaginar la distancia de un lado al otro.

Del mismo modo con las estrellas, es difícil imaginar la distancia entre ellas, incluso cuando leemos los datos científicos, con millas y años luz. ¿Cuánto más lejos deben estar entonces el planeta tierra y las galaxias situadas a billones de kilómetros de distancia? Aunque lo averigüemos, esa distancia sigue pareciendo pequeña si consideramos qué lejos echa Dios nuestros pecados de nosotros.

Él echa nuestras transgresiones más allá de nuestra capacidad de imaginar. Él nos perdona total y completamente. Él nos ama incondicionalmente.

INTERACCIÓN DIARIA ▼

**CONÉCTESE:** Inicie un hilo y pregunte a otros por qué creen que luchamos para vivir como hijos e hijas perdonados del Rey.

## 23 de marzo

*Vengan a mí todos ustedes que están cansados y agobiados, y yo les daré descanso.*
MATEO 11:28

DEVOCIÓN ▾

# Descansar tranquilos

¿Cuándo fue la última vez que se sintió verdaderamente descansado? Tal vez fue después de sus últimas vacaciones, de una noche de sueño especialmente buena, o de una siesta por la tarde. Como el descanso del alma incluye más que el mero descanso del cuerpo, tal vez se sienta descansado después de preparar una comida especial, durante los créditos finales de una estupenda película, o mientras mira la puesta de sol.

Todos anhelamos el verdadero, profundo descanso que satisface al alma, pero parece que rara vez lo conseguimos. ¿Y si el secreto no es la actividad—o la falta de ella—sino el ancla? Cuando nos relajamos y dejamos de lado todas nuestras preocupaciones, nuestra fe nos ancla a la bondad y a la soberanía de Dios. Él está a cargo, no nosotros.

El secreto del verdadero descanso es anclarse a un fundamento que nunca se mueve. Su vida cambia constantemente, pero el amor de Dios por usted nunca cambia. Quién es Él, su carácter, nunca cambia. Él es el mismo ayer, hoy, mañana, dentro de diez años, y siempre. Usted puede descansar tranquilo.

INTERACCIÓN DIARIA ▾

**CONÉCTESE:** En JesusDaily.com comparta con otros sus formas favoritas de relajarse.

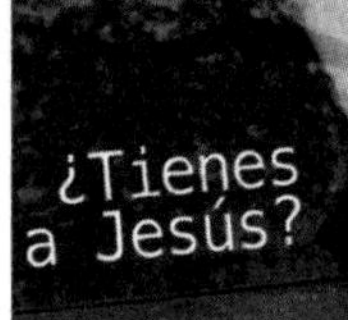


*El que habita al abrigo del Altísimo se acoge a la sombra del Todopoderoso.*

Salmo 91:1

▼ DEVOCIÓN

## Descansar el alma

Es genial dormir y ponernos al día con nuestro descanso. La mayoría de las veces, respondemos a nuestros despertadores (o alarmas de repetición) para despertarnos y empezamos a prepararnos para el día. Al final del día, es posible que antes de acostarnos tengamos un poco de tiempo para relajarnos, pero rara vez eso proporciona el tipo de descanso que nuestra alma necesita para renovarse.

Rara vez nos tomamos tiempo para disfrutar de un verdadero día de reposo sabático. Incluso los domingos pueden parecer repletos de servicios de la iglesia, actividades familiares, y preparación para la semana siguiente. Pero como Dios establece en Génesis, cuando creó nuestro mundo y todo lo que hay en él, Él tomó un día de descanso. En el séptimo día, descansó. La Escritura no dice que Él solo creó un par de cositas ese día, o que se puso al día con todas las cosas que se había propuesto crear. No, Él descansó.

Propóngase hoy cancelar una cita, reprogramar una reunión o romper su rutina, y simplemente descanse su alma delante de Dios.

INTERACCIÓN DIARIA ▼

**CONÉCTESE:** Permanezca desconectado por lo menos una hora durante el día.

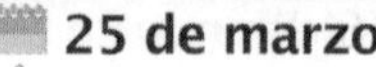

## 25 de marzo

*El Señor es mi pastor, nada me falta.*
SALMO 23:1

DEVOCIÓN ▾

# Lo que el dinero no puede comprar

Algunos días usted piensa que nunca tendrá suficiente, que nunca se pondrá al día y mucho menos saldrá adelante. Ya se trate de dinero o de tiempo, posesiones u oportunidades, nuestro contentamiento a menudo parece condicionado a tener más. Especialmente cuando miramos a nuestro alrededor y vemos lo que otros tienen, es natural que sintamos que no tenemos todo lo que ellos tienen.

Cuando se sienta tentado a compararse con alguien que parece estar viviendo la vida que usted desea, recuerde, sin embargo, una cosa. Cuando sus deseos para su vida estén alineados con los de Dios, usted nunca se sentirá envidioso o celoso. En cambio, se sentirá todo lo contrario: ¡contento, gozoso, pleno!

Nuestra principal necesidad cada día es conocerlo, acercarnos más a Él y conocer su paz. Centrados en esta verdad, siguiendo a nuestro Buen Pastor, tenemos contentamiento de una manera que el dinero no puede comprar.

INTERACCIÓN DIARIA ▾

**CONÉCTESE:** Mire distintas representaciones artísticas de Jesús como el Buen Pastor; elija una para usar hoy como fondo de pantalla.

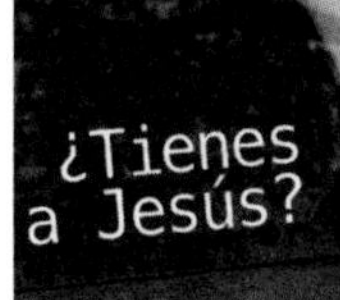


*En verdes pastos me hace descansar. Junto a tranquilas aguas me conduce; me infunde nuevas fuerzas.*

Salmo 23:2-3

▼ DEVOCIÓN

## Restauración del alma

Muchas personas nunca aminoran la marcha hasta que se ven obligados a hacerlo. Ellos se enferman, tienen un accidente o pierden su trabajo. De repente, no tienen más opción que reducir la velocidad y cambiar a normal su rutina vertiginosa. La mayoría de las veces, este proceso produce resultados positivos, aun si los individuos resistieron inicialmente los períodos de descanso requeridos.

A veces, nuestras vidas se vuelven tan abrumadoras que Dios interviene y brinda su paz sobrenatural a nuestra mente. No podemos explicarlo. Nuestra lista de tareas sigue siendo la misma, las exigencias de nuestro tiempo igualmente abrumadoras. Pero de alguna manera tenemos la sensación de que todo va a estar bien. Si tenemos o no todo hecho ya no parece importar tanto. Simplemente estar presentes y confiar en la bondad de Dios se vuelve nuestra prioridad.

Es bueno cuando podemos salir, descansar bajo la sombra de un árbol o una sombrilla, y mirar la superficie de un lago o un río cercanos. Pero la mayor parte del tiempo, es probable que no podamos. No obstante, la misma sensación de tranquilidad puede ser nuestra cuando permitimos que la paz de Dios nos envuelva.

INTERACCIÓN DIARIA ▼

**CONÉCTESE:** Renuncie al tiempo que suele pasar en la Internet después del trabajo y tilde otro ítem de su lista que es necesario hacer.

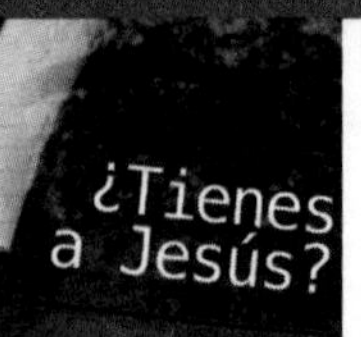


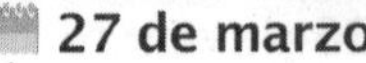

## 27 de marzo

*Me guía por sendas de justicia por amor a su nombre.*
Salmo 23:3

DEVOCIÓN ▾

# Una guía confiable

Por ser Dios quien es, podemos confiar en Él y seguirlo. No es solo que sea omnisciente y todopoderoso; es que nos ama y quiere lo mejor para nosotros. Él no solo es un guía confiable, sino también compasivo, comprometido a ayudarnos a alcanzar nuestro destino divino.

La ruta que Él tome será una coherente con su carácter y su Palabra. No tomará atajos que lo pongan a usted en riesgo ni le pedirá que camine donde Él no ha estado. No le pedirá que peque ni que comprometa la verdad a lo largo del camino. Quizás usted no siempre esté cómodo ni viaje al ritmo que elegiría, pero hay algo tranquilizador en no tener que controlarlo todo.

Dios sabe a dónde lo conduce, así que permítaselo. El camino de Él es el camino correcto.

INTERACCIÓN DIARIA ▾

**CONÉCTESE:** Estudie un mapa de los parques y rutas de senderismo locales cerca de su casa. Elija uno e invite a un amigo a encontrarse allí durante la semana.

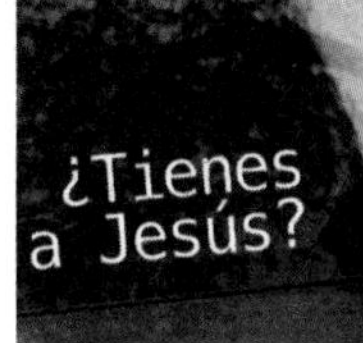


*Para que sean borrados sus pecados, arrepiéntanse y vuélvanse a Dios, a fin de que vengan tiempos de descanso de parte del Señor.*

Hechos 3:19

▼ DEVOCIÓN

## Ser paciente

Algunas veces luchamos con las decisiones, consideramos los pros y los contras y todos los ángulos que podemos imaginar. Podemos orar por nuestras opciones, pero luego proseguimos con la que nos hace sentir bien. Después de lo sucedido, cuando las circunstancias no salen como esperábamos, nos damos cuenta de que no esperamos en el Señor. Sí, pedimos su dirección, pero luego tomamos el mando e hicimos lo que quisimos—no necesariamente lo que Él quería.

Si aprendemos de estos errores, a menudo nos volvemos más pacientes la próxima vez que buscamos la dirección de Dios para nuestras vidas. A veces, los eventos tienen carácter urgente, y tenemos que actuar con rapidez. Pero la mayor parte del tiempo, nos beneficiaríamos al orar diligentemente y esperar con paciencia para ver lo que nuestro Padre nos revela a su tiempo.

No es fácil, y, naturalmente, nos impacientamos. Pero si queremos seguir el plan de nuestro Padre para nuestras vidas y no seguir nuestro propio camino, debemos aprender a esperar.

INTERACCIÓN DIARIA ▼

**CONÉCTESE:** Programe un encuentro por videollamada a larga distancia con un buen amigo. ¿Cuánto tiempo tendrán que esperar ustedes dos antes de volverse a ver en persona?

## 29 de marzo

*Porque así dice el Señor omnipotente, el Santo de Israel: En el arrepentimiento y la calma está su salvación, en la serenidad y la confianza está su fuerza.*
Isaías 30:15

DEVOCIÓN ▾

# Mantenerse en el camino

Cuando la mayoría de la gente piensa en obtener un poco de "D y R", quiere decir "descanso y relajación". Pero tal vez sería más renovador conseguir un poco de "D y A", "descanso y arrepentimiento". Cuando sabemos que vamos en la dirección correcta, eso marca toda la diferencia en la forma en que disfrutamos el viaje.

*Arrepentimiento* significa simplemente volvernos de nuestro propio curso de dirección y alinearnos con el camino de Dios. Como un viajero que se da cuenta de que estaba fuera de la senda, hacemos una corrección al viaje de nuestra vida cada vez que le pedimos a Dios que nos perdone por habernos alejado. Su gracia nos restaura y nos hallamos de nuevo en el camino de la vida y el propósito fructífero.

¿Qué dirección está tomando usted hoy? Aléjese de sus propios instintos y regrese al sendero que conduce al hogar. Su padre siempre le da la bienvenida otra vez.

INTERACCIÓN DIARIA ▾

**CONÉCTESE:** Envíe un correo electrónico, un mensaje de texto, o chatee con un amigo y solicítele que le pida cuentas de cómo sigue la dirección de Dios esta semana.

*Fijemos la mirada en Jesús, el iniciador y perfeccionador de nuestra fe, quien por el gozo que le esperaba, soportó la cruz, menospreciando la vergüenza que ella significaba, y ahora está sentado a la derecha del trono de Dios.*

Hebreos 12:2

¿Tienes a Jesús?

▼ DEVOCIÓN

## Fijar la mirada en Jesús

Si usted usa gafas o lentes de contacto o alguna vez se ha hecho examinar los ojos, probablemente tuvo que mirar a través de muchas lentes diferentes mientras el doctor probaba su vista. Generalmente hay mucho ir y venir entre las combinaciones de diferentes tipos de lentes—unas que aumentan, otras que aclaran, algunas corrigen las distorsiones de nuestra visión disminuida.

"¿El gráfico es más claro con el número 1 o el número 2?" pregunta el optometrista. "¿Puede ver mejor con la opción A o con la opción B?" Pasan unos segundos. "¿Es A o B?"

A medida que envejecemos, nuestros ojos normalmente se deterioran y necesitamos ayuda para ver clara y nítidamente como una vez lo hicimos. Del mismo modo, la única forma de que nuestra visión siga siendo nítida a lo largo de nuestras vidas es cuando nos centramos en Jesús. Nuestras circunstancias cambian, nuestros sentimientos tienen altibajos, en nuestras vidas la gente viene y va. Pero Cristo se mantiene constante, proveyendo un ejemplo perfecto y claro de servir al Padre por amorosa obediencia.

INTERACCIÓN DIARIA ▼

**CONÉCTESE:** Ordene fotos que haya tomado recientemente y seleccione una que le recuerde el ejemplo de Cristo para publicar en su página personal.

## 31 de marzo

*Así que no nos fijamos en lo visible sino en lo invisible, ya que lo que se ve es pasajero, mientras que lo que no se ve es eterno.*

2 Corintios 4:18

DEVOCIÓN ▾

### Hacia la luz

¿Ha nadado en la oscuridad alguna vez? ¿Tal vez en el océano o en una piscina en una noche sin luna? Puede ser aterrador y mucho más. Usted se siente desorientado, inseguro de su dirección, ansioso por lo que podría encontrar. Sin poder ver la costa, el horizonte, el borde de la piscina o cualquier punto de referencia, pierde su orientación y ni siquiera puede estar seguro de que está nadando en dirección correcta. Algunos días se sienten como si estuviéramos nadando en la oscuridad. No podemos ver lo que hay delante y nos topamos de manera inesperada con os planes de otros y nos vemos forzados a cambiar de rumbo sin saber a dónde vamos. Nos asustamos por lo desconocido al afrontar decepciones y expectativas no cumplidas. No tenga miedo de lo que no puede ver. Solo siga mirando a Jesús y dé una brazada tras otra, nadando hacia la luz.

INTERACCIÓN DIARIA ▾

**CONÉCTESE:** Suba una foto de usted mismo o de otra persona nadando y pregunte a otros cómo se sienten al nadar en la oscuridad.

# ABRIL

*Todos han pecado y están privados de la gloria de Dios, pero por su gracia son justificados gratuitamente mediante la redención que Cristo Jesús efectuó.*

Romanos 3:23-24

## 1 de abril

*Buena es la sabiduría sumada a la heredad, y provechosa para los que viven.*

Eclesiastés 7:11

DEVOCIÓN ▾

# Busque la sabiduría de Dios

Como hijos del Rey, nuestra herencia en Cristo posee grandes riquezas. Ciertamente, el don inestimable de nuestra salvación encabeza la lista, pero la sabiduría que viene de seguir a Jesús es igualmente preciosa. Cuando lo seguimos, perdemos de vista las muchas actividades insensatas que una vez perseguíamos. En un tiempo en que los insensatos parecen ser celebrados como cómicos y bobos, es bueno recordar el valor de este recurso invaluable.

Cuando buscamos la sabiduría de Dios, nos beneficiamos como un árbol joven que crece bajo la luz del sol. La sabiduría tiene una perspectiva más amplia y confía en la soberanía de Dios más allá de lo que usted puede ver, oír y tocar. La sabiduría provee visión y entendimiento, compasión y cuidado. La sabiduría surge del proceso de refinación cuando usted pasa por el fuego. Las cosas frívolas, superficiales, por las cuales alguna vez se preocupó ya no son importantes. Usted reconoce lo que importa. Eso es sabiduría.

Resista la locura del mundo y confíe en la sabiduría del Señor.

INTERACCIÓN DIARIA ▾

**CONÉCTESE:** Hoy, en vez de hacerle una broma pesada a alguien, comparta algo de la sabiduría que Dios le ha revelado recientemente.

## 2 de abril

*Y después de que ustedes hayan sufrido un poco de tiempo, Dios mismo, el Dios de toda gracia que los llamó a su gloria eterna en Cristo, los restaurará y los hará fuertes, firmes y estables.*

1 Pedro 5:10

▼ DEVOCIÓN

# A través de la tormenta

La nieve del invierno y las tormentas de hielo pueden extenderse hasta la primavera, trayendo una última ráfaga de frío glacial. Una explosión tardía de temperaturas bajo cero puede matar flores frágiles y quebrar ramas cubiertas de hielo con vientos cortantes. Algunos árboles se doblan bajo el peso de la densa nieve de primavera y se inclinan hacia el suelo, agobiados por la inesperada tormenta impropia de la estación. Requerirán asistencia para su restauración, alguien que quite la nieve y, a veces, lo enderece a la posición vertical.

Usted también puede experimentar una inesperada tormenta tardía. Las cosas parecen ir bien en su vida y, de repente, se da contra una pared, abrumado por sus responsabilidades, agobiado por un sinnúmero de cargas, sin saber cómo va a seguir adelante.

Es aquí cuando Dios, nuestro perfecto y amoroso Jardinero, lo sostendrá y lo restaurará. Su gracia es más que suficiente para mantenerlo vivo y fructífero. No se atemorice cuando llegue la nieve de primavera.

INTERACCIÓN DIARIA ▼

**CONÉCTESE:** Envíe una postal electrónica a alguien que pueda necesitar aliento al experimentar una prueba o dificultad.

# 3 de abril

*Restáuranos, oh Dios; haz resplandecer tu rostro sobre nosotros, y sálvanos.*
SALMO 80:3

DEVOCIÓN ▾

## "Sígalo" a Él

Casi todos en la Internet quieren que usted los "Siga" y les dé un "Me gusta". Sin embargo, no todas las fuentes ni los sitios son creados de igual manera. En la Internet usted se encuentra con toda clase de información y diversos niveles de credibilidad. Ya sean blogs centrados en chismes de celebridades, sitios de noticias, o páginas personales con opiniones subjetivas, las fuentes de la Internet no son creadas de igual manera.

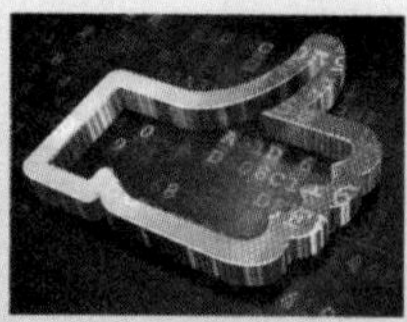

Como los titulares de última hora, las noticias pueden encontrarse no actualizadas y necesitar renovación. Otras pueden parecer tan desmesuradas en sus opiniones que nos indignan, ofenden o molestan. A veces queremos poner un "Me gusta", pero nos resistimos porque no sabemos si la persona o el sitio es en verdad quién o lo que parece.

Dios es quien dice ser. Su "Perfil" y su "página de estado" pueden hallarse en la verdad eterna de su Palabra, la Biblia. En un mundo de actualizaciones instantáneas es bueno recordar que a Él podemos ponerle "Me gusta" y "Seguir" por siempre.

INTERACCIÓN DIARIA ▾

**CONÉCTESE:** Visite la página de *Jesus Daily* y comparta con un amigo creyente algo que a usted le guste.

# 4 de abril

*Pero cada vez que alguien se vuelve al Señor, el velo es quitado. Ahora bien, el Señor es el Espíritu; y donde está el Espíritu del Señor, allí hay libertad.*

*2 Corintios 3:16–17*

▼ DEVOCIÓN

## Verdadera libertad

¿Alguna vez ha estado en un espacio cerrado durante tanto tiempo que empezó a sentir un poco de claustrofobia? Se tratara de un cuarto sin ventanas, un asiento de la ventanilla en un vuelo repleto de gente, o en un abarrotado tren subterráneo, estos confinamientos nos dejan la sensación de estar apretujados, arrugados y envasados. Nos sentimos encerrados y atrapados, sabiendo que pronto seremos libres de abandonar nuestra prisión temporal, pero, no obstante, tan ansiosos como un animal enjaulado.

Cuando finalmente usted emerge de una de estas experiencias, hay una increíble sensación de libertad y euforia cuando por fin puede salir, estirar su cuerpo y ver la belleza de los espacios abiertos.

Algunos días parecen dejarnos con la misma sensación de estar atrapados y claustrofóbicos. Pero no tenemos que vivir de esta manera. Dios nos ha hecho libres, y la libertad que experimentamos en su Espíritu puede levantarnos y liberarnos, sin importar el tamaño del espacio en el que nos hallemos.

INTERACCIÓN DIARIA ▼

**CONÉCTESE:** Conéctese en la Internet con alguien que no puede disfrutar de la misma libertad de adorar a Dios que usted disfruta. Comprométase a orar por esta persona.

# 5 de abril

*Crea en mí, oh Dios, un corazón limpio, y renueva la firmeza de mi espíritu.*
Salmo 51:10

DEVOCIÓN ▼

## Blanco inmaculado

Puede ser difícil volver a plantarnos sobre nuestros pies cuando tropezamos y pecamos. Nos sentimos culpables, quizás avergonzados, y no nos agradamos mucho a nosotros mismos. Detestamos que parezca que luchamos una y otra vez en las mismas áreas. Decepcionados por nuestros fracasos, nos volvemos más vulnerables a más tentaciones, lo cual nos hace sentir peor.

¡Gracias a Dios que no tenemos que quedarnos atrapados en esta resaca emocional!

Cuando invitamos a Jesús a nuestras vidas y le pedimos a Dios que perdone nuestros pecados, las cicatrices escarlatas de nuestros errores se desvanecen en blanco inmaculado. Como un campo marrón enlodado cubierto por la nieve, nos encontramos así de puros y brillantes. No siempre podemos deshacer las consecuencias de nuestras decisiones egoístas, pero podemos contar absolutamente con la gracia de Dios que nos limpia. No tenemos que tratar de cambiarnos a nosotros mismos: ya nos estamos volviendo más como Jesús, una nueva creación.

INTERACCIÓN DIARIA ▼

**CONÉCTESE:** Busque o vuelva a un sitio o blog que se centre en maneras de superar una tentación recurrente y un patrón pecaminoso.

## 6 de abril

*Ser renovados en la actitud de su mente.*

Efesios 4:23

▼ DEVOCIÓN

# Ser renovados

No se puede negar el poder que la actitud genuinamente positiva de otro puede tener en usted. Puede ser un compañero de trabajo, un familiar, amigo de la iglesia, o incluso un extraño, pero si ellos irradian gozo y confianza en el Señor, eso es contagioso.

Por otra parte, puede ser frustrante encontrarnos luchando a lo largo de un difícil día de trabajo. Si solo tuviéramos un interruptor para levantar, nuestra actitud cambiaría al instante. Aunque generalmente no es tan rápido y sencillo, además podemos entrenar nuestras mentes para filtrar nuestros pensamientos por la verdad de Dios. Cuando nos centramos en el carácter de Dios y en el poder de su Palabra, influimos directamente en nuestra actitud y nuestros subsecuentes sentimientos.

Así como se necesitan veinte minutos para que nuestro cerebro reciba el mensaje de que el estómago está lleno, puede pasar un poco de tiempo entre la digestión de la verdad y nuestra sensación de satisfacción. Pero llegará si seguimos una constante dieta de oración, estudio de la Biblia, y servicio a otros.

INTERACCIÓN DIARIA ▼

**CONÉCTESE:** Trace, dibuje, pinte o esboce la imagen o cuadro en que piensa cuando considera la verdad de la Palabra de Dios; luego postee su ilustración en la página de *Jesus Daily*.

## 7 de abril

*¡Voy a hacer algo nuevo! Ya está sucediendo, ¿no se dan cuenta? Estoy abriendo un camino en el desierto, y ríos en lugares desolados.*

Isaías 43:19

DEVOCIÓN ▾

# Ríos en lugares desolados

Algunas veces pasamos por una prueba y esperamos que Dios envíe agua a nuestro páramo seco. Aunque la paciencia es importante, a menudo podemos "salir adelante" por medio de nuestra alabanza, acción de gracias y adoración. Cuando reflexionamos en nuestras muchas bendiciones y celebramos lo que Dios ya ha hecho por nosotros, nuestras almas secas sacan agua del pozo de sus misericordias pasadas.

Con frecuencia, el solo recordar lo que Dios ha hecho por usted lo conducirá naturalmente a la acción de gracias, la alabanza y la adoración. Cuando reconoce los muchos dones que Él le ha otorgado, así como los muchos obstáculos que le ha permitido superar, su corazón rebosa de gratitud.

De pronto, podemos ver la manera en que Dios ha transformado el suelo árido de nuestros corazones en un jardín que produce los frutos del Espíritu.

INTERACCIÓN DIARIA ▾

**CONÉCTESE:** Vaya a JesusDaily.com y comparta un archivo de audio o un enlace a una canción que siempre lo inspira a usted a adorar.

*Oh Dios, tú eres mi Dios; yo te busco intensamente. Mi alma tiene sed de ti; todo mi ser te anhela, cual tierra seca, extenuada y sedienta.*

SALMO 63:1

▼ DEVOCIÓN

## Dejar que llueva

Las épocas calurosas y secas pueden ser insoportables en muchas partes del mundo. El sol arde sobre el suelo reseco, la temperatura se eleva a nuevas máximas, y solo el polvo seco se mueve por el paisaje. No hay sombra, no hay nada verde, no hay señales de vida. El aire se vuelve tan caliente que es difícil respirar. Día tras día soplan los vientos áridos y la sequía continúa.

Entonces, una tarde, un puñado de nubes cruza por el cielo. Al día siguiente, se acumulan más en frente del sol, y proporcionan un alivio temporal. Después de varios días más, el cielo brilla encapotado y hay una sensación de que la tierra contiene la respiración, consciente de la humedad en el aire.

Un día las nubes se abren y las gotas de agua comienzan a rebotar como canicas gigantes por todo el suelo seco agrietado. Y luego siguen cayendo y pronto cortinas de lluvia empapan la tierra sedienta. La estación de las lluvias ha comenzado, y habrá nueva vida.

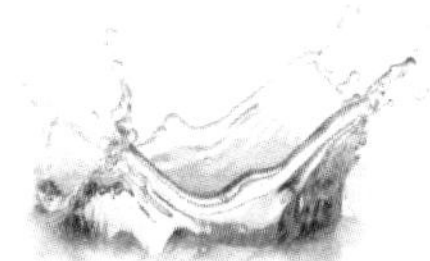

Cuando confesamos nuestros pecados a Dios, Él nos refresca como la lluvia después de una sequía.

INTERACCIÓN DIARIA ▼

**CONÉCTESE:** Revise el pronóstico del tiempo y espere la próxima vez que pueda ver una lluvia de primavera traer nueva vida a su alrededor.

# 9 de abril

*Quien quiera servirme, debe seguirme; y donde yo esté, allí también estará mi siervo. A quien me sirva, mi Padre lo honrará.*

JUAN 12:26

DEVOCIÓN ▼

## Servicialidad

La comunicación es esencial para que cualquier relación crezca, especialmente si ambas partes desean intimidad. Dios ciertamente demuestra lo mucho que nos ama al enviar a su Hijo a morir en la cruz por nosotros. Él ha hecho posible que tengamos esta relación especial estrechamente unida de Padre-hijo. Cuanto más tiempo pasamos con Él, más llegamos a conocerlo. Cuanto más llegamos a conocerlo, más confiamos en Él. Y cuanto más confiamos en Él, más profundamente somos transformados a la imagen de Jesús.

Cuando seguimos a Jesús, sabemos que estamos agradando a nuestro Padre. Llegamos a asemejarnos más al modelo de servicio que vemos en la vida de Cristo, su muerte y resurrección. Sacrificamos nuestras propias necesidades y deseos por el bien de los demás.

Hoy, busque maneras en que pueda ser modelo del liderazgo de servicio de Jesús.

INTERACCIÓN DIARIA ▼

**CONÉCTESE:** Ofrezca sus servicios profesionales, de forma gratuita, a un amigo que podría beneficiarse de su experiencia.

*Ámense los unos a los otros con amor fraternal, respetándose y honrándose mutuamente.*

ROMANOS 12:10

▾ DEVOCIÓN

## Dar el siguiente paso

Tome nota de las personas con las que se encuentre hoy. Es probable que interactúe con algunas solo en sus respectivos roles: jefe y empleado, empleado de ventas y cliente, profesor y estudiante. Pero más allá de los muchos roles en que actúe, usted debería poder tener al menos unas pocas personas que sepan todo de usted, no solamente la descripción de su trabajo o la contribución al equipo.

¿Hay alguien que se haya ganado su confianza? ¿Alguien con quien pueda dar el siguiente paso para ser auténtico?

Así como Dios es Padre, Hijo y Espíritu, estamos diseñados a su imagen para necesitar vida en comunidad. Cuando Adán estaba solo en el Jardín del Edén, Dios dijo que no era bueno que estuviera solo, así que creó a Eva. Incluso Jesús, el Hijo de Dios, eligió a doce hombres para que fueran sus discípulos, su red de relaciones con quienes podía compartir los altibajos de la vida.

Busque hoy oportunidades de fortalecer el vínculo con otros hermanos y hermanas en Cristo.

INTERACCIÓN DIARIA ▾

**CONÉCTESE:** Hágase amigo de personas que usted admira en la Internet, las conozca personalmente o no. Dígales lo que más admira de ellos.

## 11 de abril

*[Jesús dijo] Este mandamiento nuevo les doy: que se amen los unos a los otros. Así como yo los he amado, también ustedes deben amarse los unos a los otros. De este modo todos sabrán que son mis discípulos, si se aman los unos a los otros.*
JUAN 13:34-35

DEVOCIÓN ▾

## Amor como el de Cristo

A veces es fácil identificar el grupo, club, empresa o equipo al que pertenece un individuo. Se trate de un código de vestimenta corporativa, un logotipo de la empresa, un uniforme en particular, o colores del equipo, algunos detalles pueden revelar mucho de nuestras afiliaciones. La mayoría de los grupos tienen su propia jerga, perspectiva confidencial, bromas y gestos. Desde la fraternidad universitaria y la hermandad de mujeres hasta el club de campo, desde el club de aficionados hasta el equipo de béisbol, nos gusta presumir de nuestras membresías.

Si estamos dispuestos a hacer esto para los grupos sociales, empresas y deportes, cuánto más debemos estar dispuestos a ser identificados como seguidores de Jesús. Aunque podemos usar una cruz o tener algo que nos identifique visiblemente como cristianos, la mayoría de la gente no se dará cuenta a menos que lo respaldemos con nuestro comportamiento.

La forma en que nos amamos unos a otros le dice al mundo que nos rodea quién es Jesús y de qué se trata todo esto, no solo nuestra ropa, etiquetas adhesivas, libros y joyas.

INTERACCIÓN DIARIA ▾

**CONÉCTESE:** Comparta hoy su amor por Jesús con uno de sus amigos de Facebook.

## 12 de abril

*Todos han pecado y están privados de la gloria de Dios, pero por su gracia son justificados gratuitamente mediante la redención que Cristo Jesús efectuó.*

Romanos 3:23-24

▼ DEVOCIÓN

# Ser una luz

A menudo queremos que otros noten nuestros actos de servicio y buenas obras. Este deseo podría reflejar nuestros egos llenos de orgullo o la manera en que estamos demasiado preocupados por lo que otros piensan. Nadie es perfecto, y no deberíamos tratar de presentar una imagen de perfección a los que nos rodean. De hecho, si queremos que vean la gracia de Dios en nosotros, tendremos que permitirles ver nuestros defectos.

Esta transparencia y fortaleza ilustran una vida piadosa, más que lo que podría revelar cualquier "buena acción" llamativa. Ciertamente, queremos ser la luz de Cristo en la oscuridad del mundo, ¡pero eso no significa que tengamos que prender fuego al lugar! A veces el resplandor de una llama es suficiente para iluminar la noche más oscura.

Compartir nuestras luchas con otros también nos mantiene humildes y dependientes del Señor. No tratemos de llevarnos el crédito por su obra, sino que en cambio, usemos esos momentos en que los demás observan como una forma natural de compartir nuestra fe. Cuando otros nos encuentren con los pies en la tierra, incluso al mirar el cielo, querrán conocer a nuestro Padre celestial.

INTERACCIÓN DIARIA ▼

**CONÉCTESE:** Comparta su lucha actual con un amigo de confianza en la Internet y pida sus oraciones.

## 13 de abril

*Espera al Señor, porque en él hay amor inagotable; en él hay plena redención.*

SALMO 130:7

DEVOCIÓN ▾

# Abra su corazón

Todos tenemos días en que nos sentimos tan solos e indignos de amor que no podemos soportar mirar dentro de nosotros mismos. No nos gusta lo que vemos en el interior y nos preguntamos cómo Dios nos podría volver a perdonar, volver a ayudar y seguir amándonos. Sea debido a una crisis aguda o a luchas crónicas, estos tiempos se hacen sentir.

Estos son los días en que debemos aceptar el regalo del amor de Dios a pesar de la forma en que sentimos. Estos son pasos que podemos dar, pero Dios vendrá a nosotros en maneras que no entendemos y nos susurrará: "Yo te amo. Eres mío. Disfruto de ti. Nada te alejará de mí. No tienes que ganarte mi amor".

Reciba las palabras de Dios. Busque sus dones. Ábrale su corazón. Exprésele sus sentimientos y deje que Él lo consuele con su amor inagotable.

INTERACCIÓN DIARIA ▾

**CONÉCTESE:** Postee una nota de amor a Jesús en JesusDaily.com, o si le parece demasiado personal, envíela a un amigo de confianza por la Internet.

## 14 de abril

*El precio de su rescate no se pagó con cosas perecederas, como el oro o la plata, sino con la preciosa sangre de Cristo, como de un cordero sin mancha y sin defecto.*

1 Pedro 1:18-19

▼ DEVOCIÓN

# Sin fecha de vencimiento

Casi todos los elementos de nuestra cultura parecen tener una fecha de caducidad. La mayoría de los alimentos suelen tener un "válido hasta" o "consumir preferentemente antes de" la fecha inscripta en sus envases. Los teléfonos, televisores, computadoras, aplicaciones y otros dispositivos electrónicos se vuelven obsoletos ante la última versión, por lo general en cuestión de meses después de cada nuevo lanzamiento. Las tendencias de la moda vienen y van.

Sin embargo, un elemento permanece estable en nuestras vidas: el sacrificio de nuestro Salvador en la cruz, la fuente de nuestra salvación. ¡No tiene fecha de vencimiento! La muerte ha sido vencida y el hecho fundamental, atemporal y eterno de la gracia de Dios vive para siempre.

Podemos descansar seguros de que el fundamento de nuestra fe es la roca firme y no cambiará. Las tendencias pueden ir y venir. La cultura popular alterará sus gustos con los últimos productos y artistas. Pero Jesús permanece el mismo ayer, hoy y mañana.

INTERACCIÓN DIARIA ▼

**CONÉCTESE:** Haga una lista de elementos tangibles que consideramos como atemporales e inmutables, como el Gran Cañón. Considere la forma en que su Roca Firme los supera a todos ellos.

## 15 de abril

*El producto de la justicia será la paz; tranquilidad y seguridad perpetuas serán su fruto.*
Isaías 32:17

DEVOCIÓN ▼

# El producto de la justicia

En esta época del año, muchas personas se hallan pagando impuestos al gobierno. Aunque pueden recibir un reembolso si ya han pagado lo suficiente, a otros se les requerirá enviar un porcentaje de sus salarios para mantener los organismos del gobierno local y nacional. Sobre la base de lo que usted ha producido, se determina el monto que tiene que pagar.

Aunque la muerte y los impuestos, como todos saben, se han descrito como las únicas certezas de la vida, como cristianos sabemos que las promesas de Dios son las únicas cosas seguras. Muchas de las verdades que se hallan en su Palabra revelan una clase de observación tipo causa y efecto, acción y reacción. Con justicia, se nos dice que el resultado o fruto producido incluye paz, confianza y tranquilidad

Estas cualidades pueden no ser tan inmediatamente tangibles como los formularios de impuestos, dólares y centavos, pero son mucho más valiosas que cualquier monto que podamos imaginar.

INTERACCIÓN DIARIA ▼

**CONÉCTESE:** Comparta su fruta favorita con alguien y conéctelo con un fruto del Espíritu que desea en su vida.

## 16 de abril

*Por lo tanto, hermanos, tomando en cuenta la misericordia de Dios, les ruego que cada uno de ustedes, en adoración espiritual, ofrezca su cuerpo como sacrificio vivo, santo y agradable a Dios.*

ROMANOS 12:1

▼ DEVOCIÓN

# Nutrir nuestro cuerpo

Día tras día tomamos decisiones acerca de lo que vamos a comer y beber, lo que miramos en la televisión, y cuáles libros leeremos. Conscientemente decidimos adónde vamos a ir de vacaciones o adónde vamos a ir a la iglesia. A menudo pensamos que estas cosas realmente no importan mucho, no a la larga. Pero todas estas decisiones pueden afectar nuestro espíritu y nuestro cuerpo; lo que sentimos, lo que pensamos, quiénes somos.

Es de esperar que nuestras elecciones nos hagan sentir más cerca de Dios, pero a veces nos alejan. Si no somos cuidadosos y reflexivos en todas las variables que influyen en nuestras mentes, corazones y cuerpos, nos abrimos a la tentación y a las trampas de nuestro enemigo.

Hoy nutra y proteja su cuerpo como un regalo de Dios, y cuide de él como un buen administrador.

INTERACCIÓN DIARIA ▼

**CONÉCTESE:** Consulte con un amigo o un conocido en la Internet y pregúnteles lo que hacen para cuidar de sus cuerpos. Decidan cómo pueden dar cuenta el uno al otro.

## 17 de abril

*¡Que todo lo que respira alabe al Señor!*
Salmo150:6

DEVOCIÓN ▾

# El don de la risa

Cuando pensamos en alabar a Dios, solemos considerar la oración y el canto como las principales formas de hacerlo, lo cual probablemente sea así. Sin embargo, alabamos a nuestro Padre, cuando nos detenemos a admirar la belleza de su creación o nos deleitamos con la bondad de sus dones. Una de las maneras más pasadas por alto con que podemos adorar es tener una sana diversión y compartir la risa unos con otros.

Al igual que las lágrimas, la risa nos une de maneras contagiosas. Apreciamos y admiramos a las personas que no se toman demasiado en serio, que pueden reírse de sí mismas o ver el humor en la vida cotidiana. Dios también participa en nuestra risa. Así como la risita de un bebé o la risa de niño reconforta el corazón de sus padres, sabemos que Dios se deleita en nuestra capacidad de experimentar la liberación del alma que se produce cuando nos reímos.

Busque hoy el lado más liviano de las situaciones con las que se encuentre. Dé gracias a Dios por su capacidad de reír. Alábele por este maravilloso don.

INTERACCIÓN DIARIA ▾

**CONÉCTESE:** Intercambie chistes amistosos familiares con amigos en su página de Facebook.

*Con su poder Dios resucitó al Señor, y nos resucitará también a nosotros.*

1 Corintios 6:14

▾ DEVOCIÓN

## Una vida de resurrección

Ocasionalmente, en especial a medida que envejecemos, comenzamos a preguntarnos cuál será nuestro legado. ¿Qué habremos logrado con nuestra vida que perdurará después que hayamos dejado esta tierra? ¿Estamos realmente viviendo el propósito que nos ha dado Dios, o nos conformamos con menos?

Tendemos a dejar que nuestras circunstancias dicten lo que sentimos, lo que a su vez influye en la forma en que actuamos. Cuando le damos este tipo de poder a los eventos que están fuera de nuestro control, nos preparamos para la insatisfacción, la decepción y el desaliento. Con esta mentalidad sombría, enseguida parece que nada importa, que, independientemente de lo que hagamos, en realidad nada cambia.

Esto no es vivir en la vida abundante del Cristo resucitado. Las circunstancias siguen estando fuera de nuestro control, y nuestras almas a veces tendrán dolor con el penoso peso de la decepción. Pero cuando nuestra esperanza está en Cristo, podemos ver más allá de nuestra momentánea incomodidad. Podemos confiar en Dios con nuestro pasado, presente y futuro, incluyendo nuestro legado.

INTERACCIÓN DIARIA ▾

**CONÉCTESE:** Revise los obituarios de algunos cristianos conocidos de la historia. ¿Qué tienen en común todos ellos?

## 19 de abril

*[Dijo Jesús] No sean como ellos, porque su Padre sabe lo que ustedes necesitan antes de que se lo pidan.*
MATEO 6:8

DEVOCIÓN ▾

# Lo que usted necesita

A menudo nos encontramos orando nuestras peticiones una y otra vez, no porque Dios no nos haya oído la primera vez o no pueda tomar una decisión, sino porque no es el momento adecuado para que revele su respuesta. Él sabe que cuando estamos necesitados, cuando no tenemos a dónde acudir o sabemos que no podemos lograr nuestra meta por nosotros mismos, mantenemos nuestra esperanza en Él. Él puede purificar nuestros deseos y ayudarnos a ver lo que es realmente importante, no solo las posesiones, los eventos y las personas que a menudo le pedimos que traiga a nuestras vidas.

Jesús nos dice que ni un padre terrenal impío le daría a su hijo una serpiente cuando le pidiera un pescado ni una piedra cuando el hijo pidiera pan. Así que si nuestros instintos paternales son compasivos y generosos, los de nuestro Padre celestial van más allá de nuestra imaginación. Dios quiere lo mejor para sus hijos. Podemos no conseguir lo que pedimos, pero siempre conseguiremos lo que es mejor para nuestro beneficio.

Su Padre lo ama y le dará lo que usted necesita.

INTERACCIÓN DIARIA ▾

**CONÉCTESE:** Postee una petición de oración en la página de *Jesus Daily*. Recuerde actualizar su petición una vez que Dios la conteste.

# 20 de abril

*A la verdad, no me avergüenzo del evangelio, pues es poder de Dios para la salvación de todos los que creen.*

ROMANOS 1:16

▼ DEVOCIÓN

## Nunca avergonzado

A veces, no importa cuánto lo intentemos, simplemente no encajamos en nuestro entorno. Ya sea en una multitud de gente muy diferente de lo que somos o al explorar una nueva cultura en las vacaciones, sencillamente no podemos esconder nuestras diferencias. Podemos sentirnos como el proverbial sapo de otro pozo que sobresale como un recién llegado, un traslado o un turista, pidiendo disculpas por nuestras preguntas adicionales o la falta de familiaridad con los trámites o la etiqueta.

Sin embargo, nunca tenemos que pedir perdón o sentirnos avergonzados por ser seguidores de Jesús. A veces podemos sentir vergüenza ajena cuando vemos a otras personas que dicen conocer a Dios condenar a otros, mentir acerca de las circunstancias, o actuar con hipocresía. Sí, esto puede crear una falsa impresión de los creyentes en la mente de otras personas. Con más razón debemos reflexionar en la bondad, la gracia y la mansedumbre de Cristo.

Hoy, deje en claro a quienes lo rodean que usted ama a Jesús, no por lo que dice sino por lo que hace.

INTERACCIÓN DIARIA ▼

**CONÉCTESE:** Ofrézcase como voluntario para servir, para orar, o dar generosamente a una causa que usted sabe que Jesús apoyaría.

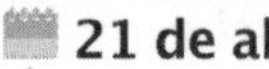

## 21 de abril

*No es que ya lo haya conseguido todo, o que ya sea perfecto. Sin embargo, sigo adelante esperando alcanzar aquello para lo cual Cristo Jesús me alcanzó a mí.*

FILIPENSES 3:12

DEVOCIÓN ▾

# Tal como usted es

Nosotros tenemos más elecciones, opciones, decisiones y oportunidades de las que se tuvieron nunca antes en el curso de la historia humana. Desde lo que queremos en nuestras hamburguesas hasta la composición de nuestros hogares, desde la forma en que viajamos hasta al modo en que cuidamos el planeta, nos animan a elegir los "mejores" opciones—por lo general, las que son más populares o parecen ser perfectas.

Como resultado, usualmente ejercemos sobre nosotros mismos una presión que Dios no ejerce. Él no espera que seamos perfectos. No somos máquinas. Somos seres humanos vivos, que respiran, hechos a la imagen de nuestro divino Creador.

Él no requiere que tengamos una vida perfecta y no nos creó para una existencia libre de problemas. Cada día tendrá ya suficientes problemas en sí. Y Dios provee todo lo que necesitamos para atravesar tales circunstancias. Pueden no estar resueltas y las horas rara vez se conforman a nuestra planificación ideal. Esto es lo que significa vivir en el momento presente, reconocer que usted no puede controlarlo todo y confiar en Dios para todo lo que afronte hoy.

Siempre vamos a tener opciones, pero solo hay una que es fundamental: seguir a Cristo cada día.

INTERACCIÓN DIARIA ▾

**CONÉCTESE:** Comparta ideas y versículos con otras personas que luchan con el perfeccionismo. Ofrézcanse a orar unos por otros mientras aprenden a aceptar la gracia.

## 22 de abril

*Alégrense en la esperanza, muestren paciencia en el sufrimiento, perseveren en la oración.*

ROMANOS 12:12

▼ DEVOCIÓN

# Como niños

Las perspectivas creativas de los niños suelen recordarnos que disfrutemos del proceso de vivir, incluso cuando está lejos de ser perfecto. Con un arcoiris pintado con el dedo, un retrato dibujado con crayón, o un collage de técnicas mixtas de una tableta electrónica, los niños se deleitan en reflejar su visión del mundo que los rodea y en compartirla con nosotros.

Debemos vivir así, ingeniosamente, gozosos, a fin de hacer la contribución para la que Dios nos ha equipado de manera única en esta vida. Demasiado a menudo nuestros problemas nos toman desprevenidos y perdemos de vista el mosaico de la majestad de Dios en todo lo que nos rodea.

Cuando usted elige centrarse en Cristo, recupera la perspectiva de lo que es importante, significativo y vivificante. Se da cuenta de que su inconveniencia temporal o su leve molestia no es la prioridad. Conocer a Dios, tener más comunión con Cristo y servir a otros con el amor de su Padre; esas son las verdaderas prioridades de su día.

INTERACCIÓN DIARIA ▼

**CONÉCTESE:** Juegue a un videojuego con un amigo, un familiar, o alguien que pueda beneficiarse de volver a ser un niño.

## 23 de abril

*Y si el Espíritu de aquel que levantó a Jesús de entre los muertos vive en ustedes, el mismo que levantó a Cristo de entre los muertos también dará vida a sus cuerpos mortales por medio de su Espíritu, que vive en ustedes.*
ROMANOS 8:11

DEVOCIÓN ▾

# De muerte a vida

Algunos días, no podemos imaginar cómo vamos a superar todas las demandas que afrontamos en nuestro horario. Nuestras familias nos necesitan, nuestros jefes y compañeros de trabajo dependen de nosotros, y sin embargo no nos queda nada para dar. Queremos confiar en la fuerza de Dios, así que oramos y de alguna manera nuestro Padre nos ayuda a salir adelante.

Llega el día siguiente y tenemos la oportunidad de recomenzar. Si hemos sido bendecidos con el suficiente descanso de una buena noche de sueño, podemos experimentar nuestro trabajo, la escuela y el hogar con nuevos ojos. Nuestros problemas no parecen tan grandes ni abrumadores. Nuestro espíritu se siente renovado y totalmente dependiente de Dios. Nuestra mente está muy aguzada y vuelve a poder concentrarse con claridad.

Nuestro Padre Celestial nos ha restaurado de muerte a vida. Él seguirá brindándonos nueva vida para que podamos lograr lo que se ha puesto delante de nosotros, sin importar lo intimidante que sea.

INTERACCIÓN DIARIA ▾

**CONÉCTESE:** Solicite oración por las áreas en las que se siente más abrumado. Comprométase a orar también por las necesidades de otra persona.

## 24 de abril

*[Dijo Jesús] Yo he venido para que tengan vida, y la tengan en abundancia.*

JUAN 10:10

▼ DEVOCIÓN

# Un corazón pleno

Nuestras vidas están llenas de más de todo: decisiones, responsabilidades, opciones, obligaciones, y sin embargo, rara vez nos sentimos plenos y satisfechos. Nuestros días están abarrotados de cosas, pero nuestros corazones no están llenos de alegría y paz. La vida abundante parece un ideal lejano, algo que anhelamos, pero que no podemos experimentar.

Pero podemos.

Nuestra principal necesidad cada día es conocer a Cristo, tener más comunión con Él, y conocer su paz. Usted no tiene que bloquear horas de su día para pasarlas en oración y estudio bíblico. Es estupendo si puede, pero su agenda, probablemente, va a seguir estando repleta de obligaciones. Invite la presencia de Dios en esos días de la misma manera en que lo buscaría si se fuera a una hermosa instalación para un retiro. Su paz puede transformar la manera en que pasamos nuestro día, y nos recuerda que tenemos más que suficiente de todo lo que se requiere.

INTERACCIÓN DIARIA ▼

**CONÉCTESE:** Postee en JesusDaily.com un versículo favorito acerca de alabar a Dios y pida a otros que lo reenvíen si les gusta.

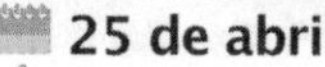

## 25 de abril

*Este es el momento propicio de Dios; ¡hoy es el día de salvación!*
2 Corintios 6:2

DEVOCIÓN ▾

# Su favor

La salvación se produce como una elección, nuestra aceptación de la santa invitación que Dios nos ha hecho por medio de su Hijo. Pero nuestra aceptación solo inicia el proceso de transformación espiritual que durará toda nuestra vida. No tenemos que saber qué hacer o cómo hacerlo. Y seguro que no tenemos que hacerlo a la perfección.

Simplemente tenemos que pasar tiempo con nuestro Padre y seguir el modelo de su Hijo, Jesús. Con Cristo como nuestro ejemplo, podemos soltar nuestros intereses egoístas y decisiones pecaminosas y cumplir la voluntad de nuestro Señor: amar y servir a otros al proclamar el evangelio con lo que decimos y lo que hacemos.

Sepa hoy que el favor de Dios brilla sobre usted y que ha sido salvado. Disfrute la seguridad que proviene del saberse conocido y amado por Aquel que lo creó.

INTERACCIÓN DIARIA ▾

**CONÉCTESE:** Encuentre una imagen de Jesús en la cruz que lo inspire y publíquela en la página *Jesus Daily*.

*¡Alabado sea por siempre el nombre de Dios! Suyos son la sabiduría y el poder. Él cambia los tiempos y las épocas,...*

Daniel 2:20-21

▼ DEVOCIÓN

## Limpieza de primavera

La limpieza de primavera nos permite la oportunidad de quitar las telarañas del invierno y ordenar los artículos que podamos haber acumulado mientras estuvimos adentro tanto tiempo. Podemos abrir las ventanas, barrer el polvo de los últimos meses, y dar la bienvenida al clima más cálido y a la suave brisa de la primavera.

Limpiar el desorden de nuestras vidas, sin embargo, requiere algo más que ordenar nuestra ropa vieja y limpiar los armarios, aunque esas tareas ciertamente serán de ayuda. Cuando nos deshacemos de lo que ya no es útil, especialmente artículos que nos drenan tiempo y energía, estamos podando nuestras vidas para dar lugar al nuevo crecimiento.

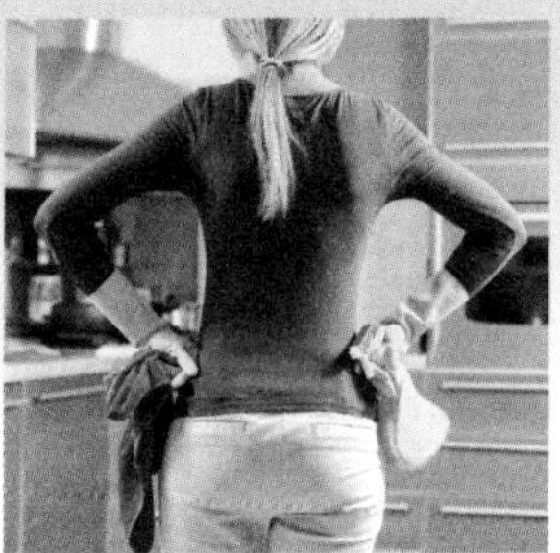

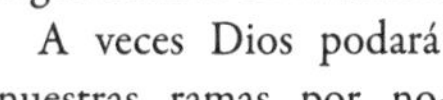

A veces Dios podará nuestras ramas por nosotros, incluso quitará elementos que podemos disfrutar que ya no fortalecen nuestra fe. Él da lugar a cada nueva estación.

INTERACCIÓN DIARIA ▼

**CONÉCTESE:** Comience una lista de las cosas que más le gustan de la primavera. Postéela y pida a otros que también contribuyan con sus preferencias.

## 27 de abril

*Pongan su esperanza completamente en la gracia que se les dará cuando se revele Jesucristo.*
1 PEDRO 1:13

DEVOCIÓN ▾

# Tiempo de compromiso

En esta época del año, usted puede hallarse mirando hacia los meses de verano. Parece que sus horarios se volverán más liviano, y las vacaciones están a la vuelta de la esquina. La escuela terminará pronto, y más gente estará disfrutando del tiempo al aire libre. Usted comienza a hacer planes sobre la forma de disfrutar más tiempo libre, relajarse y pasar más tiempo con la gente que le encanta.

Quizás un mejor compromiso de su tiempo es comprometerse a pasarlo a solas con su Padre. El tiempo compartido y la comunicación ayudan mucho en cualquier relación, y también en la suya con Dios. Usted no solo le hace saber sus peticiones, sino que además aprende a aquietar su corazón y a escuchar. Su Espíritu en nuestro interior nos susurra y nos guía en direcciones que nunca podríamos elegir por nosotros mismos. Pero podemos descansar en los pasos diarios que damos en nuestro viaje, cuando sabemos a quién seguimos.

INTERACCIÓN DIARIA ▾

**CONÉCTESE:** Pregúnteles a sus amigos en línea sus planes para este verano. Vea si pueden hacer planes para pasar tiempo juntos en las próximas semanas.

*¡Fíjense qué gran amor nos ha dado el Padre, que se nos llame hijos de Dios! ¡Y lo somos!*

1 JUAN 3:1

▼ DEVOCIÓN

## Prodigar amor

Prodigar es una de esas palabras que nos hacen pensar en la elegancia y el lujo, algo que está destinado a mimarnos y reflejar nuestro verdadero valor. Cosas como los días de spa, vacaciones sorpresa y regalos de diseñador pueden venirnos a la mente. Suponemos que la gente rica prodiga este tipo de beneficios a su familia y a sus seres queridos.

Dios tal vez no nos bendiga con posesiones materiales o los artículos de lujo que vemos en los anuncios costosos, pero nos prodiga su amor cada día. Con aire para respirar, alimento para nuestro cuerpo, y agua para beber, se nos recuerda que lo que a menudo damos por sentado sigue siendo un regalo. Las personas que están en nuestras vidas, el lugar en que vivimos, el trabajo que hacemos: todo evidencia las bendiciones que nuestro Padre nos otorga porque nos ama.

Recuerde hoy que usted es un precioso hijo de Dios, un hijo o una hija del Rey.

INTERACCIÓN DIARIA ▼

**CONÉCTESE:** Prodigue elogios a alguien que usted aprecia acerca de las cualidades cristianas que usted admira en su vida.

## 29 de abril

*De la manera que recibieron a Cristo Jesús como Señor, vivan ahora en él, arraigados y edificados en él, confirmados en la fe como se les enseñó, y llenos de gratitud.*

COLOSENSES 2:6-7

DEVOCIÓN ▼

# El Cristo resucitado

Las semillas han echado raíces y germinado. Las flores han brotado en su primera floración. Los árboles han reverdecido a una nueva vida. La hierba crece alta, alimentada por las lluvias de primavera y los días más largos.

La vida nueva está alrededor de nosotros en esta época del año. Pero también está dentro de nosotros. En la Pascua, celebramos la resurrección de nuestro Salvador.

Esta celebración tiene un mayor significado cuando la incorporamos a nuestras vidas cada día. Para mantener el poder de la resurrección del Cristo resucitado vivo en usted concéntrese en estas tres cosas: 1) el don de la salvación pagado por medio de la muerte de Jesús en la cruz; 2) su gracia y misericordia cuando usted peca; y, 3) las abundantes bendiciones que hay en su vida fructífera. Al igual que la combinación de tierra, sol y agua, estas tres cosas nunca deja de producir flores de gozo y gratitud en su alma.

INTERACCIÓN DIARIA ▼

**CONÉCTESE:** Postee en JesusDaily.com fotos de sus recientes actividades de jardinería, y brinde comentarios positivos sobre otras fotos publicadas allí.

*[Dijo Jesús] Y cuando estén orando, si tienen algo contra alguien, perdónenlo, para que también su Padre que está en el cielo les perdone a ustedes sus pecados.*

Marcos 11:25

▼ DEVOCIÓN

## Practicar el perdón

Si ha experimentado la gracia de Dios—si realmente conoce lo profundo del perdón de sus pecados—usted también perdonará naturalmente a otros. Probablemente ya conozca esta verdad, lo cual no la hace más fácil de poner en práctica. Cuando nuestro cónyuge, hijos, padres, jefe u otros nos hieren por medio de su pecaminosidad, ni siquiera podemos darnos cuenta de cuán profundamente van las heridas. Nos duele y nos centramos en el dolor, generalmente pasando por alto las formas en que hemos herido a otros.

Por esta razón, continuamente debemos perdonar y buscar el perdón por las formas en que herimos a otros.

Al ofrecernos un modelo de cómo orar, Jesús nos dijo que pidamos a nuestro Padre que "perdone nuestras transgresiones, [o pecados] como nosotros perdonamos a los que nos ofenden". Tendemos a pensar en transgredir como entrar en una propiedad protegida que no nos pertenece. Pero transgredir abarca todas las formas en que nos entrometemos en el bienestar de otro, la violación de los límites y las normas que Dios ha establecido. El perdón opera en ambas direcciones: vertical y horizontalmente.

INTERACCIÓN DIARIA ▼

**CONÉCTESE:** Envíe un mensaje a personas que lo hayan herido recientemente y programe un tiempo para reunirse a fin de poder tratar el tema y perdonarlos.

10:44 AM

100%

Mensajes

**JESÚS**

Contacto

Hoy 10:43 AM

Estoy, tratando de llamarte.
¿Estás bien?

Enviar

# JESÚS ES ASOMBROSO

MAYO

*Yo clamaré a Dios, y el Señor me salvará.*
*Mañana, tarde y noche clamo angustiado,*
*y él me escucha.*

Salmo 55:16-17

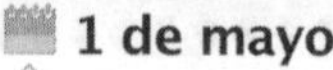

## 1 de mayo

*Busqué al Señor, y él me respondió; me libró de todos mis temores.*

Salmo 34:4

DEVOCIÓN ▼

# Los temores desaparecen

El temor tiene su manera de acercarse sigilosamente a nosotros. A menudo comienza cuando algún pequeño detalle se desbarata o algo con lo que contábamos sale mal. Entonces, como fichas de dominó que se derriban, una cosa tras otra parece conducir a problemas mayores y más extensos. El copo de nieve que intentamos ignorar parece haberse convertido en una avalancha cuando no mirábamos.

Quizás usted esté preocupado por algo que se avecina en el futuro. O puede sentirse triste porque lamenta la pérdida de algo o alguien importante para usted. Podrían ser sus finanzas y la forma en que parece que nunca hay suficiente dinero. Podría ser que estuviera impactado por la traición de un amigo o la lucha solitaria con una adicción.

No importa cuán grande o pequeña sea su preocupación, su Padre quiere consolarlo y aquietar su corazón. Él conoce nuestras emociones—después de todo, Él nos creó y nos hizo a su propia imagen. Pero no quiere que nuestros sentimientos nos controlen o nos lleven a la tentación. Él lo liberará de sus temores, no importa cuán grandes o pequeños sean.

INTERACCIÓN DIARIA ▼

**CONÉCTESE:** Envíe un mensaje de texto a un amigo o llámelo y comparta uno de sus temores que se avecina en el horizonte. Pídale a esta persona que ore para que usted se fortalezca en el Señor.

*[Dijo Jesús] Pero cuando venga el Espíritu de la verdad, él los guiará a toda la verdad, porque no hablará por su propia cuenta sino que dirá solo lo que oiga y les anunciará las cosas por venir.*

JUAN 16:13

▼ DEVOCIÓN

## Él ve el futuro

Si pudiéramos predecir el futuro, suponemos que tendríamos una vida sin preocupaciones. Podríamos predecir el mercado de valores, saber qué equipo gana el juego de pelota, vestirnos perfectamente para el clima de mañana, y evitar los problemas antes de que crucen en nuestro camino.

Pero la verdad es esta: si pudiéramos ver todo lo que el futuro nos depara de la manera en que Dios lo ve, la mayoría de nosotros estaría paralizado por el miedo. Vislumbraríamos los acontecimientos inesperados, los cambios impredecibles y las terribles pruebas que no imaginaríamos cómo superar. Al afrontar tales obstáculos monumentales, olvidamos el poder infinito de nuestro soberano Señor y Rey. Nuestro Padre tiene todo bajo control. Él ha dejado con nosotros su Espíritu para asegurarnos que todo está bien y guiarnos a través de los difíciles tiempos venideros. Su futuro no tiene nada que Dios ya no haya visto y vencido. Podemos descansar en la seguridad de su poder.

INTERACCIÓN DIARIA ▼

**CONÉCTESE:** Envíe una postal electrónica de aliento a un miembro de la familia que necesita el reaseguro de la fortaleza de Dios para un problema que afronta.

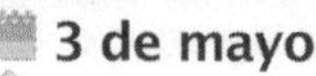

## 3 de mayo

*Ya sea que te desvíes a la derecha o a la izquierda, tus oídos percibirán a tus espaldas una voz que te dirá: Éste es el camino; síguelo.*

ISAÍAS 30:21

DEVOCIÓN ▾

# Él conoce su voz

Los flamantes padres a menudo se asombran de cómo su oído se sintoniza tan agudamente con los gritos de su recién nacido. Sea que gima en sueños o llore en la guardería de la iglesia, el llanto de un bebé que busca atención es distinto de cualquier otro sonido que una madre o un padre puedan oír. Incluso entre otros niños que lloran o en un ámbito ruidoso, un padre se concentra en el sonido característico de su pequeño.

De manera similar, los bebés y los niños conocen la voz de su madre y su padre. Muchos padres que esperan bebés incluso le leen y cantan a su bebé que está en el útero, para que el recién nacido ya esté familiarizado con las voces de mamá y papá. A veces, cuando se encuentra en peligro, un niño solo necesita reconocer la seguridad que proviene de la voz de quienes lo cuidan.

También nosotros, como hijos de Dios, necesitamos oír la voz de nuestro Padre y estar seguros de su amor, guía y protección. ¡Qué maravilloso es poder saber que Él también nos oye—de manera distinta y única entre todos sus hijos e hijas!

INTERACCIÓN DIARIA ▾

**CONÉCTESE:** Cambie el tono de llamada de su teléfono por algo que, cuando usted lo oiga, le recuerde el amor del Padre.

*El Señor te guiará siempre; te saciará en tierras resecas, y fortalecerá tus huesos. Serás como jardín bien regado, como manantial cuyas aguas no se agotan.*

ISAÍAS 58:11

JESÚS ES ASOMBROSO

▼ DEVOCIÓN

## Él riega nuestra alma

Una de las muchas razones por las que amamos la primavera son las muchas flores que nos rodean en plena floración. Narcisos amarillos, tulipanes rojos, campanillas y lilas adornan los exuberantes campos verdes y céspedes, que habían estado pardos y congelados solo unas semanas antes. Nuestro corazón parece regocijarse mientras damos gracias a Dios por la sorprendente belleza de su creación, la forma en que su pincel natural colorea el paisaje.

En los tiempos bíblicos, la mayoría de los jardines tenía que ser cultivado y regado con regularidad para que las flores brotaran. El árido clima del Medio Oriente en Israel no siempre facilitaba disfrutar de flores naturales. A veces debe de haber parecido un milagro cuando el suelo arenoso abrasado por el sol se empapaba con la lluvia y producía flores silvestres.

Esta es la clase de milagro que Dios se deleita en realizar en nuestros corazones. Llegamos a estar sedientos y secos, pero Él riega nuestras almas con su Palabra. Como brotes tiernos que se inclinan hacia el sol, lo seguimos y florecemos en una nueva vida.

INTERACCIÓN DIARIA ▼

**CONÉCTESE:** Investigue sobre uno de sus tipos favoritos de flores o plantas que dan flores y postee una foto de ella en JesusDaily.com.

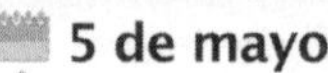

## 5 de mayo

*[Dijo Jesús] Les aseguro que a menos que ustedes cambien y se vuelvan como niños, no entrarán en el reino de los cielos.*

MATEO 18:3

DEVOCIÓN ▾

# Como un niño

Algunas veces hay una línea fina entre ser como un niño y ser infantil. Cuando somos como niños, estamos dispuestos a confiar, a creer y a tener esperanza con una sinceridad e inocencia que los golpes de la vida a menudo tratar de quitarnos. Nos mantenemos en el momento presente, en busca de atisbos de nuestro Padre dondequiera que vayamos. Cuando somos como niños, enfrentamos la vida con una sensación de asombro y posibilidad, muy conscientes de la belleza y de las bendiciones que nos rodean.

Por el contrario, cuando somos infantiles, solo esperamos pasivamente, sintiéndonos con derecho a obtener lo que queremos porque nuestras vidas parece muy difíciles. Cuando somos infantiles, actuamos como niños malcriados, haciendo una mueca cuando Dios no hace lo que queremos cuando lo queremos. Nos volvemos víctimas de la vida en vez de vencedores por la gloriosa riqueza que tenemos en Cristo.

Vuélvase hoy como un niño sin ser infantil.

INTERACCIÓN DIARIA ▾

**CONÉCTESE:** Explore uno de maravillosos ministerios que existen dirigidos a las necesidades de los niños y comprométase a orar por la obra que están haciendo.

*Me guía por sendas de justicia por amor a su nombre.*
Salmo 23:3

JESÚS ES ASOMBROSO

▼ DEVOCIÓN

## Estudie sus nombres

En virtualmente todas las culturas a lo largo de la historia, los nombres portan enorme significación. A menudo encarnan la historia de una familia de generación en generación. A veces identifican el linaje y el legado de los individuos que comparten un nombre común. Los nombres también revelan los atributos personales y rasgos de carácter, que a su vez pueden reflejar diferentes tipos de actividades o profesiones.

A lo largo del Antiguo Testamento, hallamos docenas de nombres diferentes para Dios: Jehová, el Gran YO SOY, el Señor Todopoderoso, Emmanuel, El Shaddai, y muchos más. Cada uno expresa una faceta diferente del glorioso carácter de Dios: su misericordia, su generosidad, su protección, su paciencia, su omnisciencia, su soberanía.

Si quiere llegar a conocer a Dios a un nivel íntimo y más profundo, el estudio de sus nombres puede ser un maravilloso factor facilitador.

INTERACCIÓN DIARIA ▼

**CONÉCTESE:** Realice una pequeña encuesta en su página personal, o en la página *Jesus Daily* preguntando a otros sus nombres preferidos de Dios.

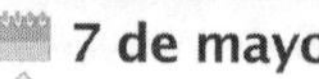

*Si me elevara sobre las alas del alba, o me estableciera en los extremos del mar, aun allí tu mano me guiaría, ¡me sostendría tu mano derecha!*

SALMO 139: 9-10

DEVOCIÓN ▾

## Siempre con usted

Para muchas personas de todo el mundo, el transporte aéreo se ha convertido en algo tan común como los viajes en autobús. Sea que usted viaje por el país por razones de trabajo, viaje a unas vacaciones exóticas, o entregando productos o servicios a otro país extranjero, ya no pensamos en viajar en avión como un lujo. Se trata simplemente de un modo aceptado de viaje en nuestro mundo de tecnología avanzada.

Del mismo modo, la "world wide web" (red informática mundial) que suena un poco pasada de moda en estos días, redujo el mundo a una comunidad electrónica que está en la punta de nuestro dedos. No solo podemos buscar sitios que se originaron en cualquier parte del mundo, podemos enviar correo electrónico, chatear y realizar videoconferencias en tiempo real. Lo que antes sonaba a ciencia ficción se ha convertido en una segunda naturaleza.

No obstante, es bueno saber que Dios está siempre con nosotros. En el aire o en el suelo, "online" u "offline", Él nunca se aparta de nuestro lado.

INTERACCIÓN DIARIA ▾

**CONÉCTESE:** Tenga una videoconferencia con alguien a quien extraña que vive muy lejos de usted.

*Bueno y justo es el Señor; por eso les muestra a los pecadores el camino. Él dirige en la justicia a los humildes, y les enseña su camino.*

SALMO 25:8-9

▼ DEVOCIÓN

## Una vida que a Él le agrada

La mayoría de los productos, tecnológicos o no, tratan de ser "fáciles de usar". Las empresas saben que la mayoría de la gente no quiere meterse en páginas de direcciones o decenas de instrucciones sobre "cómo hacer". Queremos saltear y saber "intuitivamente" cómo utilizar la última versión de software, las aplicaciones, los equipamientos de ejercicios o artefactos de cocina.

Sin embargo, a veces no es tan fácil. Nos vemos obligados a reducir la marcha, leer el manual del usuario y pasar por las diferentes etapas, siguiendo las instrucciones del fabricante. Una vez lo hacemos, es un alivio entender lo que hay que hacer para poder disfrutar de nuestra compra o regalo nuevo.

Vivir por fe es, en gran parte, de la misma manera. A veces queremos hacer las cosas a nuestra manera, sin estudiar la Palabra de Dios ni obedecer sus instrucciones sobre lo que es realmente mejor para nuestros intereses. Pero depender de lo que a nosotros nos parece bien, en lugar de lo que Dios dice que es correcto, no funciona.

INTERACCIÓN DIARIA ▼

**CONÉCTESE:** Comparta un área en que usted lucha en obedecer las instrucciones de Dios para su vida con un amigo de confianza o confidente por la Internet. Pídale oración para ayudarle a obedecer.

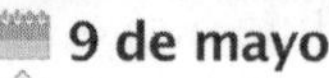

*¡El Dios de Israel da poder y fuerza a su pueblo! ¡Bendito sea Dios!*
SALMO 68:35

DEVOCIÓN ▾

## La fuente de todo poder

En muchas partes del mundo, la electricidad proporciona un nivel de vida que fácilmente se da por sentado. Lámparas, calefactores y aires acondicionados, y otras comodidades dependen de la energía eléctrica para generar iluminación, aire caliente y frío, y ahorra tiempo, facilita la ayuda en nuestros hogares, empresas, escuelas e iglesias.

Cuando se produce un corte de energía durante cualquier periodo de tiempo, nos vemos obligados a volver a los fundamentos de la supervivencia. De repente, no es tan fácil mantenernos a una temperatura agradable. Las maneras de preservar frescos nuestros alimentos se convierten en una prioridad. Las tareas que llevan segundos o minutos parecen requerir minutos y horas.

Cuando las cosas van bien en nuestras vidas, podríamos estar tentados a dar por sentado disponer de la fuerza y el poder de Dios. Sin embargo, cuando nuestras propias capacidades nos fallan, una vez más volvemos a lo básico. Nos damos cuenta de que el Señor es la fuente de todo nuestro poder. Todo lo que logramos es solamente debido a Él.

INTERACCIÓN DIARIA ▾

**CONÉCTESE:** Desconéctese hoy durante al menos una hora; use el tiempo para orar, meditar o descansar en la fuerza del Señor.

*Su divino poder, al darnos el conocimiento de aquel que nos llamó por su propia gloria y potencia, nos ha concedido todas las cosas que necesitamos para vivir como Dios manda.*

2 Pedro 1:3

▼ DEVOCIÓN

## Suprema autoridad

Una persona con verdadero poder y autoridad nunca debe intimidar a nadie. Descansa en la confianza de saber lo que puede hacer, si es necesario para cumplir con sus responsabilidades. Estas personas a menudo son líderes naturales que inspiran confianza en las personas que los rodean. Respetan a los demás y se ganan el respeto de sus seguidores, en vez de exigirlo a causa de un título, rango o posición.

Dios tiene la autoridad suprema y siempre será más poderoso que cualquier persona o cualquier cosa que podamos imaginar. Sin embargo, Él ejerce su poder y santidad, con compasión y misericordia, nos busca pacientemente cuando nos alejamos y nos guía en sus caminos. Dios no es un bravucón o un dictador. Es un Padre amoroso.

Acepte hoy las oportunidades de obedecer a Dios como maneras de reconocer y honrar su gloriosa autoridad y su poder lleno de gracia.

INTERACCIÓN DIARIA ▼

**CONÉCTESE:** Envíe un correo electrónico a un líder o a una persona de autoridad a quien usted admira y dígales por qué los aprecia.

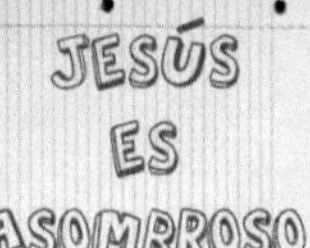

## 11 de mayo

*La voz del Señor resuena potente.*
SALMO 29:4

DEVOCIÓN ▾

# Escuche atentamente

Con la frecuencia con que usamos audífonos y auriculares, no es de extrañar que los médicos nos adviertan frecuentemente sobre las consecuencias de escuchar a volúmenes elevados. Quizás nos encanta tanto una canción en particular o un cantante determinado que queremos la música lo más fuerte posible. Quizás queremos escuchar con claridad cada palabra de nuestro audio libro por encima del ruido ambiente que nos rodea.

A veces, la mayoría de nosotros probablemente desearía subir el volumen de la voz de Dios, escuchar su respuesta para nosotros en voz alta y clara. La mayor parte del tiempo, sin embargo, tenemos que reducir la velocidad, acallar nuestros corazones delante de Él, y escuchar con atención. Nuestro Padre rara vez nos grita en los oídos; en cambio, susurra en nuestros corazones por medio de la presencia de su Espíritu.

Aun cuando es solo un susurro, la voz del Señor sigue siendo poderosa. No necesitamos ponernos auriculares para oírla. Simplemente tenemos que escuchar.

INTERACCIÓN DIARIA ▾

**CONÉCTESE:** Postee un archivo de audio con un sonido que a usted le guste—la risa de un niño, el ronquido de un perro, o la lluvia sobre el techo de zinc, para nombrar solo algunas posibilidades.

*Te basta con mi gracia, pues mi poder se perfecciona en la debilidad.*

2 Corintios 12:9

▼ DEVOCIÓN

## Él es nuestra fuerza

La mayoría de las personas no se sienten cómodas con la debilidad. Nuestra sociedad elogia a los fuertes y a los poderosos, ya sean atletas olímpicos, magnates empresariales, o líderes gubernamentales. Admiramos a los individuos que son físicamente fuertes, emocionalmente fuertes, y económicamente fuertes. Y por lo general, como resultado, nos sentimos presionados a volvernos más fuertes en todas las áreas.

Aunque es bueno hacer ejercicio, mantener la autodisciplina, y practicar una administración responsable, también debemos reconocer nuestras limitaciones. No importa lo duramente que nos ejercitemos o nos esforcemos por subir en la jerarquía empresarial, todos tenemos debilidades. Y somos solo humanos—no sobrehumanos y, ciertamente, no tan fuertes como Dios. A veces nos resulta difícil recordar y respetar nuestras limitaciones.

Dios quiere que confiemos en Él, no en nuestra propia capacidad, como fuente de nuestra fuerza. Descanse hoy en saber que usted no tiene que hacer que suceda todo para ser fuerte.

INTERACCIÓN DIARIA ▼

**CONÉCTESE:** Hoy comparta con otros un versículo de la Palabra de Dios que le da fuerza.

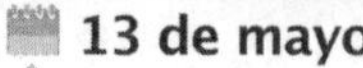

# 13 de mayo

*Yo soy el Señor, Dios de toda la humanidad. ¿Hay algo imposible para mí?*
JEREMÍAS 32:27

DEVOCIÓN ▾

## Estar listo, estar dispuesto

Hornear un pastel perfecto. Obtener un doctorado. Ahorrar suficiente para jubilarse. Reconstruir el motor de un automóvil. Hablar en público. Hacer saltos mortales. Terminar una maratón.

Usted podría considerar a algunos o a todos estos esfuerzos "demasiado difíciles" de lograr. O si no estos objetivos, probablemente otros lo hagan retirarse por ser imposibles de lograr para usted. Aunque todos hemos sido bendecidos con ciertas capacidades, talentos y dones, también tenemos debilidades, defectos o déficits. No somos perfectos, y no tenemos que ser geniales en todo. Discernir las áreas donde se hallan nuestros puntos fuertes y donde podemos tener el mayor impacto es parte de la madurez.

Sin embargo, también debemos ser conscientes de que cuando Dios nos pide que hagamos algo, Él nos investirá de poder y nos equipará para hacerlo. Pensemos o no que tenemos lo que se requiere para lograr la meta, no importa. Si el Señor quiere usarnos, ¡nada es imposible! Solamente tenemos que estar dispuestos.

INTERACCIÓN DIARIA ▾

**CONÉCTESE:** Reenvíe una publicación de JesusDaily.com a cinco amigos que necesiten que se les recuerde la fuerza del Señor.

*Él fortalece al cansado y acrecienta las fuerzas del débil.*

Isaías 40:29



▼ DEVOCIÓN

## Hacer lo imposible

Sea que estemos apoyando a un equipo no clasificado contra uno que es un campeón fuerte, o esperando que un hombre común y corriente obtenga el amor de la bella protagonista de la película, nos encantan esos personajes que llevan las de perder. A Dios también.

A menudo Él escoge a los más débiles, más pequeños, menos talentosos, menos equipados, o minoritarios para hacer avanzar su reino. Desde David frente a Goliat hasta Moisés que divide el Mar Rojo, desde su Hijo que nace en un pesebre hasta los pescadores sin formación elegidos como sus discípulos, Dios se deleita en usar a los candidatos menos probables para convertirlos en los instrumentos más poderosos de su gracia.

De la misma manera, Él hoy nos sigue invistiendo de poder. Si se lo permitimos, Él puede hacer lo imposible a través de nosotros. No importa lo mucho que las probabilidades parezcan en su contra, su Padre lo puede usar.

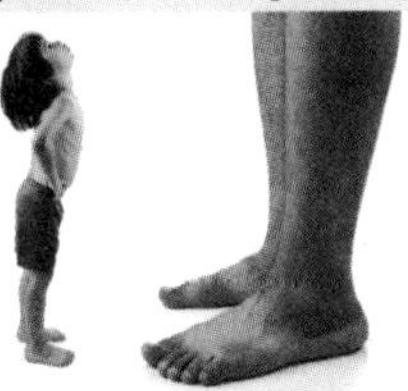

INTERACCIÓN DIARIA ▼

**CONÉCTESE:** Ofrézcase a orar por un amigo que actualmente afronta un reto que percibe demasiado grande para ellos.

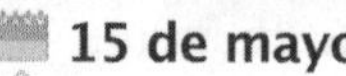

## 15 de mayo

*Dios no nos ha dado un espíritu de timidez, sino de poder…*
2 Timoteo 1:7

DEVOCIÓN ▾

# Confiado y valiente

A veces hay una línea fina entre los buenos modales y el comportamiento atrevido. Nuestra cultura suele condicionarnos para ser corteses, deferentes, reservados y conciliadores con los que nos rodean. Por otro lado, aprendemos rápidamente que vamos a ser atropellados si nuestra prioridad es que los demás piensen que somos "agradables".

Jesús nos dijo que debemos ser sencillos como palomas y astutos como serpientes. Como cristianos, a menudo ponemos en práctica lo primero, pero nos cuesta practicar lo último. Pero aun cuando se nos dice que pongamos la otra mejilla, está claro que no se espera que seamos felpudos pasivos. Solo podemos ir la milla extra y poner la otra mejilla si nuestra fuerza nos permite mantener nuestra confianza y nuestra fe.

Cuando confiamos en la fuerza de Dios como nuestra fuente de poder, no tenemos que ser tímidos al respecto. Podemos ser confiados, valientes y seguros al saber que en verdad podemos hacer todas las cosas por medio de Cristo.

INTERACCIÓN DIARIA ▾

**CONÉCTESE:** Chatee o inicie un hilo de conversación con otros acerca de cómo es que se alcanza este equilibrio entre los modales y los métodos.

*A la verdad, no me avergüenzo del evangelio, pues es poder de Dios para la salvación de todos los que creen.*
ROMANOS 1:16

▼ DEVOCIÓN

## No esconderse más

Derramar salsa de tomate en una blusa blanca. Dejar su billetera en casa cuando es su turno de pagar. Decir algo negativo antes de pensar en su impacto. Tomarse un día por enfermedad y toparse con el jefe en el centro comercial.

Todos hemos hecho cosas que nos hacen sentir apenados, incómodos, o francamente avergonzados. Desde pequeños incidentes que les ocurren a todos hasta situaciones en que la bola de nieve está fuera de control por una mala decisión que tomamos, la mayoría de nosotros conocemos esa sensación de querer esconder nuestros errores.

Adán y Eva experimentaron la misma sensación después de desobedecer a Dios en el jardín. Tomaron hojas de higuera para cubrir su desnudez mientras corrían a esconderse. Ellos sabían que lo habían echado a perder y no podía soportar mirar a su Padre.

Gracias al don de la salvación por medio de Cristo, no tenemos nada de qué avergonzarnos nunca más. Hoy usted no tiene que esconderse.

INTERACCIÓN DIARIA ▼

**CONÉCTESE:** Postee una "selfie" o una fotografía tonta que generalmente le da demasiada vergüenza que otros vean. ¡Hágales saber por qué usted no tiene nada que esconder!

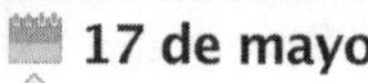

## 17 de mayo

*Si mi pueblo, que lleva mi nombre, se humilla y ora, y me busca y abandona su mala conducta, yo lo escucharé desde el cielo, perdonaré su pecado y restauraré su tierra.*

2 Crónicas 7:14

DEVOCIÓN ▾

# Buscarlo de todo corazón

Algunas veces ignoramos un rasguño o un corte menor hasta que se infecta y requiere nuestra atención. Lo que comenzó como una pequeña herida puede convertirse de repente en una lesión potencialmente mortal. Si tomamos un momento para limpiar y vendar el pequeño corte, nos ahorramos tiempo, problemas y el tratamiento adicional de más adelante cuando se agrave.

Vivir una vida de arrepentimiento requiere dar cada día la misma clase de atención a los pequeños pecados. Si los ignoramos y no los confesamos tan pronto como somos conscientes de ellos, corremos el riesgo de que nuestros pecados se infecten en problemas mayores, adicciones e ídolos. Nunca seremos perfectos y libres de pecado de este lado del cielo; pero podemos buscar a Dios de todo corazón y seguir confesando diligentemente nuestros pecados cada día.

No permita que un pequeño pecado se convierta en un gran problema. Pida hoy el perdón de Dios, la gracia purificadora y el amor sanador.

INTERACCIÓN DIARIA ▾

**CONÉCTESE:** Póngase en contacto con un compañero a quien le rinda cuentas, alguien que conozca sus áreas de lucha y ore con usted.

*Cuando estén orando, si tienen algo contra alguien, perdónenlo, para que también su Padre que está en el cielo les perdone a ustedes sus pecados.*

MARCOS 11:25

▼ DEVOCIÓN

## Verdadera gracia

Es tentador culpar a otros cuando la vida no funciona como queremos. Sean nuestros padres, hijos, cónyuge, hermanos u otros miembros de la familia, a menudo los responsabilizamos por retrasarnos. A veces podemos echarles la culpa a nuestro supervisor, compañeros de trabajo o empleados. Muchas veces, estas personas que están en nuestras vidas pueden habernos ofendido, o herido de alguna manera: fue así como terminaron en el centro de nuestro círculo de culpables.

Pero Jesús nos recuerda una y otra vez que hay una correlación directa entre la forma en que manejamos las ofensas de otros y la forma en que manejamos la gracia de Dios. Si no estamos dispuestos a perdonar a otros—y mucho menos si no dejamos de culparlos por nuestra respuesta—no seremos capaces de aceptar la gracia de Dios. No es que Él la retenga de nosotros por nuestra falta de voluntad para perdonar; no sería gracia si fuera así. Simplemente es que cuando experimentamos la plenitud del perdón de Dios en nuestras vidas, estamos ansiosos de perdonar a los demás.

La verdadera gracia siempre es contagiosa.

INTERACCIÓN DIARIA ▼

**CONÉCTESE:** Postee un versículo favorito sobre la misericordia y la gracia de Dios en la página de *Jesus Daily*. Elija al menos tres versículos publicados por otras personas para poner “Me gusta”.

## 19 de mayo

*Ustedes me invocarán, y vendrán a suplicarme, y yo los escucharé. Me buscarán y me encontrarán, cuando me busquen de todo corazón.*

Jeremías 29:12-13

DEVOCIÓN ▾

# Invocarlo a Él

¿Alguna vez ha tenido uno de esos días en que parece seguir perdiendo cosas: sus llaves, su teléfono, su billetera o cartera, la paz de su mente? Es terriblemente frustrante e incómodo cuando extraviamos algo que nos resulta importante. Tenemos que volver sobre nuestros pasos y buscar el elemento perdido en los lugares obvios, pero lo más importante, tenemos que buscar en el lugar inesperado en donde, sin duda, aparecerá.

A veces podemos sentir como si hubiéramos perdido nuestra fe, o si de alguna manera Dios ya no estuviera cerca de nosotros. Como un barco a la deriva en un mar agitado por la tormenta, podemos sentirnos perdidos, sin poder, desconectados de nuestra seguridad. Todo lo que usted tiene que hacer es llamar a su Padre. Él nunca está lejos. Él está justo ahí con usted ahora. Cuando lo buscamos con todo nuestro corazón, descubrimos que Él estuvo allí todo el tiempo.

INTERACCIÓN DIARIA ▾

**CONÉCTESE:** Postee en su página personal o en la página *Jesus Daily* una foto que ilustre lo que se siente al estar perdido.

*El Espíritu acude a ayudarnos. No sabemos qué pedir, pero el Espíritu mismo intercede por nosotros con gemidos que no pueden expresarse con palabras.*
Romanos 8:26

▼ DEVOCIÓN

## El Espíritu sabe

Hablar en público sigue estando casi al tope de las encuestas de opinión populares sobre los mayores temores de la gente. Año tras año, la mayoría de la gente califica el dar un discurso o hacer una presentación tan aterrador como la muerte, la enfermedad y la violencia. Esto incluye orar en público.

Orar con otras personas es, sin duda un acto íntimo ya que comparten sus corazones ante Dios. Sin embargo, también cuando usted está solo y trata de orar, a veces es difícil saber qué decir o cómo decirlo.

Gracias a Dios, tenemos el Espíritu Santo en nuestros corazones, que habla y que intercede por nosotros ante nuestro Padre. Mejor que cualquier traductor de idiomas o servicio de mensajería, el Espíritu puede expresar lo que sabemos, pero que no podemos poner en palabras. No tenemos que dar un discurso o decir una palabra en voz alta. El Espíritu sabe.

INTERACCIÓN DIARIA ▼

**CONÉCTESE:** Usando un método de cifrado básico que se halle en la Internet, envíe un mensaje cifrado a un amigo. Piense cómo esto representa la forma en que el Espíritu descifra nuestros corazones ante Dios.

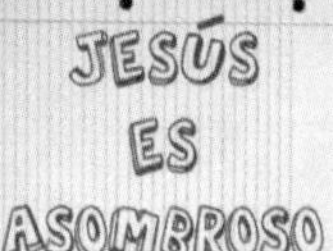


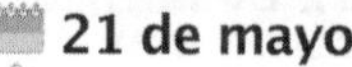


*Antes que me llamen, yo les responderé; todavía estarán hablando cuando ya los habré escuchado.*

Isaías 65:24

DEVOCIÓN ▾

## Aún antes de que usted llame

"Justo estaba pensando en ti", dice la otra persona en el otro extremo de la línea en la conversación telefónica. O, "Estaba a punto de presionar ENVIAR cuando recibí tu correo electrónico". Quizás hasta ha estado enviando mensajes de texto a alguien y sus textos parecen cruzarse en el ciberespacio, respondiendo cada uno a la pregunta del otro antes de que la formulara.

Aunque la ciencia ficción presenta la telepatía y los poderes mentales de lectura de la mente y adivinación como normal, no lo es. Es decir, a menos que sea Dios. Él siempre sabe lo que está en nuestras mentes, en nuestros corazones, y delante de nosotros. No tenemos que preocuparnos de que no nos vaya a oir cuando lo llamemos: Él ya sabe lo que necesitamos antes que nosotros.

Puede relajarse hoy, sabiendo que no hay nada que afronte que Dios no sepa ya y que lo ha equipado para que usted lo resuelva.

INTERACCIÓN DIARIA ▾

**CONÉCTESE:** Envíe un correo electrónico a un amigo, previendo lo que necesitan escuchar de la Palabra de Dios a fin de recordarles su verdad.

JESÚS ES ASOMBROSO

*...en toda ocasión, con oración y ruego, presenten sus peticiones a Dios y denle gracias. Y la paz de Dios, que sobrepasa todo entendimiento, cuidará sus corazones y sus pensamientos en Cristo Jesús.*

FILIPENSES 4:6-7

▼ DEVOCIÓN

## Su paz

Solemos pensar que la paz es como una superficie calma y tranquila en un espejo de agua. Las olas se estrellan, la marea sube, y el oleaje resuena a través del agua la mayoría de los días. Pero cuando experimentamos la paz de Dios, de repente estamos calmos. La superficie brilla como el vidrio, y refleja la luz moteada del sol y las nubes.

Durante el transcurso de nuestro día, a veces nos sentimos como si estuviéramos en una balsa a toda velocidad por los rápidos de aguas blancas de clase cinco, a punto de caer en una cascada tamaño Niágara. Los vencimientos cambian, los jefes hacen favoritismos, los niños se enferman, las facturas se acumulan. Los ánimos se caldean, surgen obstáculos, y se hacen demandas imposibles. No sabemos cómo podemos permanecer en paz en medio de tal tsunami de fuerzas que nos abruman.

Pero podemos. La paz del Señor nunca consiste en ausencia de conflicto, estrés o problemas. La paz del Señor consiste en confiar en que Él lo guiará por los rápidos. Su paz no solo trasciende nuestra comprensión, sino que guarda tanto nuestros corazones como nuestras mentes.

INTERACCIÓN DIARIA ▼

**CONÉCTESE:** Compare en la Internet videos de las Cataratas del Niágara con los de un lago en calma. Páseselos a alguien que necesita que le recuerden que Dios puede proporcionar paz en cualquier situación.

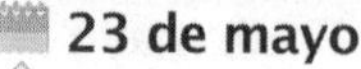

## 23 de mayo

*Yo clamaré a Dios, y el Señor me salvará. Mañana, tarde y noche clamo angustiado, y él me escucha.*
SALMO 55:16-17

DEVOCIÓN ▼

# Detenerse y orar

En el transcurso de un día ajetreado, puede que no tengamos tiempo para el almuerzo o una ida al baño, menos aun un tiempo de oración con Dios. Sin embargo, una vez que nos relajamos y el ajetreo se detiene, empezamos a preocuparnos de nuevo. Prevemos la reanudación del ritmo frenético al día siguiente, sabiendo que debemos prepararnos para lo que viene.

Esta clase de preocupación genera ansiedad constante, lo cual hace que sea difícil descansar y recuperarse cuando tenemos tiempo de inactividad. Especialmente cuando yacemos despiertos en medio de la noche, imaginamos toda clase de situaciones hipotéticas y nos inquietamos por lo que podría, pudiera, o debería ocurrir. Es aquí cuando debemos clamar a nuestro Padre. Y quizás la respuesta no esté en esperar hasta que estemos insomnes y ansiosos, sino que de algún modo hallemos una manera de detenernos y orar a Dios a lo largo del día, no solo cuando no podemos parar nuestras mentes.

Unos pocos segundos de clamor a nuestro Abba Padre cada hora más o menos pueden hacer una enorme diferencia en nuestras vidas. Cuando recordamos que Él tiene el control, podemos respirar hondo y relajarnos.

INTERACCIÓN DIARIA ▼

**CONÉCTESE:** Desconéctese del tiempo personal en la Internet y úselo para tomar una siesta, meditar en la Palabra de Dios, orar, o simplemente aquietar su corazón delante de Él.

*Porque somos hechura de Dios, creados en Cristo Jesús para buenas obras, las cuales Dios dispuso de antemano a fin de que las pongamos en práctica.*

EFESIOS 2:10

▼ DEVOCIÓN

## Su obra en usted

La Revolución Industrial transformó la manera en que creamos, vendemos, compramos y utilizamos productos que antes requerían enorme cantidad de tiempo, esfuerzo humano y atención al detalle. Con las máquinas, las líneas de montaje y los mecanismos computarizados automáticos, ahora podemos producir en masa prácticamente todos los productos tangibles, desde cucharas de medir hasta coches, para consumo masivo.

Pero la fe no puede ser producida en masa como un producto básico de talla única. Nuestra relación con Cristo es personal, específica y única. Aunque no es subjetivo y no se basa simplemente en nuestros sentimientos, nuestro viaje de fe es algo que es nuestro y solo nuestro. Aprendemos de los demás, compartimos millas a lo largo del camino, pero también sabemos que, en última instancia, Dios es tanto nuestro guía como nuestra fuente de poder.

La buena obra que Él está haciendo en usted probablemente no lucirá de la misma manera que en otra persona, y mucho menos al mismo ritmo. Hoy usted puede disfrutar el viaje, al saber que aun cuando el camino se llena de baches, Dios está haciendo su buena obra en su vida.

INTERACCIÓN DIARIA ▼

**CONÉCTESE:** Planifique un "viaje virtual por carretera" con un grupo de amigos. Programe un tiempo en que todos ustedes pueden tener una videoconferencia o chat, para compartir lo que Dios está haciendo en su vida.

## 25 de mayo

*El Señor cumplirá en mí su propósito. Tu gran amor, Señor, perdura para siempre; ¡no abandones la obra de tus manos!*

SALMO 138:8

DEVOCIÓN ▾

# Amor que nunca termina

En muchas ciudades, usted puede hallar una serie de edificios que han sido abandonados. Las ventanas rotas, los mensajes de grafiti y los ecos de vacío, todo da testimonio del sentido de fracaso, pérdida y abandono. El propietario anterior no pudo cuidar de la propiedad o decidió no mantenerla, por la razón que fuera, y ahora la estructura en ruinas se deteriora día a día.

Por supuesto, los edificios no son las únicas cosas que sufren abandono. Casas, carreras y relaciones pueden no mostrar los mismos síntomas visibles de deterioro que un edificio de departamentos del centro de la ciudad, pero las cicatrices emocionales siguen frescas.

Dios no solo cura y restaura esas heridas, sino que ha prometido que nunca nos abandonará. Él no permitirá que nos quedemos solos, que suframos de abandono, que nos deterioremos por la falta de amorosa atención. Él es nuestro Padre y nos ama más de lo que podremos imaginar jamás. Nunca estaremos huérfanos; nunca; no con un Padre que nos ama tanto.

INTERACCIÓN DIARIA ▾

**CONÉCTESE:** Visite JesusDaily.com y recuérdele a alguien que esté luchando que no está solo.

*...a procurar vivir en paz con todos, a ocuparse de sus propias responsabilidades y a trabajar con sus propias manos.*

1 TESALONICENSES 4:11

▼ DEVOCIÓN

## Una vida tranquila

Cuando pensamos en alguien que es ambicioso, tendemos a imaginar un individuo competitivo, resuelto, quien no permite que nada se interponga en su camino para alcanzar sus metas y lograr el éxito que tanto desea. A la gente ambiciosa le gusta estar al frente de la manada, ser la estrella del espectáculo.

Rara vez pensamos que la ambición de alguien sea "llevar una vida tranquila". Y, sin embargo, cuando seguimos el ejemplo que dejó Jesús, sabemos que la plenitud en esta vida no pasa por glorificarnos a nosotros mismos o inflar nuestro ego. No es cuestión de la cantidad de dinero que ganamos o de cuántas metas nos propusimos y logramos. Es cuestión de cómo amamos.

Cuando estamos dedicados a amar y a servir a nuestro Padre y su reino, nuestra ambición se centra en sus objetivos, no en los nuestros. Podemos seguir estando en un lugar destacado, en el rol de líder, o en un lugar de prominencia, pero la diferencia es que no somos definidos por eso. Como administradores de las bendiciones de Dios, y no de historias de artífices capacitados de su éxito, alcanzamos algo glorioso para la eternidad, no temporal para nuestro propio beneficio.

INTERACCIÓN DIARIA ▼

**CONÉCTESE:** Comparta sus objetivos de vida con alguien en la Internet y ofrézcanse a orar el uno por el otro.

## 27 de mayo

*Más vale comer pan duro donde hay concordia que hacer banquete donde hay discordia.*
PROVERBIOS 17:1

DEVOCIÓN ▼

# ¿Qué falta?

Los historiadores nos dicen que vivimos en uno de los momentos más prósperos de toda la historia. Viviendo en tal abundancia, mucha gente continúa insatisfecha. Tenemos suficiente comida, ropa, casas y coches, pero no suficiente paz, gozo, seguridad y amor. Irónicamente, sin embargo, parecemos seguir buscando la plenitud en pos de más dinero, posesiones dignas de estatus, y títulos más prestigiosos.

A la mayoría de la gente, esto solo le produce más estrés, ansiedad y carga de responsabilidad, lo cual a su vez refuerza lo que falta: la verdadera satisfacción, la paz que viene de servir a algo más grande que uno mismo, y la gracia del Señor.

Tal vez lo que usted anhela no puede hallarse en otro aparato, aplicación, ropa de marca, o compra. Quizás usted necesita menos posesiones y más paz. Revise hoy su corazón para ver lo que falta en su vida.

INTERACCIÓN DIARIA ▼

**CONÉCTESE:** Postee al menos un artículo en uso para regalar en un sitio donde la gente vende artículos de segunda mano.

*Ustedes quédense quietos, que el Señor presentará batalla por ustedes.*
Éxodo 14:14

▼ DEVOCIÓN

## Él pelea por usted

Frecuentemente admiramos a la gente que no se rinde con facilidad y está dispuesta a ponerse de pie y luchar por lo que cree. Apreciamos su tenacidad, fortaleza y capacidad de resistencia cuando se oponen a otras personas y grupos que compiten. En un momento u otro, todos tenemos que ponernos de pie por nosotros mismos y por lo que creemos.

Sin embargo, demasiado a menudo luchamos cuando no es necesario hacerlo. En lugar de tratar de hacer que sucedan las cosas por nuestra cuenta, podemos relajarnos y permitir que Dios abra la puerta delante de nosotros. No tenemos que batallar con todos los que encontramos, suponer lo peor y superar todo lo que enfrentamos.

En algún momento tenemos que darnos cuenta del poder que proviene de estar quietos. Debemos dejar de luchar y de tratar de hacer que las cosas sucedan por nuestra cuenta y permitir que Dios pelee por nosotros y haga que las cosas sucedan. No estamos solos, y no tenemos que enfrentar la vida por nosotros mismos.

Permita hoy que su Padre gane la batalla por usted.

INTERACCIÓN DIARIA ▼

**CONÉCTESE:** Anime a alguien a dejar de luchar su batalla y permitir, en cambio, que Dios supere sus obstáculos.

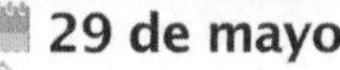

## 29 de mayo

*Todo lo contrario: he calmado y aquietado mis ansias. Soy como un niño recién amamantado en el regazo de su madre. ¡Mi alma es como un niño recién amamantado!*

Salmo 131:2

DEVOCIÓN ▾

## Madurar en la fe

Muchas personas se niegan a convertirse en quienes Dios los hizo porque no crecen. Ellos preferirían seguir estando limitados en su desarrollo que arriesgarse a fallar y volverse más fuertes. Aun cuando estamos dispuestos a crecer y a madurar, también podemos temer el cambio. Es aterrador avanzar hacia lo desconocido, abrir camino en un territorio desconocido.

Aunque el cambio es aterrador, seguir siendo un niño de pecho para siempre es aun más aterrador. Estaríamos horrorizados de ver a alguien de doce años seguir en la lactancia. Nos disgustaría ver a un adulto tener un berrinche como un niño de dos años de edad. De la misma manera, debemos estar dispuestos a crecer, madurar y ser destetados de las cosas infantiles del pasado.

Nuestro Padre quiere que nos convirtamos en adultos, no que permanezcamos siendo bebés. Aunque en realidad somos sus hijos, dependientes de Él en todo lo que tenemos, también tenemos la responsabilidad de madurar y servirlo en la plenitud de nuestros dones.

INTERACCIÓN DIARIA ▾

**CONÉCTESE:** Pídale a alguien en quien usted confía y a quien respeta, que le haga un comentario sincero sobre su vida. Conversen sobre las áreas en las que ven que usted no vive a la altura de su potencial.

*Porque tú, Señor, bendices a los justos; cual escudo los rodeas con tu buena voluntad.*

Salmo 5:2



▾ DEVOCIÓN

## Reciba sus palabras

Como a un padre le encanta llevar a sus hijos a jugar al parque, Dios disfruta pasando tiempo con nosotros. Ha visto nuestro trabajo y actividad para Él, y lo aprecia, pero quiere darnos algo que nadie más puede darnos: tiempo a solas con Él. Restauración. En los momentos de tranquilidad, Él viene a nosotros y, de maneras que no entendemos, se derrama en nosotros y somos renovados.

Hay muchas maneras en que encontramos esa renovación. Podemos concentrarnos en su amor derramado por nosotros en la cruz. Podemos sentarnos tranquilamente a sus pies o imaginarnos en su regazo mientras nos dice cuán preciosos somos para Él. Podemos recordar que ha perdonado todos nuestros pecados y no retiene nada contra nosotros, ni siquiera los recuerda. Podemos concentrarnos en estas verdades y en muchas más en su Palabra. Él nos da muchos dones y los coloca estratégicamente en nuestros caminos para recordarnos su amor.

Cuando más lo necesitamos, Dios suele venir a nosotros de maneras que no entendemos y susurrar: "Te amo. Eres mío. Disfruto de ti. Nada te alejará de mí. No tienes que ganar mi amor".

Reciba hoy sus palabras, busque sus dones, y ábrale su corazón.

INTERACCIÓN DIARIA ▾

**CONÉCTESE:** Postee un versículo que exprese el amor de Dios por usted de una especial manera personal. Pida a otros que compartan los que ellos prefieren.

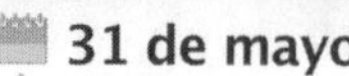

## 31 de mayo

*Panal de miel son las palabras amables: endulzan la vida y dan salud al cuerpo.*
PROVERBIOS 16:24

DEVOCIÓN ▼

# Palabras agradables

De niños, disfrutamos de nuestra golosina favorita como un regalo especial. Se trate de ositos de goma o barras de chocolate, tartaletas de mantequilla de maní o regaliz, nos deleitamos en la explosión de dulzura y el pico de azúcar en nuestro sistema—hasta la siguiente ocasión especial.

Como adultos, seguimos esperando regalos especiales. Desde los dulces gourmet a las tartas de bayas frescas, es difícil dejar pasar un delicioso postre. Podemos tener paladares más sofisticados ahora, pero el sabor dulce sigue siendo el mismo.

Las palabras agradables tienen el mismo impacto que ese primer bocado de nuestra comida favorita. Sabrosas, jugosas y dulces, tienen el poder de sanar rencores, resolver problemas y animar a otra alma agobiada.

Lo que usted dice importa. Use hoy sus palabras con cuidado, compartiendo su dulce sabor dondequiera que vaya.

INTERACCIÓN DIARIA ▼

**CONÉCTESE:** Postee una descripción de su golosina o postre favorito en JesusDaily.com, y pida a otros que compartan los propios.

# JUNIO

*Servir al pobre es hacerle un préstamo al Señor;*
*Dios pagará esas buenas acciones.*

Proverbios 19:17

## 1 de junio

*Por eso, de la manera que recibieron a Cristo Jesús como Señor, vivan ahora en él, arraigados y edificados en él, confirmados en la fe como se les enseñó, y llenos de gratitud.*

COLOSENSES 2:6-7

DEVOCIÓN ▾

# Cuidado del alma

Cuando un jardín ha sido bien planeado, bien cuidado y mantenido, se convierte en una obra de arte. Y obviamente requiere trabajo. A los árboles jóvenes se les deben poner tutores para que crezcan fuertes y altos, sin alterarse por las fuerzas del viento y la lluvia. Los setos deben ser recortados con forma en vez de dejarlos crecer desparejos. Los canteros de flores se deben desmalezar para asegurarse de que solo las flores deseadas reciban el alimento que el suelo tiene para ofrecer. Los jardineros saben que sus tareas producen salud, belleza y fruto en las plantas y en los árboles a los que se dedican a cuidar.

Nuestra fe cristiana requiere la misma clase de atención. Necesitamos el alimento de la Palabra de Dios, la luz de su presencia, y el agua viva del amor de Cristo. También necesitamos de vez en cuando poda, limpieza y corrección. Tenemos que eliminar las tentaciones y las influencias dañinas que nos separen de nuestro primer amor.

Como todo jardinero sabe, su oficio requiere práctica diaria. Asegúrese hoy de que usted está cuidando su alma con todo lo que necesita para crecer bien y florecer.

INTERACCIÓN DIARIA ▾

**CONÉCTESE:** Envíe una postal electrónica con una foto de su flor o planta favorita a alguien que necesita aliento. O pida un arreglo floral para enviárselo.

## 2 de junio

*Y todo lo que hagan, de palabra o de obra, háganlo en el nombre del Señor Jesús, dando gracias a Dios el Padre por medio de él.*

COLOSENSES 3:17

▼ DEVOCIÓN

# De palabra o de obra

¿Lo que usted hace durante el curso de su día coincide con las palabras que pronuncia durante ese mismo día? ¿Lo que usted dice se alinea con lo que en realidad está haciendo? Como seguidores de Jesús, todos queremos "predicar con el ejemplo" y no solo dar un servicio de labios a nuestra fe. Pero, para ser francos en esto, ¡es más fácil decirlo que hacerlo!

Las palabras pueden fluir fácilmente, casi sin esfuerzo a veces. Le decimos a la gente lo que quiere oír y seguimos con nuestro día. Problema resuelto, cuestión arreglada y caso cerrado. Y, sin embargo, ¿reflejan nuestras palabras la gracia de Dios y la verdad de su Palabra? ¿Y nuestro comportamiento coincide con nuestro mensaje?

Es fácil decir una cosa y hacer otra. La verdadera evidencia de nuestro compromiso de seguir a Jesús emerge en la sincronía entre nuestro discurso y nuestras acciones. Permita hoy que sus acciones semejantes a Cristo hablen más fuerte que cualquier cosa que usted diga.

INTERACCIÓN DIARIA ▼

**CONÉCTESE:** En su tiempo discrecional, permanezca desconectado hoy. En cambio, realice un acto de servicio para alguien que lo necesite.

## 3 de junio

*Que su conversación sea siempre amena y de buen gusto. Así sabrán cómo responder a cada uno.*
COLOSENSES 4:6

DEVOCIÓN ▼

# Palabras sazonadas

Aunque las palabras correctas en el momento correcto pueden ser tan dulces como la miel, también deben incluir un poco de especias. Sin condimento, la mayoría de los alimentos serían insípidos y sosos. La sal brinda sabor en virtualmente todo: carnes, pan, sopa, galletas, incluso los dulces como los caramelos salados.

Las conversaciones con gracia son de la misma manera. No solo tienen un sabor dulce sino sazonado y desafiante, con la suficiente pujanza para inspirar, animar y motivar. Cuando hablamos de la verdad del amor y la misericordia de Dios, estamos sazonando y brindando el sabor transformador del evangelio.

Cuando nuestro discurso es dulce y sazonado a la vez, ofrecemos a los que nos rodean un mensaje que es irresistible.

INTERACCIÓN DIARIA ▼

**CONÉCTESE:** Visite JesusDaily.com y brinde un mensaje sazonado de esperanza y verdad a un hermano cristiano.

## 4 de junio

*Háganlo todo sin quejas ni contiendas, para que sean intachables y puros...*
FILIPENSES 2:14-15

▼ DEVOCIÓN

# Sirva con alegría

Todos hemos hecho cosas que había que hacer, aunque nos aseguramos de que las personas que nos rodeaban supieran cómo nos sentíamos al respecto. Ya sea una tarea doméstica o trabajar como esclavo en la oficina, lo hacemos, pero también queremos que todos los demás lo vean, sientan pena por nosotros, o nos admiren. Quizás hablemos todo el tiempo en que lo estamos haciendo, llamando la atención hacia nosotros mismos y el gran sacrificio que estamos realizando.

Esos momentos no glorifican a Dios ni reflejan su carácter generoso y amoroso. Cuando refunfuñamos, nos quejamos, lloriqueamos y reñimos, estamos dando oportunidad de que la lucha, la competencia, la comparación y la amargura entren sigilosamente. Nos estamos enfocando en nuestra propia comodidad y en nuestros deseos egoístas más que en servir a otros con un espíritu semejante al de Cristo.

Que todo lo que haga hoy sea hecho como si lo hiciera para el Señor. Ya sea responder un correo electrónico, completar un informe, hacer un pedido, cuidar a los hijos, o liderar un equipo, hágalo de la manera en que Jesús lo haría, con humildad y con confianza.

INTERACCIÓN DIARIA ▼

**CONÉCTESE:** Vaya a una cartelera de mensajes o responda un mensaje posteado y en lugar de criticar o quejarse, halle algo para elogiar o a alguien a quien animar.

## 5 de junio

*Devuélveme la alegría de tu salvación; que un espíritu obediente me sostenga.*

Salmo 51:12

DEVOCIÓN ▾

# Beba el agua viva

En el clima cálido debemos asegurarnos de mantenernos hidratados. Transpiramos más de lo que creemos por las altas temperaturas y el calor tiene un impacto negativo en nuestros cuerpos. Gastamos más energía haciendo tareas básicas cotidianas, como caminar, correr y trabajar. Necesitamos agua para mantenernos con vida, y a veces necesitamos más agua solo para mantener un cuerpo sano.

Necesitamos una dosis regular de la gracia de Dios como nuestro cuerpo necesita agua para sobrevivir. Cuando confesamos nuestros pecados, el Señor nos dice que Él es misericordioso y rápido para perdonar, echa de nosotros nuestras transgresiones tan lejos como está el este del oeste. Experimentamos el renuevo del espíritu que proviene de saber que hemos sido hechos limpios y puros, y no por ningún esfuerzo propio sino totalmente por la gracia de nuestro Padre.

Asegúrese hoy de que su alma se mantenga hidratada con la gracia de Dios. Dígale lo que le preocupa y pida perdón por sus pecados. Beba del Agua Viva de su misericordia y su bondad.

INTERACCIÓN DIARIA ▾

**CONÉCTESE:** Hoy proporcione una copa de Agua Viva a alguien en la Internet, compartiéndole un versículo, un concepto o una oración contestada en esta semana.

*Purifícame con hisopo, y quedaré limpio; lávame, y quedaré más blanco que la nieve. Anúnciame gozo y alegría… Aparta tu rostro de mis pecados y borra toda mi maldad.*

Salmo 51:7-9

▼ DEVOCIÓN

## Dejar que nieve

A menos que usted viva en la alta montaña o el hemisferio sur, probablemente no esté acostumbrado a ver la nieve en junio. Sin embargo, cuando confesamos nuestros pecados ante el Señor y le pedimos su perdón, podemos conocer la limpia y blanca frescura de la nieve en nuestros corazones durante todo el año.

Cuando albergamos pecado en nuestras vidas, comenzamos a sentirnos cansados, sucios y agobiados por el peso de nuestro egoísmo. Si se nos deja hacer lo que nos dé la gana, podemos tratar de hacer las paces, leer libros de superación personal y justificar nuestros errores. Pero solo Dios puede perdonarnos y hacernos nuevos otra vez. Solo Él nos puede limpiar y hacernos sentir tan hermosos como un campo lodoso cubierto por la nieve. Dedique algún tiempo a confesar sus pecados ante el Señor, y pídale que blanquee su corazón como la nieve.

INTERACCIÓN DIARIA ▼

**CONÉCTESE:** Envíe un mensaje alguien que necesita un poco de "nieve" en su vida y anímele a buscar el perdón de Dios por sus pecados.

## 7 de junio

*El sacrificio que te agrada es un espíritu quebrantado; tú, oh Dios, no desprecias al corazón quebrantado y arrepentido.*
SALMO 51:17

DEVOCIÓN ▾

# Un nuevo comienzo

Los electrodomésticos dejan de funcionar, los teléfonos mueren, los coches se destrozan y el mobiliario necesita nuevo tapizado y pintura. A menudo es más fácil y más rentable descartar algo roto y comprarlo nuevo, en lugar de invertir tiempo y dinero en la reparación del viejo. ¿Por qué molestarse con el inconveniente de arreglar una cafetera rota cuando se puede tirar a la basura y comprar una nueva por el precio de unas cuantas libras de café?

Sin embargo, la gente no puede tirarse y desecharse. Aunque otros puedan juzgarnos o nosotros a ellos, con frecuencia es nuestra propia condenación, alimentada por las acusaciones del enemigo, la que bloquea nuestra restauración. A veces despreciamos nuestro quebrantamiento y odiamos sentirnos tan débiles y derrotados. Desearíamos tener el poder de controlar nuestras vidas y hacer que las cosas funcionen de la manera que queremos que funcionen. Desearíamos poder abandonar nuestro viejo yo y tener un nuevo comienzo.

Con Dios, esto es exactamente lo que conseguimos. Él ha prometido no abandonarnos ni desampararnos jamás. Se ha comprometido a perdonar nuestros pecados, sanar nuestras heridas y bendecirnos con una vida abundante.

INTERACCIÓN DIARIA ▾

**CONÉCTESE:** Ofrezca reparar algo que alguien tiene roto, se trate de un electrodoméstico o de una promesa.

## 8 de junio

*Pues aunque el ejercicio físico trae algún provecho, la piedad es útil para todo, ya que incluye una promesa no solo para la vida presente sino también para la venidera.*

1 Timoteo 4:8

▼ DEVOCIÓN

# Ejercicios espirituales

Usted no puede desplazarse por una página de inicio del navegador sin ver al menos uno o dos artículos sobre dieta, ejercicio, vida sana y longevidad. La gente quiere sentirse mejor al perder peso, realizar ejercicio cardiovascular, entrenamiento con pesas y descansar lo suficiente. Todos estos esfuerzos aumentan nuestra calidad de vida, pero, en general, también extienden nuestros años en la tierra. La mayoría de nosotros queremos vivir más tiempo, disfrutar nuestra salud el mayor tiempo posible en la vejez, mucho más allá de la jubilación.

Si bien estas actividades promueven la buena salud física, nuestros ejercicios espirituales no solo mejoran nuestra vida ahora, sino en la otra vida eterna. No estamos orando, estudiando la Palabra de Dios, adorando y sirviendo a otros por mera obediencia, sino por el cambio que está teniendo lugar en nosotros a medida que crecemos más profundamente en amor con Dios. Por medio de nuestro entrenamiento espiritual, nuestra fe se vuelve más fuerte.

Llegamos a ser más como Cristo, dando todo lo que podemos dar a quienes nos rodean. Haga que hoy su ejercicio espiritual sea tan riguroso como cualquier ejercicio físico.

INTERACCIÓN DIARIA ▼

**CONÉCTESE:** Comparta hoy un versículo favorito de los Salmos que exprese lo que usted siente en su relación con Dios.

## 9 de junio

*Que nadie te menosprecie por ser joven. Al contrario, que los creyentes vean en ti un ejemplo a seguir en la manera de hablar, en la conducta, y en amor, fe y pureza.*
1 TIMOTEO 4:12

DEVOCIÓN ▼

# Ser un ejemplo

Se trate de un nuevo trabajo, un nuevo rol, o un nuevo equipo, a todos nos gusta ser reconocidos por nuestra contribución al éxito de nuestra organización. Queremos ser acogidos, aceptados y apreciados por nuestra capacidad de mejorar la productividad, elevar la moral y resolver problemas.

En una nueva posición, sin embargo, a menudo es un reto demostrar lo que vale. Usted no quiere hablar demasiado y parecer como si no valorara el escuchar. Pero no quiere resultar demasiado tranquilo y reservado, o peor aún, distante. Usted quiere demostrar sus habilidades sin parecer arrogante o presumido.

La mayoría de los líderes están de acuerdo en que la mejor manera de mostrar su valor a sus compañeros de trabajo, amigos y pares es liderar con el ejemplo. La comunicación es importante y no se puede ignorar. Pero lo que hace habla más fuerte que lo que dice. Los demás estarán atentos a ver si ambos coinciden, pero, lo más importante, estarán aprendiendo lo que a usted lo motiva.

Muestre hoy a otros cómo usted está investido del poder de Dios para esforzarse por la excelencia en todo lo que hace.

INTERACCIÓN DIARIA ▼

**CONÉCTESE:** Envíe un correo electrónico de aliento a un amigo más joven, estudiante o cristiano nuevo, y ofrézcale su ayuda de cualquier manera que pueda.

*Es cierto que con la verdadera religión se obtienen grandes ganancias, pero sólo si uno está satisfecho con lo que tiene. Porque nada trajimos a este mundo, y nada podemos llevarnos. Así que, si tenemos ropa y comida, contentémonos con eso.*

1 Timoteo 6:6-8

▾ DEVOCIÓN

## Una actitud de gratitud

La mayoría de nosotros necesitamos mucho menos de lo que tenemos para sobrevivir. Tenemos la bendición de tener casas, comida, calefacción y refrigeración, electricidad y ropa. Y a pesar de que nuestra cultura frecuentemente nos anima a acumular posesiones materiales y riqueza, la realidad sigue siendo la misma para todos nosotros. Cuando morimos y nuestro cuerpo mortal expira, no podemos llevarnos nada: ni un dólar, ni una dona, ni un bolso de marca. Entramos en el mundo sin posesiones, y lo dejaremos de la misma manera.

Con esta toma de conciencia ante nosotros, una vez más se nos puede recordar el no dar nada por sentado. Todo lo que tenemos es un regalo de Dios. Él nos pide que seamos administradores, no dueños, y que disfrutemos de sus bendiciones sin ser consumidos por ellas. Cuando mantenemos esta actitud generosa de gratitud, no damos nada por sentado.

Observe hoy las muchas bendiciones que normalmente da por sentadas: cosas tales como agua potable, alimentos frescos, una cama tibia y gente que lo ama.

INTERACCIÓN DIARIA ▾

**CONÉCTESE:** Vaya hoy a JesusDaily.com y postee una lista actualizada de elementos por los que usted está especialmente agradecido e invite a otros a agregar más.

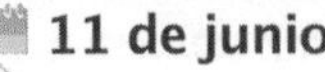

## 11 de junio

*Porque el amor al dinero es la raíz de toda clase de males. Por codiciarlo, algunos se han desviado de la fe y se han causado muchísimos sinsabores.*

1 Timoteo 6:10

DEVOCIÓN ▼

# El amor al dinero

Cuando una mala hierba se arraiga en su jardín, drena los nutrientes del suelo quitándoselos a otras plantas, tales como flores o verduras. Muchas malezas suelen ligarse alrededor de las raíces de otras plantas para sujetarse más profundamente al suelo. No solo ahogan las otras plantas, sino que además se fijan al suelo. Con el tiempo, reemplazan la flor y sus sistemas naturales de supervivencia con sus propias raíces, brotes y zarcillos.

El amor al dinero y la búsqueda de él pueden ser una enorme maleza en nuestro jardín espiritual. Con espinas que lo enredan y codicia que crece como diente de león, el deseo de riqueza puede bloquear su visión, alterar su camino y matar su corazón. No hay nada que pueda ahorrar, comprar o gastar, que pueda llevar con usted para la eternidad. Solamente el fruto del Espíritu que usted cultiva ahora va a perdurar.

Pase tiempo hoy cuidando su jardín espiritual, eliminando la mala hierba de la codicia.

INTERACCIÓN DIARIA ▼

**CONÉCTESE:** Haga hoy una donación a su iglesia, a una obra de caridad, o a un ministerio, algo más que su diezmo habitual.

## 12 de junio

*El corazón tranquilo da vida al cuerpo, pero la envidia corroe los huesos.*

Proverbios 14:30

▾ DEVOCIÓN

# Ninguna comparación

Las películas, los programas de televisión y los comerciales, todos, nos animan a compararnos con los actores, celebridades y modelos que vemos. No hace falta decir, sin estilistas, sin ropa de marca, ni Photoshop, nos quedamos cortos. Nos sentimos insatisfechos con nuestras vidas y nos preguntamos qué falta. Inevitablemente, hacemos una nueva compra o al menos enfrentamos la tentación de comprar algo que ayudará a que nos sintamos mejor con nosotros mismos.

De manera similar, cada vez que navegamos por Facebook o páginas personales, estamos tentados a comparar. Todo el mundo parece tan feliz y exitoso en sus fotografías cuando viajan a lugares exóticos, conocen a otras personas exitosas, y por lo general disfrutan de una vida increíble. Sus familias parecen felices y sanas, con ganas de estar juntos y disfrutar de su mutua compañía. Nuestras vidas no pueden ni deberían compararse. Esas son fantasías, sean proyectadas por personas que tratan de hacer dinero con nuestra envidia e inseguridad o por nuestra propia imaginación.

Dios provee todo lo que usted necesita. No pierda de vista hoy lo que usted tiene por estar concentrado en lo que no tiene.

INTERACCIÓN DIARIA ▾

**CONÉCTESE:** Escriba un correo electrónico a alguien a quien usted envidia, y dígale lo que usted le envidia. Puede ser sabio no enviarlo.

 13 de junio

*Y Dios puede hacer que toda gracia abunde para ustedes, de manera que siempre, en toda circunstancia, tengan todo lo necesario, y toda buena obra abunde en ustedes.*

2 Corintios 9:8

DEVOCIÓN ▼

## Totalmente equipados

Es difícil coser una prenda de vestir, construir un mueble o reparar un motor sin las herramientas adecuadas. Desde tijeras de sastre hasta una sierra vaivén, desde una llave de tubo hasta una máquina de coser, las herramientas adecuadas ahorran tiempo y energía, y proveen a los trabajadores el máximo de eficiencia.

Aunque no siempre podemos sentirnos tan preparados como nos gustaría para hacer frente a un problema o ministrar a otros, Dios siempre nos equipa con lo que necesitamos. A veces esto puede requerir que seamos ingeniosos, creativos e innovadores, lo cual es en sí mismo parte de su plan. Pero nunca debemos sentirnos inseguros o temerosos de hacer lo que Él pide porque no tengamos las herramientas adecuadas.

Usted está equipado con todo lo que hoy necesita para cumplir los propósitos de Dios.

INTERACCIÓN DIARIA ▼

**CONÉCTESE:** Postee una breve descripción de su herramienta o recurso favorito de Internet y por qué le gusta.

## 14 de junio

*Enséñame a hacer tu voluntad, porque tú eres mi Dios. Que tu buen Espíritu me guíe por un terreno sin obstáculos.*

Salmo 143:10

▼ DEVOCIÓN

# Un camino llano

Trepar colinas es algo difícil. Si alguna vez lo ha intentado con una pendiente pronunciada durante una excursión, y más aun si ha escalado una montaña, usted sabe lo difícil que puede ser. Le duelen las pantorrillas, le duelen las piernas, las caderas se cansan de inclinar el cuerpo hacia delante para mantener el equilibrio. Ir cuesta abajo es más fácil en el sentido de que la gravedad puede ayudarle; sin embargo, el efecto en su cuerpo, especialmente en las rodillas, es aun mayor.

El terreno llano, por supuesto, nos proporciona una superficie uniforme y equilibrada para caminar o correr. No tenemos que esforzarnos mucho para subir o bajar. No tenemos que emplear más energía para superar los obstáculos en nuestro camino.

El camino de Dios es llano. Él nos guía por la ruta que nos llevará en el viaje para el que hemos sido equipados. Habrá todavía algunos baches en el camino y algún desvío ocasional, pero no tendremos que pasar por sobre las montañas. Sea que estemos frente a una montaña o grano de arena, el Señor ha ido delante de nosotros y nos ha hecho un camino que lo atraviesa.

INTERACCIÓN DIARIA ▼

**CONÉCTESE:** Chatee o mantenga una videoconferencia con un amigo y planifique dar un paseo, correr, o hacer una corta caminata juntos a fines de este mes.

## 15 de junio

*Por tanto, si sienten algún estímulo en su unión con Cristo, algún consuelo en su amor,... llénenme de alegría teniendo un mismo parecer, un mismo amor, unidos en alma y pensamiento.*

FILIPENSES 2:1-2

DEVOCIÓN ▾

# Comunidad

Frecuentemente la tragedia es lo que nos une en estos días. Con la violencia en nuestras escuelas y lugares públicos, con los desastres naturales que hacen estragos, y con terribles crímenes que reclaman vidas, nos reunimos para llorar, lamentar y reagruparnos. A veces nos reunimos a tomar medidas y evitar que la calamidad vuelva a suceder. Otras veces, sencillamente nos unimos para servir, restaurar y reconstruir.

Aunque la unidad nacida de la tragedia nos ayuda a sobrevivir y recuperarnos, no debemos esperar a que haya una pérdida compartida para reunirnos como comunidad. Podemos mostrarnos el amor de Cristo unos a otros sin otra razón que ejercitar nuestro corazón gozoso y obediente.

Cuando somos uno en espíritu y estamos unificados por las creencias compartidas, nos hacemos más fuertes que un individuo. Dios está entre nosotros y promete bendecirnos con su presencia. Podemos satisfacer las necesidades mutuas y experimentar la transformación que viene tanto del dar como del recibir.

INTERACCIÓN DIARIA ▾

**CONÉCTESE:** Halle en la Internet un grupo que comparta su fe en Cristo y sirva a otros de alguna manera significativa.

## 16 de junio

*Vengan, síganme "les dijo Jesús", y los haré pescadores de hombres. Al instante dejaron las redes y lo siguieron.*

MATEO 4:19-20

▼ DEVOCIÓN

# Buena pesca

Usted no necesita enviar una orden de pago por un producto anunciado a altas horas de la noche en la televisión por cable para saber que algunos artículos que compra no son iguales a lo que se prometió en el comercial. Lo que en el anuncio parecía sólido, robusto, tecnológicamente de avanzada y eficiente, en realida parece endeble, barato y que consume tiempo.

Es un ejemplo clásico de lo que se suele llamar "dar gato por liebre". Se promete una cosa pero se sustituye y se entrega otra de menor valor. Y los extensos comerciales nocturnos no son los únicos en utilizar esa táctica. Los políticos, los líderes empresariales, y sitios web de ventas también se conocen por usar esta práctica muy poco ética de colgar una zanahoria, pero entregar una piedra.

Dios nunca utiliza la técnica del "gato por liebre" en su relación con nosotros. De hecho, es justamente lo contrario. Cuando aceptamos el regalo de la salvación y aceptamos a Cristo en nuestros corazones, tenemos más de lo que jamás imaginamos: una vida abundante con propósito y gozo en esta vida y después vida eterna con Dios en el cielo.

INTERACCIÓN DIARIA ▼

**CONÉCTESE:** Escriba un correo electrónico a alguien que no conoce al Señor. Compártale el evangelio de una manera que haga clara y relevante la gracia de Dios.

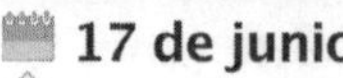

## 17 de junio

*Y ahora, queridos hijos, permanezcamos en él para que, cuando se manifieste, podamos presentarnos ante él confiadamente, seguros de no ser avergonzados en su venida.*

1 JUAN 2:28

DEVOCIÓN ▾

# Una fe que apropiada

Cuando la ropa encoge, ya no nos queda correctamente. Tal vez lavamos un tejido delicado con agua caliente o quizás la prenda no estaba bien confeccionada. Cualquiera sea el caso, cuando algo se empequeñece en el talle, es difícil de usar, hace mal y es incómodo.

Cuando nuestra fe se encoge, además se siente demasiado pequeña para los desafíos que enfrentamos en la vida. Nuestras dudas empujan a través de la tela y desgarran las costuras de lo que creemos y valoramos profundamente. Nuestras pérdidas y decepciones crean bandas apretadas que exprimen nuestro compromiso con Dios como una pretina demasiado pequeña.

De la única manera que podemos sobrevivir a las pruebas y triunfos de la vida es con una fe apropiada. Como una prenda hecha a medida, requiere atención diaria.

Debemos invertir en nuestra relación con nuestro Padre si esperamos perseverar en los tiempos difíciles y confiar en Él. Es difícil confiar en alguien a quien usted no conoce.

No permita que su fe se encoja. Invierta en ella hoy pasando tiempo con el Señor en oración y estudio de la Biblia.

INTERACCIÓN DIARIA ▾

**CONÉCTESE:** Busque en la Internet un estudio bíblico o comentario que complemente el versículo anterior u otro pasaje de la Escritura que usted haya estado estudiando.

*...consideren bien todo lo verdadero, todo lo respetable, todo lo justo, todo lo puro, todo lo amable, todo lo digno de admiración, en fin, todo lo que sea excelente o merezca elogio.*

FILIPENSES 4:8

▼ DEVOCIÓN

## Cosas buenas

Con tantas violentas imágenes gráficas como hay en nuestras vidas hoy, no es de extrañar que a menudo nos sintamos ansiosos y asustados. Desde los videojuegos hasta las series policiales, desde los anuncios hasta los relatos de las noticias, somos bombardeados con dolor físico, sufrimiento humano, e imágenes perturbadoras.

Ahora más que nunca, debemos practicar el único remedio para el alma: la verdad de la Palabra de Dios, la belleza de su creación, y el tiempo a solas con Él. Una vez que una imagen está en nuestra mente, no podemos quitarla. Podemos tratar de olvidarla, pero sigue estando dentro de nosotros. La única manera en que podemos superar nuestro miedo, preocupación, e impacto es someterlos al Señor.

Concéntrese hoy en las cosas buenas que Dios está haciendo a su alrededor. Medite en su Palabra y en la poderosa y positiva transformación que Él está obrando en su vida. Celebre las maravillosas maneras en que está proveyendo para los necesitados, sanando a los enfermos y consolando a los que están solos.

INTERACCIÓN DIARIA ▼

**CONÉCTESE:** Visite JesusDaily.com, y pida a otros que compartan algunas de las emocionantes cosas maravillosas que Dios está haciendo actualmente en sus vidas.

## 19 de junio

*Ustedes han oído que se dijo: "Ama a tu prójimo y odia a tu enemigo". Pero yo les digo: Amen a sus enemigos y oren por quienes los persiguen.*

MATEO 5:43-44

DEVOCIÓN ▼

# Amar a nuestros enemigos

Frecuentemente nos resulta difícil pensar como enemigos a personas que están en nuestras vidas. Puede deberse en parte al hecho de que tendemos a pensar en los enemigos como bandidos, criminales y gente malvada que tiene la intención de hacernos daño. Darth Vader, Voldemort y los orcos son fáciles de odiar en la página o en la pantalla. Rara vez nuestros villanos de la vida real son tan definidos e identificables.

De hecho, debemos darnos cuenta de que nuestros enemigos pueden ser simplemente personas que son hostiles o poco amistosas con nosotros. Estos enemigos cotidianos pueden estar sencillamente inmersos en sus propios intereses egoístas, competencias personales y venganzas insignificantes. En este sentido, el camarero grosero, el compañero de trabajo manipulador y la vecina chismosa también pueden ser nuestro enemigo. Estas personas necesitan experimentar el amor de Dios, tanto como cualquier criminal empedernido.

Muestre hoy el amor de Cristo a alguien que no lo trata con amabilidad.

INTERACCIÓN DIARIA ▼

**CONÉCTESE:** Envíe un mensaje a alguien que demuestra el amor de Jesús hacia otros y dígale lo mucho que puede ver a Jesús a través de lo que hace.

*Pues por medio de él tenemos acceso al Padre por un mismo Espíritu.*

EFESIOS 2:18

▾ DEVOCIÓN

## Todo el tiempo

Aunque ahora la tecnología nos permite llamar, enviar correos electrónicos, mensajes de texto y tener videoconferencias unos con otros en todo el mundo y hasta en el espacio, puede ser que no podamos ponernos en contacto con todas las personas que desearíamos. Los líderes mundiales, las celebridades, los actores y los directores ejecutivos de las empresas, por lo general, tienen filtros en sus sitios para asegurarse de nadie pueda acceder a ellos directamente. De lo contrario, sus fans, seguidores, amigos, así como los oportunistas, los bombardearían continuamente con mensajes. El Único que verdaderamente merece un nivel tal de autoridad y privilegio ha hecho justamente lo contrario. Dios está disponible y accesible para todos, en todas partes y en cualquier momento, 24/7/365. Dios nos permite hablar con Él directamente. No tenemos que sacar un turno o llamar con antelación. Él está ansioso y esperando hablar con nosotros, en cualquier momento y todo el tiempo.

INTERACCIÓN DIARIA ▾

**CONÉCTESE:** Elija una persona prominente que usted admira o sigue y trate de enviarle un correo electrónico o llamarlo. Considere lo que va a decir o a preguntar ¡en caso de que logre comunicarse!

# 21 de junio

*Pero cuando venga el Espíritu Santo sobre ustedes, recibirán poder y serán mis testigos tanto en Jerusalén como en toda Judea y Samaria, y hasta los confines de la tierra.*

HECHOS 1:8

DEVOCIÓN ▾

## Compartir su historia

Los testigos oculares de crímenes, desastres naturales y eventos espectaculares tienen más credibilidad que cualquier otra persona cuando informan lo que han visto. Otros pueden tener datos objetivos, especulaciones de segunda mano y comentarios descriptivos. Pero los testigos proporcionan información de primera mano, directa y personal de lo que han encontrado.

Cuando compartimos nuestra fe con otras personas, lo hacemos en calidad de testigos que tienen experiencia de primera mano de lo que estamos hablando. Aunque incluimos información objetiva y la verdad bíblica, está claro que nuestra motivación proviene del cambio que nosotros mismos hemos experimentado.

Cuando usted usa un producto nuevo por primera vez y le encanta, no puede esperar para decirles a otros que también lo prueben. ¡Cuánto más entusiasmados y motivados debemos estar con el deseo de compartir la noticia transformadora más significativa que tenemos: la gracia de Dios por medio del don de Cristo!

INTERACCIÓN DIARIA ▾

**CONÉCTESE:** CONÉCTESE con otro creyente y compartan lo que han visto hacer a Dios recientemente en cada una de sus vidas.

## 22 de junio

*El amor es paciente, es bondadoso…*

1 Corintios 13:4

▼ DEVOCIÓN

# La paciencia y la bondad

Alguien hace un regalo para usted—tal vez un cuadro, un jersey, o una silla—y pasa semanas y meses dibujando, tejiendo, y construyéndola. La familiaridad entre ustedes asegura que usted puede usar ese regalo, pero la inversión personal de ellos en él, asegura que a usted le va a encantar.

Han puesto tiempo, energía, corazón y alma al crear algo. No solamente gastaron dinero para este regalo especial; invirtieron de sí mismos en cada detalle.

Esta es la clase de amor que vemos que Cristo demostró, aumentado muchas veces, por supuesto. Él sabía que la paciencia sin bondad no tiene mucho invertido. Y la bondad sin paciencia puede no ser capaz de dar en el momento adecuado. Sin embargo, cuando la paciencia y la bondad se unen, se demuestra amor.

Infunda hoy su paciencia con bondad en los que lo rodean. Demuestre la clase de amor maduro que vemos en la vida de Cristo, la clase que Pablo describe en 1 Corintios 13.

INTERACCIÓN DIARIA ▼

**CONÉCTESE:** Postee una ilustración o figura que represente la paciencia y la bondad obrando juntas.

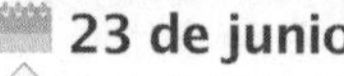

## 23 de junio

*Pues ustedes han muerto y su vida está escondida con Cristo en Dios.*

Colosenses 3:3

DEVOCIÓN ▾

# Pruebas en trofeos

Cuando aceptamos a Cristo y lo seguimos, nuestros pecados son perdonados y nuestro pasado queda enterrado. Sin embargo, a menudo seguimos viviendo como si nuestras luchas pasadas siguieran teniendo poder sobre nosotros. Como un monstruo de una película, nuestros errores vuelven a la vida. Así que seguimos tratando de reprimirlos, negarlos, y mantenerlos bajo tierra, solo para encontrarnos luchando con ellos poco después.

En lugar de considerar nuestros errores pasados como algo horrible que debemos matar y enterrar, tal vez sería mejor repensar la forma en que vemos las cosas. ¿Si usted viera sus ofensas pasadas como semillas de redención, bulbos que se plantan en el suelo de la gracia y son regados por el amor del Padre? No tiene que seguir enterrando semillas y bulbos; lo hace una vez y luego espera a que surjan y traigan nueva vida. Las flores, brotes y ramas que dan como resultado no se parecen en nada a las semillas y a los bulbos de los que surgieron. Dios está haciendo algo hermoso de su pasado. Usted no tiene que huir de sus antiguos errores. Solamente entrégueselos al Señor y deje que Él los transforme.

INTERACCIÓN DIARIA ▾

**CONÉCTESE:** Envíe un correo electrónico y anime a alguien que está luchando, al compartir una manera en que Dios ha redimido algo de su pasado.

*He disipado tus transgresiones como el rocío, y tus pecados como la bruma de la mañana. Vuelve a mí, que te he redimido.*

Isaías 44:22

▼ DEVOCIÓN

## Redimidos

Sin importar donde usted viva, probablemente ha experimentado algunos cambios drásticos en el clima. Los residentes de muchos lugares suelen bromear que experimentan las cuatro estaciones en un solo día. "Si no te gusta el clima", suelen decir, "solo espera una hora y ve si te gusta entonces". De despejado a nublado, de calor a frío, de soleado a lluvioso, la atmósfera parece en constante fluctuación, dejándonos adivinar qué esperar de los elementos.

Aunque los patrones climáticos cambian frecuente y rápidamente, la misericordia y el perdón de Dios son permanentes. Cuando Él disipa sus pecados como una nube o bruma, podemos saber que es para siempre, no solo hasta que se desplace el siguiente frente frío.

No tenemos que acarrear nuestros pecados, culpa, vergüenza, y rechazo con nosotros. Como los dibujos de tiza en una acera, se disuelven cuando la lluvia purificadora los limpia. Dios siempre está dispuesto a perdonarnos y a restaurarnos. No importa qué estación del año sea, llueva o truene.

INTERACCIÓN DIARIA ▼

**CONÉCTESE:** Conéctese con un amigo de otra parte del mundo y compare su clima con el de él. Compártale lo agradecido que está de que el amor de Dios nunca cambie.

## 25 de junio

*Por lo tanto, ya no hay ninguna condenación para los que están unidos a Cristo Jesús.*
ROMANOS 8:1

DEVOCIÓN ▼

# Perdonarse

Edificios y casas declarados en ruina suelen permanecer vacíos, deteriorándose, cayendo en el abandono, y en espera hasta que puedan ser destruidos o demolidos. Tales sitios son una vista sumamente desagradable, sombras imperfectas de su antigua gloria cuando eran nuevos, fuertes, firmes y recién pintados.

Demasiado a menudo nos tratamos como un edificio que ha sido declarado inhabitable, en vez de como una casa que ha sido renovada y restaurada. Dios nos perdona, nos ama y nos brinda nueva vida. Lo viejo pasó; Él está haciendo algo nuevo en nosotros. Pero, por lo general, nos creamos un enorme desafío simplemente porque no estamos dispuestos a perdonarnos a nosotros mismos, aunque Dios ya lo ha hecho.

Nuestro estándar seguramente no es mayor que el de Dios, ¿verdad? No, su estándar es la santidad. Y a través del don de su Hijo, Jesús, nuestro Padre proveyó el supremo y firme fundamento para nuestra fe.

INTERACCIÓN DIARIA ▼

**CONÉCTESE:** Vaya a JesusDaily.com y póngase en contacto con un amigo de confianza o un compañero de rendición de cuentas con respecto a un área de su vida con la que lucha.

# 26 de junio

*Servir al pobre es hacerle un préstamo al Señor; Dios pagará esas buenas acciones.*

Proverbios 19:17

▼ DEVOCIÓN

## Pasarlo

Dios provee constantemente para nuestras necesidades. Y nos permite participar en este proceso al ayudarnos unos a otros compartiendo lo que nos ha dado con quienes nos rodean. Cuando permitimos que nuestras vidas sean conductos de bendiciones y no contenedores de almacenamiento, experimentamos constantemente más bendiciones que reemplazan a las que estamos regalando y pasando a otras personas. Cualquier contenedor, por muy grande que sea, tiene limitaciones. Con el tiempo, se llena y no puede almacenar más.

Un conducto, un corredor, o canal, en cambio, transporta lo que lleva. No fue diseñado para mantener y almacenar su contenido. Se trate de electricidad, agua, datos de la Internet, los conductos transfieren su material y se mantienen activos, dinámicos y altamente funcionales. Los contenedores, por otro lado, pueden estancarse, estar inertes e inoperantes.

No compartimos lo que tenemos con otros para conseguir otra cosa. Es, ante todo, que el proceso de dar nos bendice tanto como recibirlo. Los conductos corren en ambas direcciones. Los contenedores no.

INTERACCIÓN DIARIA ▼

**CONÉCTESE:** Haga conocer a otras personas la página *Jesus Daily*. Compártales por qué la disfruta tanto y cómo Dios la ha usado para bendecirlo.

## 27 de junio

*[Dijo Jesús] No se angustien. Confíen en Dios, y confíen también en mí.*

JUAN 14:1

DEVOCIÓN ▼

# Elegir confiar

A veces olvidamos cuánto control tenemos sobre el estado de nuestros corazones. Jesús nos dijo que no dejemos que nuestros corazones se angustien. No dijo que usted no sienta lo que siente o que ignore sus problemas. Dijo que confiemos en Él. No podemos presionar un interruptor y hacer que nuestros corazones no se preocupen y estén aliviados, pero podemos decidir no concentrarnos en nuestros problemas y preocupaciones. Podemos decidir confiar en Él y dar el siguiente paso, sea cual fuere.

Cuando nos concentramos en nuestras preocupaciones, solo logramos evitar que nuestros corazones experimenten la paz de Dios. Si optamos por confiar en Él, nuestros sentimientos seguirán el camino de nuestros pensamientos. No podemos presionar un interruptor y hacer que desaparezcan nuestros problemas o cambiar nuestras emociones. Pero podemos controlar la forma en que reaccionamos y las decisiones que tomamos en respuesta a nuestras circunstancias.

Hoy, cuando esté tentado a preocuparse, tome la decisión de confiarle a Dios todo lo que está causando su preocupación.

INTERACCIÓN DIARIA ▼

**CONÉCTESE:** Postee una solicitud para que otros compartan sus versículos preferidos cuando luchan con la ansiedad.

*Pues los sufrimientos ligeros y efímeros que ahora padecemos producen una gloria eterna que vale muchísimo más que todo sufrimiento.*

2 Corintios 4:17

▼ DEVOCIÓN

## El proceso de dar a luz

Las madres experimentan enormes molestias físicas durante alrededor de nueve meses para traer un bebé a este mundo. A veces, su sufrimiento asciende a un dolor atroz que se percibe como insoportable. No pueden dormir cómodamente, no puede comer normalmente, y no puede moverse al mismo ritmo que antes. Y a medida que su bebé crece y se desarrolla dentro de ellas, el dolor y la incomodidad de la madre se incrementa, hasta el trabajo de parto y el alumbramiento.

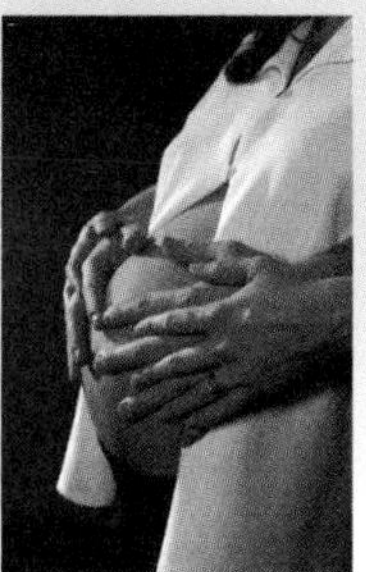

Con frecuencia no podemos ver lo que Dios está gestando en nuestras vidas. Solo sabemos que estamos luchando con los nuevos desafíos y con obstáculos inesperados. Ocurren cambios que no sabemos cómo aceptar. Así que tenemos que crecer en ellos y confiar en Dios a cada paso del camino.

Podemos estar incómodos y molestos por nuestras circunstancias, pero nunca debemos olvidar que Dios está creando algo que no siempre podemos ver.

INTERACCIÓN DIARIA ▼

**CONÉCTESE:** Asegure a alguien que afronta la angustia que su sufrimiento tiene significado.

## 29 de junio

*Todo esto demuestra que el Señor sabe librar de la prueba a los que viven como Dios quiere.*

2 Pedro 2:9

DEVOCIÓN ▼

# Los porqués de la vida

A menudo cuando afrontamos una prueba en nuestras vidas, preguntamos: "¿Por qué? ¿Por qué me pasó esto a mí? ¿Por qué ahora? ¿Cuál es el propósito de esto?" Algunas veces estamos tan absortos concentrados en por qué sucedió algo que perdemos de vista cómo superarlo.

Quizás nunca sepamos exactamente por qué ocurren ciertas cosas en esta vida. Sin embargo, tenemos que confiar en Dios, incluso cuando no tenga sentido alguno. A veces luchamos con nuestra fe porque nos gusta pensar que somos gente razonable, inteligente y lógica. Estamos bien informados, somos educados, y tecnológica y científicamente avanzados. Estamos acostumbrados a hallar respuestas y que sigan una clase de patrón o lógica.

Sin embargo, en materia de fe, a menudo estamos obligados a suspender nuestra insistencia en comprender, y en cambio aceptar confiar en el Señor. Eso puede sentirse frágil o incluso endeble a veces, y otras personas no siempre lo entenderán. Pero cuando tenemos una relación con Dios, conocemos su carácter, su corazón y su bondad. Él nos ama. Él se duele con nosotros. Y Él nos rescata. Aunque no sea de la manera en que queremos que lo haga.

INTERACCIÓN DIARIA ▼

**CONÉCTESE:** Llame o tenga una videoconferencia con un miembro de su familia que viva lejos y necesite que se le recuerde el vínculo que comparten.

*Hay un tiempo para toda obra y un lugar para toda acción.*

Eclesiastés 3:17

▼ DEVOCIÓN

## Sorpresas

Es increíble qué diferentes de lo que esperábamos pueden ser muchos días. Concertamos citas y programamos reuniones, anotamos llamadas en nuestros calendarios, y seguimos las rutinas, itinerarios y agendas. Pero la vida, otras personas y Dios siguen siendo sorprendentemente impredecibles. Aunque su carácter, poder y misericordia son los mismos ahora y para siempre, la forma en que nuestro Padre interactúa con nosotros a menudo requiere que Él nos sorprenda.

Creemos saber cómo administrar nuestro tiempo y qué esperar cada día, cada semana, cada mes y cada etapa de nuestras vidas. Pero la verdad es que solo Dios conoce el mejor tiempo para todo y todos. Podemos planear todo lo que queramos, siempre y cuando dependamos del tiempo de Dios para intervenir.

Nos ahorraríamos mucha frustración si no tratáramos de controlar el tiempo que se nos da cada día. Hoy, permita que Dios lo guíe de acuerdo al horario de Él y no al suyo propio.

INTERACCIÓN DIARIA ▼

**CONÉCTESE:** Intercambie historias con un hermano en la fe en JesusDaily.com, acerca de la forma en que usted ha visto el tiempo de Dios en el pasado reciente.

# JULIO

*Observa a los que son íntegros y rectos: hay porvenir para quien busca la paz.*

Salmo37:37

## 1 de julio

*Mil años, para ti, son como el día de ayer, que ya pasó; son como unas cuantas horas de la noche.*

SALMO 90:4

DEVOCIÓN ▾

# En su tiempo

¿Alguna vez se sintió como si no "registrara" el tiempo? Algunas semanas terminan antes de que usted lo sepa, y otras semanas parecen larguísimas. Quizás pueda recordar su quinta fiesta de cumpleaños con los paseos en pony con vívido detalle, pero la última Navidad parece haber sido hace mucho tiempo. El tiempo puede ser una medida, pero nunca nos va a dar una imagen completa de nuestras vidas.

Dios ve todo el tiempo a la vez. Él conoce cada momento como Ahora. No existe tal cosa como el retraso en el calendario de Dios. Todo está ocurriendo exactamente cuando debe, en el tiempo perfecto. Él ve el "cuadro completo": pasado, presente y futuro todo a la vez. Nunca entenderemos esto, pero, ¿podemos confiar en esto? Dios nos da oportunidades para confiar en Él todos los días, para creer que Él tiene todo bajo control y nada sucede por accidente. Usa todo en nuestras vidas, incluso el tiempo, para hacernos saber que Él tiene un plan para nosotros. Él nos da todo en su tiempo.

La próxima vez que usted esté atascado en el tránsito y se esté haciendo tarde, confíe en Dios lo suficiente como para decir: "Esto es perfecto".

INTERACCIÓN DIARIA ▾

**CONÉCTESE:** Mantenga en su diario un registro de las veces en que Dios le da exactamente lo que usted necesita en su tiempo perfecto.

## 2 de julio

*[Dijo Jesús] ¡Tengan cuidado—advirtió a la gente—. Absténganse de toda avaricia; la vida de una persona no depende de la abundancia de sus bienes.*

LUCAS 12:15

▼ DEVOCIÓN

# Mantenerse atentos

Todos hemos oído el chiste sobre el coche fúnebre seguido por un remolque para transportar sus propios bienes. La frase clave, "No puede llevarlo con usted", es un mensaje de que cuando usted muere, no importa la riqueza que haya obtenido en su vida. ¿Cuál será la medida de su vida? ¿Cómo podemos "cuidarnos" de la avaricia que puede invadir fácilmente nuestras vidas?

Cada uno de nosotros tiene un mensaje que Dios nos ha dado para nuestras vidas. Este mensaje es su regalo para el mundo a través de nosotros. Es la forma en que nos usa para impactar a otros. Cuando empezamos a pensar en lo que queremos, lo que podemos obtener para nosotros mismos, lo que podemos guardar para nosotros, ese mensaje se pierde. Jesús dice: "¡Cuídense!" Aparentemente es fácil desviarse si no nos mantenemos atentos. La concientización es notar, saber y comprender lo que está sucediendo a su alrededor (¡y en usted!). Cuando notamos avaricia, sabemos que nos hemos alejado del mensaje.

INTERACCIÓN DIARIA ▼

**CONÉCTESE:** Estudie en la Internet algunas de las grandes oraciones de cristianos como San Francisco, Juliana de Norwich, Jonathan Edwards, etc. Úselas para ayudarse a descubrir su propio mensaje.

## 3 de julio

*[Dijo Jesús] No acumulen para sí tesoros en la tierra… Más bien, acumulen para sí tesoros en el cielo…*
MATEO 6:19-20

DEVOCIÓN ▾

# Invertir en la eternidad

Los piratas almacenaban los tesoros en cofres del tesoro. Los banqueros ponen dinero en cajas fuertes. Los museos exhiben valiosas colecciones en vitrinas bajo la atenta mirada de un guardia. ¿Alguno de estos objetos preciosos perdurará? La Biblia habla de que "la polilla y el óxido" los destruyen, pero aunque permanezcan, ¿llevamos algo con nosotros cuando nos vamos de esta tierra? ¿Cuáles son los tesoros que se pueden almacenar en el cielo?

A menudo estamos condicionados para ahorrar y disfrutar de las posesiones, trofeos de estado y *souvenires* de nuestros logros. Independientemente de dónde y cómo almacenemos todo lo que acumulamos, no llevaremos nada con nosotros cuando nuestros cuerpos mortales expiren. Cuando mostramos compasión, perdón, misericordia y bondad a otros, invertimos en la eternidad, produciendo un dividendo celestial para nosotros y para el reino de Dios.

INTERACCIÓN DIARIA ▾

**CONÉCTESE:** Haga un plan con un amigo por la Internet para que cada uno ayude al otro a organizarse cuando ambos estén disponibles la próxima vez.

# 4 de julio

*Deléitate en el Señor, y él te concederá los deseos de tu corazón.*

Salmo 37:4

▼ DEVOCIÓN

## Declaración de dependencia

Hoy los Estados Unidos celebran el Día de la Independencia. Los estadistas que redactaron la Declaración de Independencia, el documento que proclama la libertad de los británicos, hicieron hincapié en la importancia de "la vida, la libertad y la búsqueda de la felicidad" para cada ciudadano. Estos ideales siguen siendo fundamentales hoy para los EE.UU., así como para muchos otros países democráticos de todo el mundo.

Sin embargo, a menudo nuestra "búsqueda de la felicidad" no es muy satisfactoria. Perseguimos cosas que esperamos que nos hagan felices solo para descubrir que el vacío interior persiste. Hemos sido creados para la relación con nuestro Creador, y nada—sean las posesiones materiales, los logros profesionales o el poder político—puede nunca llenar nuestros anhelos más profundos, sino Él.

Hoy, al celebrar la independencia de la nación norteamericana, o de su nación y dar gracias por los que han sacrificado sus vidas por su libertad, recuerde celebrar su dependencia del cuidado amoroso de su Padre.

INTERACCIÓN DIARIA ▼

**CONÉCTESE:** Comparta al menos un par de artículos de su lista de "Declaración de Dependencia" en JesusDaily.com.

## 5 de julio

*Ustedes necesitan perseverar para que, después de haber cumplido la voluntad de Dios, reciban lo que él ha prometido.*

HEBREOS 10:36

DEVOCIÓN ▾

# Cruzar la línea de llegada

Piense en algunos de los grandes atletas a quienes ve en los Juegos Olímpicos. Muchos de ellos tienen historias conmovedoras de superación de obstáculos para ser excelentes en su deporte. Sus amigos y familias pueden haber creído en ellos, o pueden haber sido abandonados en sus intentos de ser ganadores. Algunos de ellos tienen mucho talento natural. Algunos de ellos han tenido que trabajar el doble para llegar a donde están. La mayoría de ellos perdieron carreras antes de empezar a ganar. Cada persona es única, pero todos tienen algo en común. Han perseverado con obstinada determinación, y no se han dado por vencidos. Son campeones. No todos podemos ser atletas olímpicos. Tenemos otros recorridos y metas. La mayoría de nosotros no sabemos lo que nos espera en la línea de llegada. Se hace difícil seguir adelante, trabajar mucho, fallar y volver a levantarse, pero Dios nos pide que sigamos. Nuestra meta es agradar a Dios y hacer su voluntad—todos los días. Dios no nos pide que ganemos todas las carreras. Solo pide que crucemos la línea de llegada. Cualquiera puede darse por vencido, pero las recompensas de Dios, su complacencia, son para los que terminan. Nosotros también somos campeones.

INTERACCIÓN DIARIA ▾

**CONÉCTESE:** Tómese el tiempo para escribir en la Internet sobre un momento difícil de su vida. ¿Qué lo ayudó a seguir adelante?

## 6 de julio

*En realidad, Dios da sabiduría, conocimientos y alegría a quien es de su agrado.*
ECLESIASTÉS 2:26

▼ DEVOCIÓN

# Viajar con Jesús

Cuando estamos aprendiendo a nadar, es comprensible que podamos sentirnos un poco temerosos e incluso reticentes a entrar en la piscina. Pero después de un poco de tiempo y un montón de lecciones, no tenemos ningún problema al flotar y dominamos las brazadas que nos llevan a través del agua. Disfrutamos nadar. No podemos esperar a llegar a la piscina. Soñamos con competir y nos dedicamos a practicar y resistir. Nuestra capacidad de pronto parece mayor y va más allá de cuanto habíamos pensado lograr cuando empezamos en la clase de renacuajos.

Así es cuando comenzamos nuestro viaje con Jesús. No lo conocemos muy bien. Comenzamos a pasar tiempo con Él, y Él nos habla. Sentimos que nos conoce. Sentimos su amor cada vez más. Aprendemos cómo adorar. Nos acercamos más y más a Él. Lo deseamos por encima de todo. Él se ha convertido en nuestro deleite tanto como en nuestro deseo.

¿Cómo sucede esto? Cuando nos deleitamos en el Señor, pasamos tiempo con Él, como con un amigo. Hablamos con Él y Él nos habla. Nuestro amor crece y nuestro corazón quiere más y más de Él. Él nos da sumo placer y felicidad. Él se convierte en nuestro deseo.

INTERACCIÓN DIARIA ▼

**CONÉCTESE:** Organice una excursión, carrera, carrera de bicicleta, o picnic de grupo publicando una invitación en la Internet para sus amigos y familiares.

# 7 de julio

*Observa a los que son íntegros y rectos: hay porvenir para quien busca la paz.*
SALMO 37:37

DEVOCIÓN ▼

## Hoy

La mayoría de nosotros pasamos una considerable cantidad de tiempo planificando eventos futuros. Algunos son grandes proyectos y requieren una gran cantidad de detalles, como en el caso de una boda, una reunión de la empresa, o una reunión familiar. Otros son simplemente citas, reuniones rutinarias y eventos a los que queremos asistir. A menudo invertimos mucho tiempo, energía y dinero en nuestros proyectos futuros, pero pasamos por alto la oportunidad que tenemos ahora mismo.

Las acciones que usted realiza hoy siembran las semillas de su futuro. Sus hábitos diarios van a crear un impacto acumulativo en lo que usted haga mañana, la próxima semana, y el próximo año. Si practica la paz, la justicia y la bondad, ya sabe que el futuro dará paz, gozo y una relación más estrecha con su Padre.

Mientras está planeando para el futuro, no se olvide hoy de invertir en la eternidad.

INTERACCIÓN DIARIA ▼

**CONÉCTESE:** Inicie un debate con otros creyentes en *Jesus Daily* o en su propia página y pregunte: "¿Cómo se mantiene centrado en lo que Dios quiere que usted haga hoy?".

# 8 de julio

*Pero permitir que el Espíritu les controle la mente lleva a la vida y a la paz.*

Romanos 8:6, NTV

▾ DEVOCIÓN

## Control de la mente

¿Generalmente, quién controla su mente?

Considerar que nuestras mentes son controladas nos suena más bien ominoso, como a alienígenas o nano-chips implantados por espías como parte de una conspiración gubernamental. Esta clase de "control mental" puede aparecer con frecuencia en las historias de ciencia ficción y novelas de espionaje de la pantalla grande. Sin embargo, hay un sentido real en que aquello en lo que concentramos nuestro pensamiento va a determinar qué y quién controla la perspectiva de nuestras mentes.

Cuando nos concentramos en nuestros temores, responsabilidades, obligaciones y problemas, permitimos que nuestras mentes sean controladas por la ansiedad y la preocupación. Cuando permitimos que el Espíritu Santo de Dios controle nuestras mentes, experimentamos vida y paz, no preocupación y duda. Dios tiene todo bajo control, y debemos confiar en Él completamente: con nuestro cuerpo, alma y mente.

Considere hoy la forma en que sus pensamientos dan forma a sus expectativas y colorean su perspectiva.

INTERACCIÓN DIARIA ▾

**CONÉCTESE:** Conéctese con alguien en JesusDaily.com, y cada uno hágase responsable ante el otro de memorizar un pasaje favorito de las Escrituras.

## 9 de julio

*Dichosos más bien "contestó Jesús" los que oyen la palabra de Dios y la obedecen.*
LUCAS 11:28

DEVOCIÓN ▾

# Obedecer su Palabra

La mayoría de los padres pasa mucho tiempo diciéndoles a sus hijos qué hacer: tareas, deberes, actuar de cierta manera, asumir responsabilidad, presentar solicitudes de trabajo y en universidades. Y los padres suelen sentir que se repiten una y otra vez, sobre todo porque sus hijos no siempre actúan conforme a lo que oyen. En un mundo ideal, solo tendríamos que decirles una vez a nuestros hijos que hagan algo e inmediatamente nos obedecerían y lo harían.

Dios puede sentirse de esta manera sobre la forma en que lo escuchamos. Una cosa es que estudiemos nuestras Biblias, escuchemos enseñanza y predicación de las Escrituras, y memoricemos versículos. Pero otra cosa es que absorbamos la verdad de la Palabra de Dios en nuestros corazones y actuemos sobre esta verdad. Nuestro Padre quiere que le obedezcamos siguiendo el ejemplo de su Hijo, Jesús.

Si amamos a nuestro Padre y queremos agradarle, vamos a hacer algo más que oír lo que dice. Vamos a obedecer lo que nos pide que hagamos para Él.

INTERACCIÓN DIARIA ▾

**CONÉCTESE:** Pida a otros que lo ayuden a servir en una necesidad de su comunidad o iglesia, tal vez servir alimentos a personas sin hogar u organizar el transporte de personas mayores.

## 10 de julio

*En cambio, el amor de Dios se manifiesta plenamente en la vida del que obedece su palabra.*
1 JUAN 2:5

▼ DEVOCIÓN

# El Padre sabe todo

Son las 2:00 a.m. y usted está sentado ante una luz roja que no ha cambiado en más de dos minutos. Las carreteras están completamente desiertas, y usted puede ver casi una milla en cada dirección. ¿Sigue sentado ahí, esperando que la luz cambie a verde? ¿O sigue adelante y cruza el semáforo, ya que la razón (controlar el flujo de tránsito en una intersección concurrida) es invalidada ahí por lo tardío de la hora y el defectuoso temporizador del semáforo?

¿Cómo estaría influenciada su decisión por saber que no sería atrapado?

Gran parte de la razón por la cual obedecemos las reglas en la vida cotidiana se deriva de la lógica o la razón de ser de ellas. Cuando entendemos la razón de una regla, tal como la obvia necesidad de un semáforo para regular una concurrida intersección del tránsito, es fácil cumplir. Pero en nuestra relación con Dios podemos confiar en que sus órdenes son siempre justas y santas. Nuestro Padre sabe lo que es mejor para nosotros, sea que podamos ver o comprender su fundamento o no.

INTERACCIÓN DIARIA ▼

**CONÉCTESE:** En una sala de chat o cualquier otro lugar de la Internet, hable sobre las maneras en que las leyes del hombre y las leyes de Dios son diferentes.

## 11 de julio

*Porque Dios no considera justos a los que oyen la ley sino a los que la cumplen.*
ROMANOS 2:13

DEVOCIÓN ▾

# Una vida perfecta

A la mayoría de la gente le gusta creer que las leyes de su país son justas y equitativas. La validez de la ley se aplica a todos y exige la obediencia de ricos y pobres, profesionales y trabajadores, educados y sin educación por igual. Sin embargo, incluso en los países más democráticos, el sistema legal suele tener fisuras, zonas grises y funcionarios corruptos. Aunque en la teoría las leyes se aplican a todos por igual, la realidad es que a veces las personas inocentes sufren en el sistema, mientras que los culpables quedan libres.

La ley de Dios, sin embargo, se aplica a todos y nadie escapa a la justicia del Señor. Todos somos pecadores y condenados según la ley de Dios. Sin embargo, nuestro Padre nos amó tanto que envió a Jesús a recibir el castigo por nuestros pecados y a pagar el precio que no podíamos pagar. Por medio de la muerte de Cristo en la cruz y su resurrección, aunque todos somos culpables, sin embargo, todos podemos ser libres si aceptamos el regalo de la salvación.

Obedezca hoy la ley de Dios como una respuesta de amor a su gracia, misericordia y perdón. Él no espera que usted sea perfecto y cumpla con la letra de la ley; por eso vino Jesús. Dios solo quiere que lo ame lo suficiente como para obedecerle.

INTERACCIÓN DIARIA ▾

**CONÉCTESE:** Pídale a alguien que lo perdone por algo que usted hizo esta semana que lo hirió; usted perdone a alguien que ha hecho algo para herirlo.

## 12 de julio

*Por la palabra del Señor fueron creados los cielos, y por el soplo de su boca, las estrellas.*

SALMO 33:6

▼ DEVOCIÓN

# Por su aliento

Cuando mira hacia el cielo oscuro en una noche clara, normalmente puede ver cientos, no, miles de estrellas brillando. Como fogatas parpadeantes en una ladera a oscuras, la majestad celestial de la creación de Dios inspira pura admiración. Es imposible entender la distancia entre las estrellas y usted, y mucho menos el poder y la belleza de cada una.

Y sin embargo, el salmista nos dice que Dios solo tuvo que hablar y su aliento dio origen a los luceros celestiales. En otras palabras, la creación de billones y billones de estrellas no le requirió a Dios más esfuerzo que hablar y respirar. A la humanidad le lleva siglos idear y desarrollar cohetes y naves espaciales para llevarnos al espacio, mientras que a Dios solo le toma un momento respirar ¡y crear las galaxias!

No tenemos idea de lo poderoso, creativo y soberano que nuestro Dios es en realidad. Hoy, cada vez que mire al cielo, recuerde quién creó todo aquí en la tierra, así como por encima de ella.

INTERACCIÓN DIARIA ▼

**CONÉCTESE:** Postee una foto de su observación de estrellas o encuentre una foto de un cielo nocturno estrellado. Pida a otros que compartan sus propias fotos y constelaciones favoritas.

## 13 de julio

*Los cielos cuentan la gloria de Dios, el firmamento proclama la obra de sus manos.*
Salmo 19:1

DEVOCIÓN ▾

# Maravillas por todos lados

¿Recuerda cuando era niño, tendido en la hierba, cómo miraba y observaba las nubes desplazarse por el cielo? A veces, el cielo era azul y las nubes apenas parecían moverse, solo un poco a la vez, asumiendo formas como animales de circo y objetos gigantes. Otras veces, un cielo gris filtraba frenéticas nubes de tormenta que pasaban sobre usted, esperando descargar lluvia, truenos y relámpagos.

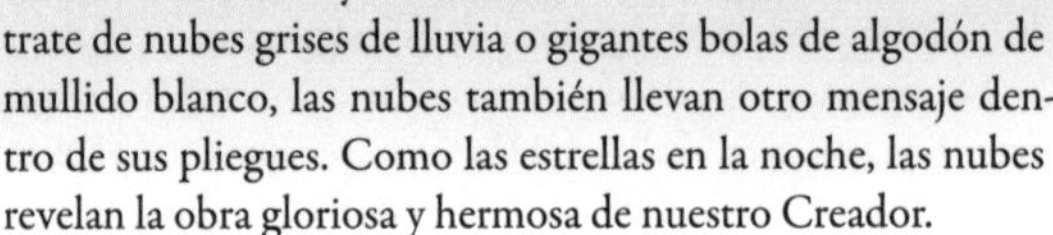

Hoy un cielo nublado nos puede llevar de nuevo a la infancia, cuando nos atrae identificar formas y rostros entre las formaciones de cúmulos y nimbos. Se trate de nubes grises de lluvia o gigantes bolas de algodón de mullido blanco, las nubes también llevan otro mensaje dentro de sus pliegues. Como las estrellas en la noche, las nubes revelan la obra gloriosa y hermosa de nuestro Creador.

Al igual que muchos de los elementos naturales que nos rodean, la mayoría de los días damos por sentado los cielos y las nubes. Y, sin embargo, como la firma de un artista en una obra maestra, nos instan a recordar la Fuente de tanta belleza.

INTERACCIÓN DIARIA ▾

**CONÉCTESE:** Comparta una foto de su observación de las nubes y pregunte a otros qué ven en las formas. Publíquelas con el versículo anterior u otro que refleje la gloria de Dios.

## 14 de julio

*Todo esto proviene de Dios, quien por medio de Cristo nos reconcilió consigo mismo y nos dio el ministerio de la reconciliación:*

2 Corintios 5:18

▼ DEVOCIÓN

# Reconciliado y reconciliador

Usted no tiene que ser un consejero o el ganador del Premio Nobel de la Paz para estar en el negocio de la reconciliación. Si es un seguidor de Jesús, automáticamente usted es una persona que reconcilia. Y en nuestro mundo de hoy, hay un montón de personas, grupos, tribus y naciones en conflicto entre sí. Incluso en nuestra vida cotidiana, no tenemos que ir muy lejos para hallar individuos que claramente tienen una postura combativa contra la mayoría de todos los que encuentran. Usted mismo puede sentirse así a veces.

Pero Dios está en el negocio del perdón, la reconciliación y la sanidad. Después de haber estado en desacuerdo con nosotros a causa de nuestro pecado, nuestro Padre sabía que la única manera de reconciliarse con nosotros permanentemente era pagar la deuda de una vez por todas. Y eso es lo que Cristo hizo por nosotros: Él es el supremo mediador, que conectó el cielo y la tierra, y cumplió una pena que nunca podríamos pagar.

Como seguidores de Jesús, debemos tratar de reconciliar a los que nos rodean. Las personas que están en conflicto, que no pueden estar de acuerdo, que tratan de resolver conflictos por medio de agresiones violentas necesitan saber que puede imperar la paz de Dios.

INTERACCIÓN DIARIA ▼

**CONÉCTESE:** Postee en la página *Jesus Daily* una imagen de cómo es para usted la reconciliación. Puede ser una suya propia o una que encuentre. Pida a otros que compartan también las de ellos.

## 15 de julio

*Muy de mañana me levanto a pedir ayuda; en tus palabras he puesto mi esperanza.*
SALMO 119:147

DEVOCIÓN ▼

# Esperar en Él

Algunas veces nos despertamos en medio de la noche y no podemos volver a dormir. Nuestra mente da vueltas con las citas, las responsabilidades y obligaciones del día siguiente. Nos preocupamos por el dinero y las facturas, por los seres queridos y por los problemas que se avecinan en el horizonte. Pronto, dormir parece imposible, así que seguimos adelante y nos levantamos a leer, tratando de calmar nuestras mentes frenéticas antes de que comience el día. Nuestro cansancio nos acompaña durante el día, y pronto volvemos a casa solo para repetir el proceso otra noche.

Cuando estamos preocupados y no podemos dormir, debemos clamar a Dios. Cuando nos despertamos temprano porque nuestras mentes y corazones están angustiados, debemos poner nuestra esperanza en lo que nuestro Padre ha prometido. Él está con nosotros y nunca nos dejará ni nos abandonará. Él tiene el control y está abocado a nuestro crecimiento para sus buenos propósitos.

Hoy usted puede descansar tranquilo sabiendo que su esperanza está en Dios y no en sus propios esfuerzos.

INTERACCIÓN DIARIA ▼

**CONÉCTESE:** Visite JesusDaily.com y pregunte a otros cómo manejan las noches de insomnio y comprométanse a orar unos por otros para tener un buen descanso esta noche.

## 16 de julio

*Hazme entender el camino de tus preceptos, y meditaré en tus maravillas.*

SALMO 119:27

▼ DEVOCIÓN

# Primero confíe

¿Es usted la clase de persona a quien le gusta pensar mucho tiempo en un problema antes de abordarlo? ¿O tiende a involucrarse y actuar primero, y pensar después? Independientemente de la forma en que respondemos a algo que no entendemos, podemos aprender y a la vez ser transformados mediante la enseñanza de la Palabra de Dios.

A veces nos gusta ponderar un problema o procesar las circunstancias para entenderlos. Si bien esto puede ser revelador, Dios quiere que confiemos en Él, entendamos plenamente las respuestas o no. A menudo tratamos de meditar para comprender, y ciertamente que obtenemos una nueva perspectiva cuando nos sumergimos en la Palabra de Dios por medio de la meditación. Sin embargo, si tratamos de comprender y aplicar primero y luego reflexionar, le hacemos saber a Dios que estamos dispuestos a ser obedientes—eso es lo que entendemos por encima de todo—y no solo contemplativos.

Practique hoy lo que significa entender la verdad de Dios antes de meditar en la maravilla que es.

INTERACCIÓN DIARIA ▼

**CONÉCTESE:** Postee un versículo de la Biblia que tenga un significado especial en su vida por su sabiduría para resolver un conflicto o una situación difícil del pasado.

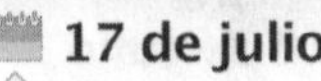

## 17 de julio

*Nosotros amamos a Dios porque él nos amó primero.*
1 Juan 4:19

DEVOCIÓN ▾

# Él sencillamente nos ama

Muchas parejas creen que una de las partes a menudo necesita más a la otra. Y si son afortunados, los dos saben que se necesitan mutuamente y que habrá diferentes momentos en que cada uno tendrá que apoyarse en el otro.

Con Dios, sin embargo, eso siempre es verdad: somos capaces de amar, porque Él nos amó primero. No es solamente que lo necesitemos y hayamos sido creados para estar en relación con Él. Simplemente se trata de una reacción natural si experimentamos su amor por nosotros. Él no nos necesita en el sentido en que a menudo consideramos el concepto de "necesidad". Pero nosotros somos su creación, sus hijos e hijas, y Dios simplemente nos ama. Él desea una relación con nosotros—tanto es así que hizo el sacrificio supremo, el de su único Hijo.

Usted siempre necesitará a Dios, y Él está siempre dispuesto a estar allí para nosotros. ¡Nuestra propia capacidad de tener una relación con Él se origina en su amor por nosotros!

INTERACCIÓN DIARIA ▾

**CONÉCTESE:** Envíe una larga tarjeta electrónica a seres queridos que estén lejos y compártales cuánto los necesita y aprecia.

## 18 de julio

*Sobre todo, ámense los unos a los otros profundamente, porque el amor cubre multitud de pecados.*

1 Pedro 4:8

▼ DEVOCIÓN

# Cubiertas de amor

Cuando los criminales asesinan, roban y dañan a otros, es difícil entender cómo sus familias y otros los siguen amando. Pero hasta el criminal más endurecido o el ofensor más atroz es hijo o hija de alguien, tal vez el cónyuge, hermano, o padre o madre de alguien. Las personas que los aman de alguna manera ven que más allá de los crímenes cometidos subyace el individuo que aman.

Aunque la mayoría de nosotros no pensamos en nosotros mismos como criminales, somos igualmente pecaminosos en nuestra naturaleza. Aunque por el poder de la muerte sacrificial de Cristo en la cruz, Dios ve más allá de nuestras debilidades y defectos y nos considera como sus hijos amados. Su amor nos abarca de una manera que no está supeditada a lo que hemos hecho. De manera similar, no podemos ganar su amor con el buen comportamiento.

Todos nosotros hemos pecado y merecemos ser castigados. Pero el amor de nuestro Padre trasciende incluso las peores cosas que hemos hecho. Somos libres para convertirnos en personas nuevas, transformadas por su Espíritu.

INTERACCIÓN DIARIA ▼

**CONÉCTESE:** Visite un blog o página web que refleje creencias que usted no comparte. Pase tiempo orando con fervor por otros a quienes podría estar tentado a criticar o juzgar.

## 19 de julio

*Ama al Señor tu Dios con todo tu corazón y con toda tu alma y con todas tus fuerzas.*
DEUTERONOMIO 6:5

DEVOCIÓN ▾

### Con todo su corazón

Cuando comemos en un restaurante lujoso, solemos esperar varios platos en nuestra comida: aperitivo, plato principal y postre, como mínimo. Cuando asistimos a una obra de teatro o a un concierto, sabemos que va a incluir un inicio, una parte media y un final para que la actuación sea completa. Y cuando nos encontramos con alguien que amamos, alguien que claramente nos ama tal como somos, queremos que nos conozca por completo. Queremos ser visto y entendidos plenamente.

Con Dios, ocurre lo mismo. Él quiere que lo amemos con todas las dimensiones de nuestro ser, no solo cuando vamos a la iglesia o decimos una oración ocasional. Nuestra relación con Él es la más importante que jamás podremos tener. Así que debemos comprometernos a darle todo lo que tenemos: toda nuestra atención, dedicación y DEVOCIÓN.

Considere hoy cómo puede amar a Dios más plenamente con lo que usted piensa, dice y hace.

INTERACCIÓN DIARIA ▾

**CONÉCTESE:** Busque en la Internet personas a quienes usted admira, que ejemplifiquen un amor incondicional por el Señor. ¿Cómo usan su corazón, alma y fuerza para servir a Dios?

*El temor del Señor prolonga la vida…*
PROVERBIOS 10:27

▼ DEVOCIÓN

## Reverencia y temor

Cuando pensamos en el temor, por lo general no es algo positivo. Pensamos en peligro, facturas que no podemos pagar y problemas que no podemos resolver. Sin embargo, en su esencia, el temor conlleva un sano respeto y reconocimiento de que algo es diferente y más poderoso que nosotros. El temor reconoce que hay una separación fundamental entre usted y su percepción de lo que está a punto de suceder, lo que pudiera suceder, o lo que podría volver a suceder.

Cuando tememos al Señor, debemos entender que no es el tipo de temor que sentimos cuando un ladrón fuerza la entrada o cuando un juez injusto lo sentencia por un crimen que usted no cometió. Es en cambio una saludable reverencia, aprecio y una sensación de asombro por cuán magnífico, santo y glorioso es Dios. Nuestro temor, en el sentido bíblico, indica que respetamos la diferencia entre nuestra humanidad y su divinidad, nuestros puntos de vista limitados y sus puntos de vista sin límites. No solemos pensar en temer a alguien que amamos, al menos no en una relación sana. Sin embargo, con Dios nuestro temor es parte del amor que sentimos. Él es mucho más grande, mejor, más fuerte y más grandioso que nosotros, y pese a todo nos sigue eligiendo.

INTERACCIÓN DIARIA ▼

**CONÉCTESE:** Investigue algo que usted teme—como las serpientes, arañas o las alturas—y compártalo en su página personal. Pida a sus amigos que también compartan sus temores.

## 21 de julio

*Porque en ti está la fuente de la vida, y en tu luz podemos ver la luz.*

Salmo 36:9

DEVOCIÓN ▾

# La fuente de la vida

Durante los meses de verano observamos y apreciamos el impacto de la lluvia sobre el césped, jardines con flores y campos de agricultores. Cuando no hay lluvia, especialmente durante un largo período de semanas o meses, se desarrolla una sequía y pronto se revela su impacto en la belleza natural que estábamos acostumbrados a ver. En lugar de verde vemos marrón y moreno, los cultivos se secan y las flores marchitan. El agua es esencial para la vida.

Jesús nos dijo que Él nos ofrece Agua Viva, esa clase que sacia la sed de sentido, propósito y conexión espiritual en nuestras vidas. Su Padre es la fuente de agua viva, la fuente de la vida que da vida y luz a todo lo que toca. Necesitamos este alimento para vivir, crecer y desarrollarnos.

Cuando experimentamos una sequía espiritual, generalmente es porque no hemos mirado a la fuente de nuestro refrigerio. Pase hoy algún tiempo vivificando su corazón en la fuente de la vida.

INTERACCIÓN DIARIA ▾

**CONÉCTESE:** Postee una receta de uno sus platos de verano favoritos, tal vez un pastel de fruta, una cazuela de verduras o ensalada con hierbas. ¡Deje que otros gusten y vean que el Señor es bueno!

# 22 de julio

*...conocer al Santo es tener discernimiento.*

Proverbios 9:10

▾ DEVOCIÓN

## Recuerde su bondad

Algunas veces sabemos mucho de un tema, sustancia o cuestión sin comprender su complejidad o verdadera naturaleza. Con Dios, en cambio, cuando pasamos tiempo con su Palabra adquiriendo conocimiento de su carácter, sus obras y su amorosa búsqueda de nosotros, llegamos a comprender sus motivos. Obtenemos una mayor profundidad de comprensión, tanto por el entendimiento como por la experiencia, del carácter de Dios. Y en todo este proceso se nos recuerda constantemente su apasionada búsqueda de nosotros.

En los tiempos bíblicos, el pueblo de Dios frecuentemente erigía un altar de sacrificios u otro monumento (a menudo llamado un *Ebenezer*) para conmemorar algo significativo que Dios hizo por ellos. Se tratara de rescatarlos de los egipcios, de darles poder para derrotar a un oponente, o proveer de forma espectacular para sus necesidades, los israelitas sabían que los recordatorios hacen dos cosas importantes: 1) encienden la adoración, al ayudarles a recordar la bondad de Dios; y 2) refrescan su memoria cuando enfrentan dudas y temores.

Nosotros también necesitamos recordar lo que Dios ha hecho por nosotros a fin de crecer tanto en nuestro conocimiento como en nuestra comprensión de Él.

INTERACCIÓN DIARIA ▾

**CONÉCTESE:** Envíe un correo electrónico o un mensaje de texto a un amigo con el que ha experimentado un tiempo de servir a Dios juntos. Recuérdele cómo Dios los bendijo a ambos y cómo lo seguirá haciendo.

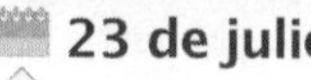

# 23 de julio

*Corona de los prudentes, [es] el conocimiento.*
PROVERBIOS 14:18

DEVOCIÓN ▼

## Ser prudente

Ya no se oyen muy a menudo palabras tales como *prudente*. Suena anticuado y puede recordarnos su prima peyorativa: la palabra *mojigato*. Pero ser prudente no tiene nada que ver con ser mojigato. *Prudente* significa sabio, sagaz y consciente de toda la perspectiva. *Mojigato* significa alguien que es fácilmente impresionado por estándares diferentes de los suyas, quien entonces juzga a otros.

Ambas palabras, tal vez, se basan en una persona que nota la diferencia entre dónde están y lo que ven a su alrededor. Sin embargo, la sabiduría y el conocimiento que vienen de ser prudente no nos dan permiso para juzgar a otros. La gente prudente no es impactada fácilmente y entiende que la sabiduría del Señor incluye la gracia y la compasión.

Hoy, sea prudente sin convertirse en un mojigato.

INTERACCIÓN DIARIA ▼

**CONÉCTESE:** Postee una pregunta y pida que otros definan la diferencia entre *prudente* y *mojigato*.

*Más bien, crezcan en la gracia y en el conocimiento de nuestro Señor y Salvador Jesucristo.*

2 Pedro 3:18

▼ DEVOCIÓN

## Crecer en la gracia

En el comienzo de la primavera, parecía como si la naturaleza contuviera la respiración colectiva a la espera de la consistencia de la luz del sol, la lluvia y temperaturas cálidas. Después todos a la vez, árboles, campos y patios se hundían en sombras de verde esmeralda. Las flores silvestres salpicaban las laderas y emergían los trigales. Pronto los tallos de maíz se elevaban más de seis pies tratando de alcanzar a los girasoles.

Los seres vivos crecen, y en ninguna parte esto es más evidente que en medio del verano. El mundo natural irrumpe con color, vida, y vitalidad, dando deliciosos productos y hermosas flores. Cuando caminamos con el Señor y seguimos alimentados por su Palabra, por la comunión con otros creyentes, y por nuestro servicio a los que nos rodean, nosotros también crecemos y florecemos.

Dios quiere que sus hijos maduren en su fe, confiando en Él más y más cada día.

INTERACCIÓN DIARIA ▼

**CONÉCTESE:** Postee una foto de su paisaje de verano favorito y pida a otros que compartan la de ellos. Que cada uno le recuerde lo que significa crecer en su fe.

## 25 de julio

*[Dijo Jesús] No tengan miedo, mi rebaño pequeño, porque es la buena voluntad del Padre darles el reino.*
LUCAS 12:32

DEVOCIÓN ▾

# No tener miedo

Se nos dice que "temamos al Señor", pero también que no "tengamos miedo", lo que nos recuerda que hay un diferencia fundamental de significado entre estas palabras que a menudo consideramos sinónimas. Como hemos visto, el "temor del Señor" simplemente reconoce el respeto y la reverencia por la santidad y majestad de Dios. Cuando Cristo nos dice que no tengamos miedo, se refiere mucho más al sentido convencional, la angustiosa incertidumbre y temor acerca de lo que pudiera o podría suceder.

Jesús nos recuerda que ya que Dios nos ha dado su reino, no tenemos nada que temer. Nuestro Padre no solamente es soberano y tiene el control, sino que nos permite participar en el avance de su reino. Cuando sabemos que somos parte de algo más grande, algo que es claramente parte del diseño con propósito de Dios, podemos renunciar a nuestros miedos. No tenemos que preocuparnos por el futuro, porque ya está seguro en las manos de Dios.

Piense hoy en la forma en que sus acciones como seguidor de Cristo pueden aliviar sus actuales miedos.

INTERACCIÓN DIARIA ▾

**CONÉCTESE:** Elija una petición de oración en JesusDaily.com y que la persona sepa que usted la presenta ante el Padre. Anímela a no tener miedo.

## 26 de julio

*El Señor ha establecido su trono en el cielo; su reinado domina sobre todos.*

Salmo 103:19

▼ DEVOCIÓN

# El Rey de los cielos

Cuando éramos niños la mayoría de nosotros disfrutamos de historias donde las princesas y príncipes encontraban el verdadero amor y los monstruos siempre eran derrotados. Tales cuentos de hadas a menudo terminan con orden, bondad y gozo restaurados a los personajes y al reino. Aunque el "felices para siempre" rara vez parece suceder en la vida real, hay algo en nosotros que anhela instintivamente la paz, la armonía y el contentamiento.

Este anhelo es parte de nuestro deseo de que el supremo Rey reine y restaure nuestras vidas. Queremos que nuestro Padre disipe el pecado, el sufrimiento y la oscuridad de una vez por todas. Queremos un eterno "felices para siempre".

Lo que podemos olvidar en medio de nuestro anhelo es que llegamos a participar en este proceso. Como herederos reales por adopción por medio de Cristo, ya se nos ha garantizado la eternidad en el cielo, así como una vida abundante de servicio con propósito en esta vida. No importa qué tan difíciles puedan ser nuestras circunstancias, el final feliz ya se ha escrito.

INTERACCIÓN DIARIA ▼

**CONÉCTESE:** Pregúntele a alguien por su cuento de hadas o historia bíblica preferidos y cómo les recuerda la soberanía y la bondad de Dios.

## 27 de julio

*Asegúrense de que nadie pague mal por mal; más bien, esfuércense siempre por hacer el bien, no solo entre ustedes sino a todos.*

1 Tesalonicenses 5:15

DEVOCIÓN ▾

# Una actitud bondadosa

Represalia y venganza ya no son palabras utilizadas principalmente para describir países en guerra y pandillas rivales. Sea en el lugar de trabajo o en el patio de la escuela, a menudo oímos hablar de la forma en que las personas se atacan unas a otras y luego crean un conflicto continuo con sus palabras y acciones. Sucede en los mostradores de comida rápida, por las mesas en las salas de reunión, y en los estacionamientos de compradores frenéticos.

Razón de más para que nosotros, como seguidores de Jesús, seamos llamados a tratar a los demás con paciencia, bondad y compasión. Aunque muchas personas se vuelven más decididas a conseguir lo que quieren a cualquier precio, nosotros debemos demostrar un conjunto diferente de prioridades que no tienen nada que ver con sacar ventaja, y mucho que ver con lo que dejamos atrás.

Un acto de bondad es un buen comienzo, pero una actitud bondadosa influye en todo lo que pensamos, decimos y hacemos.

INTERACCIÓN DIARIA ▾

**CONÉCTESE:** Agradezca a alguien con un rápido mensaje de texto, correo electrónico, o tarjeta electrónica por la forma en que continuamente muestra una actitud de bondad para con usted.

## 28 de julio

*Muchos buscan el favor del gobernante, pero la sentencia del hombre la dicta el Señor.*

PROVERBIOS 29:26

▼ DEVOCIÓN

# Justicia y misericordia

Los dramas de casos judiciales y las historias legales de suspenso siguen fascinando a la gente, ya sea en películas, programas de televisión, narrativa popular o versiones de tabloides. Tal vez nuestra intriga radica en la forma en que diversas leyes son interpretadas, ejecutadas y respetadas. Y las cuestiones de culpabilidad, inocencia, contexto, equidad y justicia siempre permanecen en la mezcla.

Sin importar lo que les suceda a los personajes de una historia o incluso a las personas en la vida real, la esencia de la justicia solo se puede encontrar en el carácter de Dios. Si la rectitud es el supremo estándar de perfección por el cual medimos la justicia, nuestra única pura base de comparación proviene de la perfecta santidad del Señor.

Nunca podremos alcanzar esa condición impecable, pero no tenemos que intentarlo. No podemos ganarnos el favor de Dios porque nos es dado libremente cuando confesamos nuestros pecados y aceptamos a Cristo como nuestro Salvador. Sabemos que el único que nos puede conceder misericordia según la ley es Aquel que es el único que la cumple.

INTERACCIÓN DIARIA ▼

**CONÉCTESE:** Vaya a JesusDaily.com y comparta una petición de oración por justicia en un área particular de preocupación.

## 29 de julio

*Porque el Señor es un Dios de justicia. ¡Dichosos todos los que en él esperan!*
ISAÍAS 30:18

DEVOCIÓN ▾

# Shalom

El concepto de justicia está estrechamente vinculado con la palabra hebrea *shalom*, que a menudo pensamos como "paz". Sin embargo, *shalom* significa mucho más que mera paz; es un concepto, una actitud, un estilo de vida que está comprometido con la bendición, la gracia y el perdón. Se trata de reconciliación y restauración. Es el punto de inflexión en que el duelo da paso al baile, donde las lágrimas de dolor se convierten en lágrimas de gozo.

En nuestro mundo de hoy, a menudo luchamos por ver y experimentar justicia y shalom. Podemos señalar todo tipo de injusticia y odio, codicia y conflicto, pero es difícil ver donde las personas honran a Dios y le obedecen con sus esfuerzos por servir con humildad y respetar a otros pacíficamente.

¿Hay alguna injusticia en su vida, o incluso en el mundo de hoy, que le molesta? Mientras continúa orando para que la voluntad del Señor sea hecha en lo que respecta a esta área, comience el proceso al aceptar la paz que Él quiere darle.

INTERACCIÓN DIARIA ▾

**CONÉCTESE:** Siga desconectado de la Internet en su tiempo libre o personal hoy, y en cambio use el espacio para orar por las personas que están sufriendo injusticia en todo el mundo.

## 30 de julio

*La luz se esparce sobre los justos, y la alegría sobre los rectos de corazón.*

SALMO 97:11

▼ DEVOCIÓN

# Brillar

Las noches de verano parecen hechas con luces parpadeantes, ya sea de estrellas, linternas, fogatas, o luciérnagas. De alguna manera, en la oscuridad, esas pequeñas luces titilantes parecen brillar con más intensidad y lucen más notables.

Como seguidores de Jesús, nuestras acciones deben brillar con la misma brillantez contra la oscuridad que con frecuencia nos rodea. Cuando caminamos en intimidad con el Señor y confiamos en Él para cada paso del camino, es evidente para la gente que nos rodea que nosotros tenemos una luz para compartir. No andamos a tientas en la oscuridad de la vida tratando de hallar nuestro propio camino. Tenemos una Luz que ilumina nuestras sendas. Experimentamos el gozo que surge de amarlo y servirlo.

Permítase brillar hoy, para que refleje el gozo del Señor que tiene en lo profundo de su alma, sabiendo que Él lo ama y lo ha salvado.

INTERACCIÓN DIARIA ▼

**CONÉCTESE:** Conéctese con un amigo o ser querido por la Internet y dígales lo mucho que aprecia la forma en que representan a Cristo, trayendo luz a todos los que encuentran.

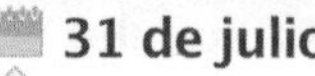

## 31 de julio

*El que con lágrimas siembra, con regocijo cosecha.*
SALMO 126:5

DEVOCIÓN ▾

# Cantos de gozo

Cuando usted planta un rosal, espera ver las rosas. Cuando dispersa semillas de césped, vigila ese lugar vacío en la hierba hasta que se vuelva verde y exuberante. Cuando planta semillas de sandía, espera tener un delicioso postre sencillo para sus picnics de verano. Sin embargo, cuando lloramos lágrimas de dolor rara vez esperamos que se transformen en "cantos de gozo".

De hecho, a menudo es difícil entender la forma en que nuestras penas se transforman en bendiciones hasta mucho tiempo después de ocurre. Pero tal vez si pensamos en nuestras lágrimas como semillas de gozo futuro, una transformación radical que solo Dios puede lograr, quizás experimentaremos algún consuelo. Aunque estemos tristes en el presente, sabemos que no tenemos que quedar atascados en medio de nuestro dolor. Dios nos libera y se deleita en sanarnos y restaurarnos a una nueva vida. Lo que hoy parece devastarnos podría resultar en nuestra liberación en el futuro.

Como Maestro Jardinero, Dios es capaz de producir fruto espiritual en nuestras vidas, incluso de las semillas más pequeñas y duras.

INTERACCIÓN DIARIA ▾

**CONÉCTESE:** Encuentre una manera de satisfacer una necesidad práctica de alguien que pasa por una prueba dolorosa: corte su césped, compre sus alimentos, lave su ropa, cuide los niños, lo que sea que ellos necesiten.

# AGOSTO

*Yo te he amado, pueblo mío, con un amor eterno. Con amor inagotable te acerqué a mí.*

Jeremías 31:3, NTV

## 1 de agosto

*Clama a mí y te responderé, y te daré a conocer cosas grandes y ocultas que tú no sabes.*
JEREMÍAS 33:3

DEVOCIÓN ▾

# Su Palabra es verdad

Todos conocemos a personas que dicen una cosa pero quieren decir otra. A veces no nos confiamos de lo que oímos, especialmente cuando sabemos que puede haber un mensaje tácito subyacente. Así que terminamos sintiendo como si tuviéramos que interpretar un código y leer entre líneas, descifrar lo que la otra persona realmente se propone comunicar.

Dios nunca es así. Lo que quiere decir, lo dice, y dice lo que quiere decir. Sabemos que su Palabra es verdad y que Él mantiene sus promesas. Cuando nos comunicamos con Dios por medio de la oración, sabemos que nos oye y nos responde. De hecho, se nos dice que el Espíritu Santo intercede por nosotros ante nuestro Padre cuando no sabemos qué decir. No tenemos que preocuparnos por conseguir las palabras correctas ni temer decir algo equivocado.

A Dios le encanta comunicarse con sus hijos. Podemos confiar en que estamos hablando el mismo idioma.

INTERACCIÓN DIARIA ▾

**CONÉCTESE:** Programe una videoconferencia con personas con quienes no se ha comunicado por un tiempo. Hágales saber cuánto desea ponerse al día.

*Dios hizo todo hermoso en su momento.*
ECLESIASTÉS 3:11

▼ DEVOCIÓN

## Transformación

A menudo hablamos de atletas, celebridades y líderes que alcanzan un pico en su carrera, un punto de logro que será el remate del duro trabajo que han invertido en sus carreras. Suele haber cierta belleza en lo que estos individuos hacen y cómo lo hacen. Con frecuencia estas personas han llevado sus talentos naturales, sus capacidades perfeccionadas y su obstinada determinación hasta el punto en que nadie puede hacer lo que ellos hacen de la misma forma. Y el resultado es como ver a un artista crear una obra maestra.

Si apreciamos las habilidades y logros de estas estrellas en sus respectivos campos, cuánto más debemos maravillarnos de lo que Dios ha creado y de lo que sigue haciendo. El mundo natural muestra consecuentemente las maravillas de su imaginación divina y su extraordinaria belleza. Más aun, está la asombrosa transformación que Dios sigue revelando en su vida a medida que usted se vuelve más y más como su Hijo, Jesús.

INTERACCIÓN DIARIA ▼

**CONÉCTESE:** Suba una foto de una pintura, foto, dibujo, escultura, u otro elemento que lo inspire y le recuerde la inmensa creatividad y belleza de Dios.

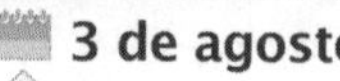

## 3 de agosto

*...les ruego que vivan de una manera digna del llamamiento que han recibido.*

Efesios 4:1

DEVOCIÓN ▼

# Su propósito único

Una vez que usted se ha comprometido en una relación con Dios al aceptar a Cristo en su corazón, su llamado se vuelve evidente: usar sus dones y talentos únicos para el reino de su Padre. No hay un llamado mayor que sentir el contentamiento que viene de cumplir el propósito para el que usted fue creado.

A menudo estamos insatisfechos con la vida porque perdemos de vista nuestro objetivo. Somos empujados y arrojados a las expectativas y agendas de otras personas, o perseguimos metas propias que creemos que nos satisfarán. Sin embargo, usted solo va a estar verdaderamente contento cuando esté viviendo dentro del propósito para el cual su Padre lo creó. Si usted está descubriendo este propósito, pídale que se lo revele con mayor claridad. Dios ha puesto un llamado en usted y en su vida y lo ha equipado para su propósito único. ¡Su vida tiene sentido porque cuenta para la eternidad!

INTERACCIÓN DIARIA ▼

**CONÉCTESE:** Conéctese con alguien que le sirve como modelo a seguir a fin de vivir en su propósito. Si es posible, pregúntele si podría ser su mentor o al menos orar por su camino.

## 4 de agosto

*Y Dios creó al ser humano a su imagen; lo creó a imagen de Dios. Hombre y mujer los creó,*

GÉNESIS 1:27

▼ DEVOCIÓN

# El diseño de Dios para usted

Una de las maneras únicas y hermosas en que Dios se revela a sí mismo es por medio de su creación. Y qué maravilloso es para nosotros que Él haya creado a su imagen tanto a los hombres como a las mujeres. Aunque muy diferentes en muchos aspectos, cada uno de nosotros refleja la fuerza, la determinación, la ternura y la compasión del propio carácter del Señor. Así como Él refleja todas estas características y muchas más, nosotros también podemos manifestar tanto el poder como la misericordia, tanto la determinación como la gracia. Se trate de un hombre o una mujer, podemos saber que nuestra identidad es por naturaleza la de nuestro Creador.

Nuestra sociedad, a menudo, trata de dictar lo que hace a un hombre un "verdadero hombre" o a una mujer una "verdadera mujer", pero esas características no siempre son exactas, y mucho menos bíblicas ni piadosas. Acepte hoy que Dios lo ha hecho deliberadamente la clase de hombre o mujer que usted es. Usted es su hija o hijo precioso, creado a su imagen para revelarlo a Él a quienes lo rodean. Deje de tratar de vivir de acuerdo con los estándares de masculinidad o femineidad de otros y descanse en el conocimiento del designio de Dios para usted.

INTERACCIÓN DIARIA ▼

**CONÉCTESE:** Postee una invitación a un puñado de amigos del mismo género para tener pronto un tiempo de comunión.

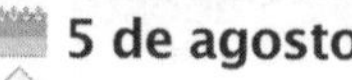

## 5 de agosto

*¡Recuerda esto, Dios mío, y conforme a tu gran amor, ten compasión de mí!*

NEHEMÍAS 13:22

DEVOCIÓN ▾

# Él nunca falla

La mayoría de los padres sabe que aunque sus hijos hagan algo que no les gusta, los siguen amando y quieren lo mejor para ellos. Jesús nos dijo que si nosotros, los padres humanos imperfectos, queremos dar cosas buenas a nuestros hijos, cuánto más el Padre celestial nos quiere prodigar su amor.

Aun después de hacernos cristianos, a veces sucumbimos a la tentación y fallamos. Sabemos que desobedecimos a Dios y lo decepcionamos a Él así como a nosotros mismos. Le pedimos perdón y sabemos que lo hemos recibido, pero nos seguimos sintiendo culpables y nos condenamos a nosotros mismos por nuestra debilidad. Nuestro enemigo generalmente aprovecha esas oportunidades para hacer que derramemos desprecio sobre nosotros mismos y dudemos de nuestra fe y de la capacidad de amarnos que tiene Dios.

Pero Dios nunca deja de amarnos sin importar lo que hagamos. Su gracia y misericordia no solamente prevalecen, sino que Él quiere que conozcamos nuestro verdadero valor y no las mentiras del enemigo. A veces, cuando caemos, tenemos que recuperar nuestro equilibrio antes de dar el siguiente paso.

INTERACCIÓN DIARIA ▾

**CONÉCTESE:** Visite JesusDaily.com y pida oración continua que lo sostenga mientras usted avanza y crece en su fe.

## 6 de agosto

*La constancia debe llevar a feliz término la obra, para que sean perfectos e íntegros, sin que les falte nada.*

SANTIAGO 1:4

▼ DEVOCIÓN

# Todo lo que usted necesita

Usted puede hallar un montón de libros, seminarios, sermones y comentarios sobre lo que se necesita para experimentar la felicidad en nuestro mundo de hoy. Y, sin embargo, muy pocas personas parecen estar verdaderamente gozosas la mayoría del tiempo. Tal vez parte de la razón es que vivimos en una cultura consumista que siempre nos dice que no tenemos suficiente: suficientes zapatos, coches, juguetes, vacaciones, lo que sea.

Nuestra cultura solamente agrava el problema, especialmente los comerciales y anuncios que tratan de persuadirnos de que otra compra nos traerá satisfacción, al menos temporalmente. Y sin embargo, el proceso de perseverar en nuestra fe nos exige tomar conciencia de que tenemos todo lo que necesitamos. Podemos sentir que nos falta algo o podemos querer algo más debido a un pensamiento erróneo, pero Dios es fiel en proveernos y equiparnos para nuestro viaje actual.

No es necesario que usted viva de una manera condicionada por conseguir más en el futuro. Su Padre ya ha provisto una abundancia de bendiciones para todo lo que usted necesita hoy.

INTERACCIÓN DIARIA ▼

**CONÉCTESE:** Pida a otros que compartan aquello que están especialmente agradecidos de tener en sus vidas hoy. Compartan una oración de acción de gracias.

## 7 de agosto

*Pon tu esperanza en el Señor; ten valor, cobra ánimo; ¡pon tu esperanza en el Señor!*
Salmo 27:14

DEVOCIÓN ▾

# Esperar su tiempo

Sea que esperemos una mesa en un restaurante, que el tránsito se mueva, en el consultorio médico, en una fila para un concierto, todos tenemos que esperar. Y a no muchos de nosotros nos gusta, y menos todavía somos buenos en practicar la paciencia.

Sin embargo, gran parte de la vida cristiana implica esperar el tiempo de Dios en lugar de insistir en que los acontecimientos ocurran según nuestro calendario. Nos gustan la previsibilidad y la certeza que vienen cuando las citas se realizan a tiempo, el tránsito se desplaza con fluidez, y las filas se mueven rápidamente. Pero la mayoría de los días, nos encontramos con algo que está más allá de nuestra capacidad de controlar o cambiar. La paciencia es el único camino para superar el obstáculo.

Cada vez que se desanime o desaliente por tener que esperar, recuerde que Dios tiene una perspectiva más amplia y un sentido de urgencia diferente al nuestro. Hoy podemos esperar pacientemente al saber que Él tiene el control.

INTERACCIÓN DIARIA ▾

**CONÉCTESE:** Comparta algo que actualmente está esperando que ocurra y pida a otros cristianos que oren para que usted tenga paciencia.

*Señor, ten compasión de nosotros; pues en ti esperamos. Sé nuestra fortaleza cada mañana, nuestra salvación en tiempo de angustia.*

Isaías 33:2

▼ DEVOCIÓN

## Nuestra fuente de fortaleza

Pasamos cada día lo mejor que podemos: nos levantamos, vamos a trabajar o a la escuela, vamos a casa, hacemos las tareas necesarias, comemos, nos relajamos un poco, y nos vamos a dormir. A veces puede llegar a ser tan rutinario que nos preguntamos si saldremos de la rutina. Y luego surgen alguna prueba o problema inesperados que golpean nuestra rutina habitual. Nos damos cuenta de lo bien que habían estado las cosas antes de que estallara esta nueva crisis.

Después nos preguntamos si alguna vez la vida volverá a la normalidad, lo que sea que eso signifique. Aunque nuestras rutinas no vuelvan a ser iguales, podemos confiar en que Dios sigue siendo la fuente de nuestra fortaleza, nuestra salvación y nuestra paz. Así como las nubes de tormenta se mueven y desatan truenos, relámpagos y lluvia, los acontecimientos pueden alcanzarnos con la guardia baja y dejarnos asustados y ansiosos. Sin embargo, cada día podemos saber que más allá de lo que puedan traer las tormentas de la vida, nuestro Padre ya ha ido delante de nosotros.

Las tormentas de la vida pasarán y el sol regresará. ¡Dios está con nosotros!

INTERACCIÓN DIARIA ▼

**CONÉCTESE:** Busque en la Internet imágenes que capten toda la potencia de una tormenta. Suba una foto junto con un versículo que les recuerde a otros el poder de Dios, incluso en medio de la adversidad.

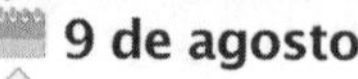

## 9 de agosto

*Cuando te llamé, me respondiste; me infundiste ánimo y renovaste mis fuerzas.*

SALMO 138:3

DEVOCIÓN ▾

# Él siempre está allí

Con nuestra moderna tecnología es raro que no podamos llegar a alguien con quien nos queremos conectar. Si no reciben nuestra llamada, les enviamos mensajes de texto. Si no recibimos respuesta, los buscamos en Facebook, en un lugar favorito de chat, o les enviamos un correo electrónico. Nos hemos condicionado tanto a alcanzar a las otras personas que están en nuestra vida que nos frustramos cuando no podemos conectarnos con alguna.

A veces podemos sentir como si Dios tampoco contestara nuestros intentos de comunicarnos. Pero aunque no lo oigamos de la manera que queremos, cuando queremos, podemos saber que Él sigue allí, escuchándonos y cuidándonos. Él sí nos contesta y nos infunde valentía con su poder, fuerza y gracia.

Nuestro Padre nunca ignora nuestras llamadas ni falla en responder a nuestras peticiones. Él siempre está disponible para nosotros, sin necesidad de tecnología.

INTERACCIÓN DIARIA ▾

**CONÉCTESE:** Limpie hoy su bandeja de entrada de correo electrónico, y responda a tantos mensajes como le sea posible.

*El corazón alegre se refleja en el rostro.*
PROVERBIOS 15:13

▼ DEVOCIÓN

## Un corazón feliz

El sabor de una deliciosa carne a la parrilla. El mural de colores proyectado por una espléndida puesta de sol estival. El sonido de la risa de un niño. El olor de la hierba recién cortada. El abrazo de alguien que nos ama. Todos tenemos momentos de placer que hacen felices nuestros corazones. A menudo participan nuestros sentidos y tal vez un recuerdo agradable esté asociado con lo que estamos disfrutando.

Cuando nuestros corazones rebosan de gozo, paz y esperanza, nuestro contentamiento se muestra en palabras, expresiones y acciones. Otros notan que tenemos en nuestro interior algo muy profundo que alimenta nuestra satisfacción y hasta nos pueden preguntar acerca del origen.

Incluso cuando las circunstancias se salen de control o causan problemas que no previmos, podemos aferrarnos a nuestro gozo y mantener la sonrisa. Nuestra certeza en Cristo permanece sólida como una roca, sin importar cómo las demandas se arremolinen a nuestro alrededor. ¡Tenemos tiempo para parar y oler las rosas así como para cortar algunas y llevarle un ramo a alguien!

INTERACCIÓN DIARIA ▼

**CONÉCTESE:** Postee una foto de usted mismo disfrutando de su acción anterior y pida a otros que compartan lo que les ha dado gozo últimamente.

## 11 de agosto

*Solo en Dios halla descanso mi alma; de él viene mi esperanza.*
Salmo 62:5

DEVOCIÓN ▾

# Descansar en Él

¿Tiene problemas para dormir cuando está preocupado por algo? Muchas personas sí, y no pueden descansar tranquilas hasta que encuentran una manera de dejar de lado la ansiedad. Cuando no nos sentimos responsables de solucionar y arreglar problemas, podemos soltar nuestras preocupaciones, sabiendo que Dios tiene todo bajo control. Cuando ponemos nuestra esperanza en Él, podemos hallar el tipo de descanso profundo que no solo recarga el cuerpo, sino que renueva la mente y refresca el alma.

Un cuerpo cansado y un espíritu inquieto hacen que sea difícil que afrontemos el día que tenemos por delante. Pero la paz de Dios y el renuevo que proviene de confiar en Él siempre nos sostendrán.

Hoy, permítase descansar en la seguridad del abrazo de Dios.

INTERACCIÓN DIARIA ▾

**CONÉCTESE:** Desconéctese el mayor tiempo posible hoy—todo el día, si su trabajo y su agenda se lo permiten. Trate de limpiar las telarañas mentales que saturan su mente.

*Porque mis pensamientos no son los de ustedes, sus caminos son los míos—afirma el Señor.*
ISAÍAS 55:8

▼ DEVOCIÓN

## A su manera

Parte de lo que apreciamos en otras personas, así como lo que a menudo nos frustra, son nuestras diferencias. Cuando surge un problema, cada individuo podría resolverlo a su manera propia y única. Una persona podría abordarlo de frente, mientras que otra podría esperar tanto como sea posible para ver lo que surge. Un individuo desmembraría el problema en componentes pequeños que toma tiempo resolver, mientras que otro busca la solución más rápida para el problema más grande.

La mayoría de nosotros pensamos que sabemos cómo se deben solucionar ciertos problemas en nuestras vidas. Pensamos en toda clase de cursos que los acontecimientos podrían proseguir para que consigamos lo que queremos, cuando lo queremos. Eso, sin embargo, rara vez ocurre.

Aunque Dios quiere que participemos activamente en la vida, también quiere que dependamos de Él. Nuestra manera de hacer las cosas—cuando se trata de resolver un problema—no es la misma que la de Él. Su perspectiva trasciende el tiempo, la geografía, la historia, la cultura y todas las otras barreras que pueden nublar nuestra perspectiva. Nuestro Padre realmente sabe más.

INTERACCIÓN DIARIA ▼

**CONÉCTESE:** Visite JesusDaily.com y anime a alguien a resolver un problema de frente. Ofrézcale ayudarle lo mejor que pueda.

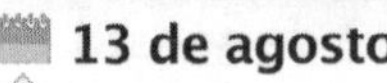

## 13 de agosto

*Mira que estoy a la puerta y llamo. Si alguno oye mi voz y abre la puerta, entraré, y cenaré con él, y él conmigo.*
Apocalipsis 3:20

DEVOCIÓN ▾

# Compartir su vida

No es de extrañar que compartir una comida sea una de las formas más antiguas en que la gente se ha reunido para tener compañerismo. Cuando disfrutamos de comida y bebida en compañía de otros, nos conectamos de forma natural mediante el recordatorio de nuestra humanidad. No importa cuán diferentes seamos, todos necesitamos el sustento. Jesús ciertamente tuvo muchas oportunidades de comer con sus seguidores, desde la alimentación de los cinco mil hasta la Última Cena. Después de su resurrección, incluso preparó el desayuno en la playa para sus discípulos que habían estado pescando toda la noche.

Cuando invitamos a Cristo a nuestro corazón, abrimos la puerta a una relación íntima con nuestro Salvador. Él no es una persona algo lejana, distante, independiente que gobierna desde lejos. No, Él entra a nuestras vidas con la cómoda e íntima familiaridad de compartir una comida con un amigo.

INTERACCIÓN DIARIA ▾

**CONÉCTESE:** Planifique una cena de grupo con varios de sus amigos, miembros de la iglesia, o parientes. Pídale a Dios que bendiga los preparativos para su tiempo de compañerismo.

*Pero yo, Señor, en ti confío, y digo: Tú eres mi Dios. Mi vida entera está en tus manos; líbrame de mis enemigos y perseguidores.*

SALMO 31:14-15

▼ DEVOCIÓN

## Él guarda sus espaldas

Los alpinistas siempre viajan en grupos de al menos dos para poder ayudarse mutuamente a escalar el pico que tienen delante. La relación entre los compañeros de escalada es, naturalmente, de increíble confianza, compromiso y comunicación. Del mismo modo, los soldados en batalla deben depender el uno del otro de tal manera que confían su seguridad y sus propias vidas al cuidado mutuo. No solo tienen la responsabilidad de seguir adelante hacia la meta por sí mismos; deben trabajar como parte de un equipo o compañía.

Dios está comprometido en este tipo de asociación con nosotros y algo más. Quiere que dependamos de Él en todas las áreas de nuestras vidas. ¡Él siempre guarda sus espaldas! Aunque podemos afrontar la adversidad por un tiempo o nuestros enemigos pueden triunfar temporalmente, el Señor siempre nos librará. Como una osa madre que protege a sus cachorros, Dios nos ama con una devoción inquebrantable.

INTERACCIÓN DIARIA ▼

**CONÉCTESE:** Ofrezca su ayuda a alguien que esté tratando de superar un reto que requiere más que sus propios esfuerzos. Consiga otros amigos que también puedan contribuir.

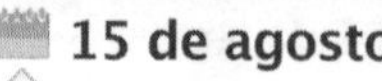

## 15 de agosto

*...no hemos dejado de orar por ustedes. Pedimos que Dios les haga conocer plenamente su voluntad con toda sabiduría y comprensión espiritual.*

Colosenses 1:9

DEVOCIÓN ▼

# Disfrutar de su familia

No siempre es fácil pedir oración a otros. Aunque estamos más que dispuestos a orar por las personas que están en nuestras vidas, nos sentimos vulnerables y necesitados de pedir que ellas hagan lo mismo por nosotros. Y sin embargo, la Palabra de Dios de modo claro nos instruye para que oremos individualmente, así como con otros. Compartir las cargas con otros y experimentar las respuestas y las provisiones de Dios nos afianza como una comunidad espiritual de maneras en que la oración a solas no lo hace.

Cuando oímos de una oración contestada de personas por quiens hemos estado orando, nos regocijamos con ellos y nos mantenemos conscientes de la presencia de Dios en todo el mundo. Cuando podemos compartir nuestras necesidades con otros, nos sentimos más ligeros e incluso reconfortados, agradecidos de no estar ya solos con nuestra carga.

Dios nos creó como seres sociales que han de estar relacionados unos con otros. Y quiere que, a medida que nos relacionamos con Él como nuestro Padre, disfrutemos de la comunión con nuestros hermanos y hermanas en Cristo.

Disfrute hoy de ser parte de la familia de Dios.

INTERACCIÓN DIARIA ▼

**CONÉCTESE:** Elija una necesidad de oración publicada en JesusDaily.com y que la persona sepa que usted orará por ella a lo largo del día.

## 16 de agosto

*Con amor eterno te he amado; por eso te sigo con fidelidad.*

Jeremías 31:3

▼ DEVOCIÓN

# Dadores de regalos

A veces los más pequeños actos de bondad pueden producir enormes recompensas. Cuando alguien nos sostiene la puerta, nos sorprende con una taza de café, o dice "gracias" por nuestra ayuda, nos sentimos respetados, apreciados y valorados. A menudo estos regalitos de cortesía y compasión tienen un impacto más grande que cualquier cosa que alguien nos pueda dar.

Cuando le damos este mismo tipo de regalos a otros, podemos no tener ni idea de cómo estamos afectando su día. Pero las pequeñas amabilidades suman y nos recuerdan a cada uno de nosotros, tanto al dador como al receptor, la fuente de todo regalo verdadero, nuestro Señor.

Su bondad es en verdad infalible y siempre presente en todo lo que hace. Aunque no podemos ver o entender lo que está haciendo—recuerde que sus caminos no son nuestros caminos—podemos saber que su bondad sigue siendo un ingrediente clave.

Deje hoy que su actitud bondadosa refleje la bondad de su Padre hacia usted.

INTERACCIÓN DIARIA ▼

**CONÉCTESE:** Escriba y agradezca a alguien cuya bondad lo ha bendecido recientemente. Hágale saber que ve la bondad de Dios a través de sus acciones.

## 17 de agosto

*El Señor es lento para enojarse y está lleno de amor inagotable y perdona toda clase de pecado y rebelión;*
NÚMEROS 14:18, NTV

DEVOCIÓN ▾

# Su amor permanece

Cada uno de nosotros maneja la ira de manera diferente. Algunas personas replican inmediatamente cuando algo los activa y hace que su enojo sea parte de su mecanismo de defensa por defecto. Otros pueden pasar semanas o incluso meses antes de llegar a su límite de tolerancia. Algunas personas expresan su enojo mediante palabras, mientras que otras actúan—o evitan actuar—para comunicar su descontento.

De Dios, se nos dice que es lento para la ira. Y aun cuando lo decepcionamos por nuestra desobediencia, su amor por nosotros lo conduce a perdonar cuando le confesamos nuestros pecados. Él no estalla como un impetuoso irascible. No tenemos que andar cuidándonos al extremo por temor a que Él explote de rabia.

Mejor aún, sabemos que aun cuando Dios está enojado, su amor y su compasión permanecen. No se va a enfurecer con nosotros tanto que no pueda perdonarnos. Su naturaleza es amor y por el don de su Hijo, Jesús, siempre elige perdonarnos para que podamos estar con Él por la eternidad.

INTERACCIÓN DIARIA ▾

**CONÉCTESE:** Postee un versículo favorito sobre la ira y pregunte a otros cómo manejan su temperamento.

## 18 de agosto

*El Señor levanta a los caídos y sostiene a los agobiados.*

Salmo 145:14

▼ DEVOCIÓN

# Fuerza sobrenatural

Cuando sufre un esguince de tobillo o se quiebra una pierna, probablemente contará con muletas, un andador o un bastón para facilitar el levantarse y caminar mientras la lesión sana. Por lo general es algo lento que dura muchas semanas y meses mientras se recupera y fortalece. El apoyo adicional provisto por su muleta o bastón le permite aliviar la tensión sobre la herida al tiempo que le ayuda a equilibrarse y seguir adelante.

Nuestra fe nos provee esta clase de apoyo en nuestro caminar diario. Lejos de ser una muleta, sin embargo, nos da la seguridad de un padre que toma la mano de un niño mientras caminan por el parque. Nuestro Padre nos sostiene con una fuerza y poder sobrenaturales que nos permiten seguir adelante cuando no podemos valernos por nosotros mismos. Él conoce nuestras limitaciones y nos sostiene cuando caemos.

Podemos sentirnos temporalmente inmovilizados, pero nuestro espíritu nunca está paralizado. Dios nos levanta sobre nuestros pies y hace firme la tierra debajo de nosotros. Solamente tenemos que sostener su mano y seguir su ejemplo.

INTERACCIÓN DIARIA ▼

**CONÉCTESE:** Provea un hombro para que alguien se apoye. Ofrézcase a escuchar, a orar, o a brindar apoyo a alguien que ha caído o que lucha por ponerse en pie.

## 19 de agosto

*Mantengamos firme la esperanza que profesamos, porque fiel es el que hizo la promesa.*
HEBREOS 10:23

DEVOCIÓN ▾

# Ser inquebrantable

El verano es un momento estupendo para un viaje por carretera sin destino planeado. Sube a su coche unto la familia o amigos, y conduce, deteniéndose en el camino para verificar las rutas y carreteras alternativas a las que normalmente usa. Descubre cafeterías de pueblos pequeños y toma desvíos para ver los sitios por los que siempre se pregunta, como un museo local, una feria de artesanía o el mercado de los granjeros.

Sin un destino fijo, usted es libre de deambular y virar, doblar y dar vuelta en círculo como no lo haría normalmente. Esta especie de viaje de placer es agradable, pero, sin un destino, puede dejarlo inseguro acerca de adónde va, y mucho más de cómo llegar allí.

Cuando seguimos a Dios, cuando nuestra esperanza en Cristo nos guía, podemos saber que por muchos desvíos que aparezcan, estamos seguros de nuestro destino. Aunque pueda parecer que nuestro camino gira y da vueltas, cuando "mantenemos firmes la esperanza que profesamos", Dios es fiel.

INTERACCIÓN DIARIA ▾

**CONÉCTESE:** Pida a otros que compartan algunas fotos favoritas de sus últimas vacaciones o una salida. Comparta sus planes sobre adónde usted planea ir.

## 20 de agosto

*El Señor no ve las cosas de la manera en que tú las ves. La gente juzga por las apariencias, pero el Señor mira el corazón.*

1 Samuel 16:7 NTV

▼ DEVOCIÓN

# Nuestro verdadero yo

¿Qué verían las personas que lo rodean si hoy pudieran mirar dentro de su corazón? ¿Se sorprenderían por lo que hay allí? ¿Usted estaría sorprendido por lo que hay allí?

La mayoría de nosotros adoptamos una máscara pública o cara que mostramos al mundo. Escondemos nuestros problemas, disfrazamos nuestras decepciones, y tratamos de parecer agradables y profesionales. Cuando alguien pregunta cómo estamos, decimos: "Bien, gracias. ¿Y usted?"

Aunque no siempre es apropiado desnudar nuestras almas ante cualquiera que pregunte cómo estamos, también debemos ser conscientes de que cuando corremos el riesgo de ser auténticos, les damos permiso a otros para hacer lo mismo. Tener integridad significa ser sincero y no fragmentado ni compartimentado. Podemos dejar que otros vislumbren nuestro verdadero yo de la misma manera que Dios ve lo que hay dentro de nuestro corazón.

INTERACCIÓN DIARIA ▼

**CONÉCTESE:** Vaya a JesusDaily.com y comparta algo positivo de su corazón que usted por lo general no revela.

# 21 de agosto

*...llénenme de alegría teniendo un mismo parecer, un mismo amor, unidos en alma y pensamiento.*
Filipenses 2:2

DEVOCIÓN ▾

## Unidos en alma

Una de las alegrías de los deportes de equipo es trabajar juntos como individuos para lograr un objetivo común. Aunque algunos jugadores pueden tener un papel clave y servir como líderes, todos y cada uno de los jugadores se vuelven significativos para que el equipo pueda ganar. En el Cuerpo de Cristo, esta debe ser nuestra mentalidad también. Cada uno de nosotros tiene dones, capacidades y habilidades diferentes y únicos, pero todos somos igualmente importantes.

Cuando permitimos que los desacuerdos y las diferencias nos definan, no estamos agradando a nuestro Padre. Él quiere que nos amemos unos a otros, que nos perdonemos unos a otros, y trabajemos juntos para lograr el avance de su reino. Al colaborar y cooperar, descubrimos el gozo y la satisfacción que provienen de participar en una causa mucho más grande que nosotros mismos.

Por lo que Dios ha hecho en nuestras vidas, ¡tenemos más motivos para celebrar que un equipo que acaba de ganar el Super Bowl o la Serie Mundial! Debemos tratarnos unos a otros en consecuencia.

INTERACCIÓN DIARIA ▾

**CONÉCTESE:** Comparta su espíritu de equipo con otros en la Internet y respete los equipos deportivos que ellos apoyan, ¡aunque a usted no le gusten esos equipos!

*Acerquémonos, pues, a Dios con corazón sincero y con la plena seguridad que da la fe, interiormente purificados de una conciencia culpable y exteriormente lavados con agua pura.*

HEBREOS 10:22

▼ DEVOCIÓN

## Purificados

Después de un largo y caluroso día de verano, usted no solo se siente cansado y agotado, sino sucio y sudoroso. Quizás por eso nos encanta tanto la playa; no hay una sensación mejor en un día sofocante que zambullirnos en el agua. Ya sea en el mar, un lago, una piscina o una pileta en el patio trasero, nos encanta la sensación de sumergirnos en el agua fresca y clara.

Cuando usted ha acarreado una carga de vergüenza, culpa y remordimiento, experimentar la limpieza de la corriente de la gracia puede sentirse aun más refrescante. El agobio que sentimos al aferrarnos a esta carga se derrite e incluso nuestro cuerpo se siente más ligero.

Usted no tiene que llevar su pecado o cargar con una conciencia culpable. Dios siempre está dispuesto a conceder misericordia y perdón a los que confiesan y lo buscan con fervor. Él nos ama mucho y quiere que experimentemos la sensación limpia y fresca de una ducha fría en un día caluroso.

INTERACCIÓN DIARIA ▼

**CONÉCTESE:** Postee en JesusDaily.com una foto de una playa o espejo de agua preferido y pida a otros que compartan la suya.

## 23 de agosto

*Pero yo siempre estoy contigo, pues tú me sostienes de la mano derecha.*

Salmo 73:23

DEVOCIÓN ▾

# Tomar su mano

Los padres toman las manos de sus hijos, sobre todo cuando el niño es pequeño. Los que se aman se toman las manos. Las personas heridas o agobiadas pueden tomarse de la mano para conservar el equilibrio al estar de pie o caminar. Un compañero de equipo puede ofrecer la mano a un compañero caído para ayudarlo a ponerse en pie en señal de respeto y espíritu deportivo.

Tomar la mano de alguien es un signo de afecto, apoyo, consuelo y confianza. Dios nos extiende su mano de esta manera a diario, y nos recuerda que nunca tenemos que caminar solos. Somos amados, somos fuertes, y estamos protegidos. Su mano sostiene la nuestra y nos une a Él como su hijo amado. Tenemos acceso íntimo al Dios del universo; ¡tanto es así que Él sostiene nuestra mano!

Hoy, celebre ser un hijo de Dios y permítale que tome su mano.

INTERACCIÓN DIARIA ▾

**CONÉCTESE:** Llegue hasta personas que están a millas de distancias y hágales saber que usted se preocupa y ora por ellos, en una manera virtual de sostener su mano.

*Porque el reino de Dios no es cuestión de comidas o bebidas sino de justicia, paz y alegría en el Espíritu Santo.*

Romanos 14:17

▾ DEVOCIÓN

## Estar vigilantes

Lo que ponemos en nuestro cuerpo sin duda es importante: después de todo, nuestros cuerpos son templos del Espíritu de Dios. Sin embargo, sabemos que ser obediente y agradable a Dios requiere algo más que mirar lo que comemos y bebemos, vemos y oímos. También debemos seguir siendo diligentes en nuestras mentes y corazones, en los pensamientos y sentimientos que surgen en nosotros y cómo respondemos a ellos, especialmente con nuestras acciones.

Con tanta información que reclama nuestra atención, con tantas ventanas emergentes, anuncios y lanzamientos de ventas seductoras dirigidas a nosotros, constantemente estamos tomando más de lo que pensamos. Más imágenes, más ideas, más sensaciones—y sí, a menudo más tentaciones—de lo que pensamos.

A medida que nuestro mundo se vuelve aun más digitalizado y saturado de medios, usted debe asumir la responsabilidad de lo que ve, oye, piensa y siente. No deje que su configuración predeterminada carezca de filtros. Busque agradar a Dios con todo lo que permite en su mente, corazón y alma.

INTERACCIÓN DIARIA ▾

**CONÉCTESE:** Deje de seguir un sitio web, blog o página que está haciendo que tropiece o que no lo edifica en su fe.

## 25 de agosto

*Por tanto, imiten a Dios, como hijos muy amados, y lleven una vida de amor, así como Cristo nos amó y se entregó por nosotros como ofrenda y sacrificio fragante para Dios.*
EFESIOS 5:1-2

DEVOCIÓN ▼

# Un dulce aroma

Los científicos nos dicen que los olores tienen un gran poder para estimular nuestros recuerdos. Aunque otros datos sensoriales pueden desvanecerse, hay olores que suelen activar un recuerdo o una asociación en la mayoría de la gente. Las personas a menudo se vuelven sinónimo de ciertos aromas, por lo general una colonia o perfume favorito que usan con frecuencia. Las empresas de cosméticos gastan millones de dólares para crear combinaciones aromáticas que atraigan a las personas a usar sus productos.

Tal vez la mayor y más dulce fragancia que se conoce, sin embargo, pertenece a Jesús. Su aroma no es literal sino más bien figurado. Antes de su muerte y resurrección, los sacerdotes realizaban sacrificios delante de Dios y quemaban incienso o alguna sustancia de aroma dulce para cubrir el olor del animal sacrificado. Cuando Cristo, como el Cordero de Dios, se entregó a sí mismo como el sacrificio final por nuestros pecados, el aroma de su humildad, amor y sufrimiento debe de haber sido más intenso que cualquier perfume francés y más acre que el olor más fuerte.

Estamos llamados a dar este mismo aroma por todo lo que decimos y hacemos en el nombre del Señor.

INTERACCIÓN DIARIA ▼

**CONÉCTESE:** Postee una de sus esencias preferidas y una imagen apropiada para representarla y pida a otros que compartan la suya.

*El que es honrado en lo poco, también lo será en lo mucho; y el que no es íntegro en lo poco, tampoco lo será en lo mucho.*

LUCAS 16:10

▼ DEVOCIÓN

## Ser auténtico

¿Quién es usted cuando nadie está mirando? ¿Cómo se comporta cuando a su alrededor nadie sabe su nombre, o probablemente nunca lo vuelva a ver? Cuando viaja, ¿actúa de modo diferente que cuando está en casa? Cuando está de vacaciones, ¿tiene una actitud diferente hacia otras personas que cuando está en un día normal?

A menudo somos alentados por otras personas y por la sociedad en general a presentar una cara en público y otra a puertas cerradas. Sin embargo, Dios desea que vivamos con pureza, integridad y sinceridad: lo mismo si estamos en casa, en el trabajo, en la iglesia o de vacaciones. No es solo nuestra propia reputación lo que está en juego; es el testimonio que tenemos de quién es Cristo en nuestras vidas. Cuando otros nos ven cambiar nuestro comportamiento de acuerdo a donde estamos, asumen que nuestra fe solamente es un papel, una parte temporal de nuestras vidas bulliciosas.

Sea hoy un digno embajador de Jesús, compartiendo su fe auténtica con todos los que lo rodean, sin importar el contexto.

INTERACCIÓN DIARIA ▼

**CONÉCTESE:** Conéctese con un amigo de la Internet que siempre lo ama y lo aprecia por lo que usted es en realidad. Baje la guardia y compártale lo que está en su corazón.

## 27 de agosto

*¡Aprendan a hacer el bien! ¡Busquen la justicia y reprendan al opresor! ¡Aboguen por el huérfano y defiendan a la viuda!*
Isaías 1:17

DEVOCIÓN ▼

# Dar generosamente

Es difícil saber en quién confiar en estos días. Así que muchas personas sacan ventaja de la bondad de otros. Fingen estar en una situación desesperada o mienten acerca de su situación solo para que otros sientan compasión y los ayuden. No obstante, estamos llamados a compartir lo que tenemos con los necesitados que nos rodean. Podemos sospechar que el hombre que parece desvalido realmente nos está estafando, pero ¿y si no es así? Debemos seguir siendo generosos y compasivos, aun cuando no estemos seguros de los motivos o la honestidad de otros.

Las personas que estén dispuestas a mentir, robar o engañarlo necesitan experimentar el amor de Cristo, tanto como alguien que está herido, sin hogar, o con hambre. La actitud y el ejemplo que usted establezca honrarán al Señor, y tendrán un impacto evidente en quienes lo rodean.

Hoy, no tenga miedo de dar abierta y generosamente a las personas necesitadas que estén a su alrededor. Que vean lo mucho que Dios se preocupa por ellos, independientemente de sus motivos al buscar ayuda.

INTERACCIÓN DIARIA ▼

**CONÉCTESE:** Hable a otros acerca de una persona, causa, o ministerio que necesita ayuda y recursos adicionales. Pídales que consideren en oración lo que pueden aportar.

## 28 de agosto

*Por lo tanto, siempre que tengamos la oportunidad, hagamos bien a todos, y en especial a los de la familia de la fe.*

GÁLATAS 6:10

▼ DEVOCIÓN

# La familia de la fe

Jesús dijo que la gente sabría que somos sus seguidores por el amor que mostramos a otros. Esto es especialmente así, en cuanto a la forma en que como creyentes nos tratamos unos a otros. Aunque otros puedan no esperar que mostremos amor y bondad a nuestros enemigos, sin duda notarán si no tratamos a nuestros hermanos y hermanas en Cristo con respeto y compasión. Ya que somos llamados a ser como Cristo para todas las personas, si no somos capaces de hacerlo con los que comparten nuestras creencias, en verdad realmente fallamos.

Demasiadas personas hoy en día tienen ideas equivocadas acerca de lo que significa seguir a Jesús. Ven a los creyentes que discuten, condenan, engañan y lastiman a otros y es comprensible que no quieran ser parte de esa fe. Sin embargo, este tipo de comportamiento pecaminoso entre los cristianos aflige a Dios tanto como a los que miran.

Usted tiene la oportunidad de determinar cómo quienes lo rodean definen la fe cristiana. Su ejemplo es más elocuente de lo que usted supone. Muestre a otros lo que significa encontrarse con el amor de Jesús.

INTERACCIÓN DIARIA ▼

**CONÉCTESE:** Invite a un amigo o conocido que no conozca al Señor a registrarse en JesusDaily.com u otro sitio basado en la fe que a usted le guste.

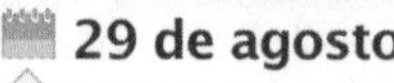

## 29 de agosto

*No seas vengativo con tu prójimo, ni le guardes rencor. Ama a tu prójimo como a ti mismo.*
LEVÍTICO 19:18

DEVOCIÓN ▾

# Amar al prójimo

Nuestro prójimo está a nuestro alrededor, sea que vivamos junto a ellos o ni siquiera sepamos sus nombres. La joven que sirve nuestro café, el señor mayor sentado frente a nosotros en el autobús, el adolescente de nuestro grupo de jóvenes de la iglesia. Básicamente, cualquier persona con quienes estemos en contacto es nuestro prójimo. Y se nos dice que los tratemos—no; que los amemos—de la manera en que nos amamos y considerarnos a nosotros mismos.

Un seguidor de Jesús le preguntó: "Señor, ¿quién es mi prójimo?" Y su respuesta probablemente los sorprendió y tal vez hasta los perturbó. Cristo dijo que el prójimo está en todas partes, las personas que encontramos a lo largo de nuestro día. Sería más fácil si pudiéramos clasificar a la buena gente de al lado como los únicos a los cuales tenemos que tratar con amabilidad, pero eso no es lo que Dios nos dice.

Hoy, ame a cada prójimo que encuentre, no solo a los que viven cerca.

INTERACCIÓN DIARIA ▾

**CONÉCTESE:** Conéctese con alguien a quien solía conocer que se ha mudado lejos: un vecino, compañero de trabajo o amigo.

*Restaura a los abatidos y cubre con vendas sus heridas.*

SALMO 147:3

▼ DEVOCIÓN

## Él sana nuestras heridas

Cuando nos quebramos un hueso, el peor tipo de lesión ocurre cuando el hueso se rompe en varios pedazos. Con un corte limpio, el hueso se puede fijar y el proceso de curación comienza de inmediato. Sin embargo, con más de una rotura, los fragmentos y trozos irregulares de hueso pueden hacer que el proceso de recuperación sea largo y doloroso.

Nuestros corazones a menudo sienten lo mismo. Algunas pérdidas parecen quebraduras limpias. Sabemos que van a venir, nos prepararnos para ellas, y seguimos adelante. Otras parecen socavar nuestro amor por alguien o nuestra esperanza para el futuro. Cada palabra hiriente o acción ofensiva nos deja sintiéndonos un poco más heridos y más ásperos. Finalmente, no estamos seguros de cómo perdonarlos o sanar el daño que se ha producido.

Dios sabe cómo sanar hasta las heridas más profundas y los ataques más dolorosos de nuestros corazones. Como un maestro cirujano, Él puede unir nuestras piezas rotas y llenar los agujeros de nuestro interior con su amor, su gracia y su misericordia. Los huesos sanan, y también lo hará nuestro corazón.

INTERACCIÓN DIARIA ▼

**CONÉCTESE:** Haga saber a alguien que usted ora por su sanidad, confiado en que Dios continuará restaurando su corazón y su vida.

## 31 de agosto

*No hagan nada por egoísmo o vanidad; más bien, con humildad consideren a los demás como superiores a ustedes mismos. Cada uno debe velar no solo por sus propios intereses sino también por los intereses de los demás.*
FILIPENSES 2:3-4

DEVOCIÓN ▾

# Poner primero a los otros

¿Cómo respondería si hoy alguien le preguntara: "¿Eres una persona vanidosa?" La mayoría de nosotros tendría la esperanza de que no, y aunque supiéramos la verdad sobre nosotros mismos, seríamos reacios a admitirlo. Sin embargo, en nuestra época de constantes medios de comunicación social, afrontamos más tentaciones que nunca en cuanto a valorarnos demasiado. Desde lo que publicamos en nuestro estado hasta las "selfies" que a diario sacamos para compartir con otros, se nos anima a ser la estrella de nuestra propia serie de la vida real, llamada vida.

Sin embargo, como cristianos, estamos llamados a poner primero a los otros. A no estar centrados en nuestra propia apariencia, identidad o necesidades y, en cambio, buscar oportunidades para servir a los que nos rodean. En una cultura que nos anima a perseguir nuestros quince minutos de fama, no siempre es fácil, pero con Cristo como nuestro modelo a seguir, siempre es posible.

Deje hoy que otra persona sea la estrella del espectáculo mientras usted los apoya y los sirve.

INTERACCIÓN DIARIA ▾

**CONÉCTESE:** Prívese de publicar un nuevo estado, fotos o actualizaciones en sus propias páginas y en cambio, opine de lo que le gusta de las páginas de otras personas.

# JESÚS SANA

## SEPTIEMBRE

*Pero el Señor es fiel, y él los fortalecerá y los protegerá del maligno.*

2 Tesalonicenses 3:3

## 1 de septiembre

*Si alguno quiere ser el primero, que sea el último de todos y el servidor de todos.*
Marcos 9:35

DEVOCIÓN ▾

# El servidor de todos

Ponemos en juego un montón de habilidades, queriendo terminar en el primer lugar, queriendo saber dónde nos situamos en comparación con nuestros pares. Anualmente se compilan listas de los más ricos, los más influyentes y los más famosos. Los atletas están acostumbrados a estar en un *ranking*, y la mayoría de las empresas confía en los números para determinar sus presupuestos, sus metas y sus márgenes. Por lo general, las personas solo son felices cuando se están moviendo hacia arriba en la lista.

Sin embargo, hay una lista en la que debemos esperamos ser últimos: la de las personas que quieren estar primeras en el reino de Dios. Jesús nos dice que si usted quiere demostrar su pasión, compromiso y dedicación al Señor, debe ser el servidor de todos: el último de la lista. En un mundo ferozmente competitivo donde competir significa conocer su lugar numérico, no es fácil adoptar una mentalidad de siervo.

Permita hoy que Jesús sea su modelo de rol, para ser el primero siendo último.

INTERACCIÓN DIARIA ▾

**CONÉCTESE:** Postee su deseo de servir a otros de una manera específica u ofrezca ayuda específica para alguien que lo necesite y que ya haya posteado una solicitud.

*Las cosas pasadas se han cumplido, y ahora anuncio cosas nuevas; ¡las anuncio antes que sucedan!*

ISAÍAS 42:9

JESÚS SANA

▼ DEVOCIÓN

## Proclamar la Buena Nueva

A pesar de que nuestra sociedad no es tan formal como era antes, todavía seguimos tradiciones en torno a eventos importantes. Para los compromisos, las bodas y el nacimiento de niños, muchas personas siguen enviando anuncios para que el mundo conozca sus felices noticias. De modo similar, otros anuncios formales reportan algo que ya ha sucedido, transmitiendo noticias que otros necesitan saber.

Nuestro Padre no solo proclama la buena noticia de la gracia a través de Cristo, sino que predijo esa noticia miles de años antes del nacimiento de Jesús. Del mismo modo, nos prepara para lo que va a suceder en nuestras vidas, aun cuando no nos lo anuncie abiertamente. Solo miremos hacia adelante, poniendo nuestra esperanza en Él. A medida que somos transformados a la semejanza de Cristo, también tenemos buenas noticias para anunciar: cómo recibir el perdón de los pecados, disfrutar una vida abundante y pasar la eternidad en el cielo. ¡Esta noticia es demasiado buena para guardarla sólo para nosotros!

INTERACCIÓN DIARIA ▼

**CONÉCTESE:** Visite JesusDaily.com y postee un anuncio de algo grande que está por venir a su vida, o que ocurrió recientemente.

## 3 de septiembre

*Así fue como David triunfó sobre el filisteo: lo hirió de muerte con una honda y una piedra, y sin empuñar la espada.*

1 Samuel 17:50

DEVOCIÓN ▾

# Matador de gigantes

Los que parecían llevan las de perder se vuelven héroes populares porque son superados en número, subestimados y abrumados. Muchas personas no esperan que ganen, y aun cuando los apoyen, no pueden imaginar cómo podrían superar los obstáculos y lograr la victoria. Queremos que le vaya bien al más débil, especialmente cuando está luchando contra la injusticia.

Uno de los desvalidos favoritos de la humanidad sigue siendo el joven pastor que llegó a ser rey de Israel. David mostró su valentía y confianza en Dios al enfrentar al poderoso gigante filisteo Goliat, un matón hostigador que se burlaba de los israelitas y se mofaba de su Dios. Después de matar a muchos de sus hombres, el gigante se volvió aún más fuerte y más orgulloso de sus brutales logros.

David no estuvo dispuesto a dejar que este tipo siguiera comportándose así, no sin luchar. Así que el joven guerrero se basó en su experiencia de pastor defendiendo a las ovejas de los osos y los leones. Usó armas adecuadas a su capacidad y con las que estaba cómodo. E hizo que Goliat cayera de cara en el polvo.

Nosotros tenemos a nuestra disposición el mismo poder de fe, valor y determinación. Somos matadores de gigantes.

INTERACCIÓN DIARIA ▾

**CONÉCTESE:** Pida apoyo y asuma la responsabilidad de ser transparente en un área en la que lucha. Si necesita ayuda profesional o médica, concierte una cita.

*Es verdad que ustedes pensaron hacerme mal, pero Dios transformó ese mal en bien para lograr lo que hoy estamos viendo: salvar la vida de mucha gente.*

GÉNESIS 50:20

▼ DEVOCIÓN

## Bolas curvas de la vida

Probablemente usted ha oído hablar o visto un boomerang australiano, un arma aborigen de caza, que se ha convertido en un popular *souvenir* y juguete. La pieza de madera clara en forma de L, cuando es lanzada por un practicante experto, se aleja en arco de su lanzador antes de volver al mismo lugar de donde fue lanzado.

A menudo lo que damos a los demás es lo que terminamos por obtener nosotros mismos. Cuando otros tienen la intención de hacernos daño, Dios nos protege y transforma el sufrimiento en fuerza. El impacto negativo vuelve sobre los que nos desearon daño. Aunque a nadie le gusta experimentar dolor, decepción y traición, podemos consolarnos sabiendo que nuestras heridas no nos destruirán. Nuestro Padre utiliza todo para equiparnos y fortalecernos, transformando cuanto otros puedan lanzar contra nosotros.

Aun cuando la vida nos lanza una bola curva, sabemos que Dios la va a utilizar para anotar una victoria en nuestras vidas.

INTERACCIÓN DIARIA ▼

**CONÉCTESE:** Postee en JesusDaily.com una petición de oración y comprométase a orar por otros que luchan con la misma necesidad.

## 5 de septiembre

*El temor del Señor es corrección y sabiduría; la humildad precede a la honra.*

Proverbios 15:33

DEVOCIÓN ▾

# Toda sabiduría

Solemos pensar en la sabiduría como sinónimo de años y madurez. Sin embargo, muchas personas envejecen y se vuelven cada vez más tontas. Tener más años a sus espaldas no garantiza automáticamente que usted haya aprendido de sus errores y crecido en sabiduría.

Las personas que crecen en sabiduría son las que confían en el Señor. Los jóvenes a menudo maduran rápidamente, porque están dispuestos a dar un paso de fe y confiar en Dios para su futuro. Ellos aprenden de sus errores, escuchan la sabiduría transmitida por los que van delante de ellos, y estudian la verdad de la Palabra de Dios.

Cuando vemos a Dios como nuestra fuente de sabiduría, y no las fuentes hechas por el hombre, podemos saber que vamos a seguir siendo humildes y con conexión a tierra. Al tener a Dios como nuestra fuente, no vamos a tomar el crédito por lo que hemos aprendido, sino que señalaremos hacia él. Él es la fuente de toda sabiduría.

INTERACCIÓN DIARIA ▾

**CONÉCTESE:** Comparta en su página un versículo bíblico favorito acerca de la sabiduría y pida a otros que posteen los suyos.

*Señor mi Dios, tú eres grandioso; te has revestido de gloria y majestad.*

SALMO 104:1

▼ DEVOCIÓN

## Sus huellas dactilares

Cuando el verano llega a su fin, es tentador pensar que la naturaleza ha tocado su punto más alto y revelado su más bella temporada. Pero entonces comienza el otoño y nos damos cuenta de que el deslumbrante despliegue de color, belleza y transformaciones increíbles continúa. Las hojas comienzan a desdibujarse y se desvanecen en nuevos colores, desde el verde al bronce, oro, escarlata, naranja y marrón. El cielo adquiere un tono de azul más rico. El aire se vuelve fresco y pronto la primera helada deja una capa de hielo de diamante grabado cubriendo todo por fuera.

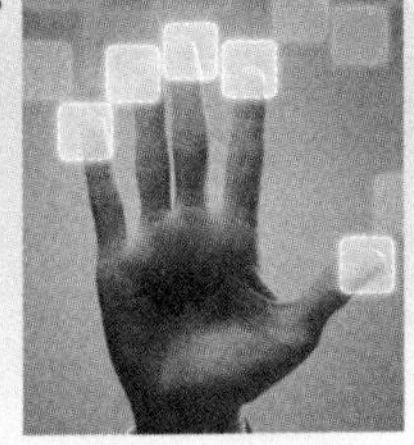

La belleza de Dios está siempre ante nosotros. Independientemente de la estación, sus huellas nos dejan imágenes imborrables para que las disfrutemos y usemos como recordatorios visuales de su gloria, creatividad y poder. Podemos deleitarnos en los sensuales placeres del otoño y utilizarlos como recordatorios para dar gracias y alabanza por las maravillas de la obra del Creador.

INTERACCIÓN DIARIA ▼

**CONÉCTESE:** Postee una imagen de una actividad favorita de otoño: rastrillar hojas, o recolectar una cosecha, para nombrar algunos, y pida a otros que compartan la suya.

## 7 de septiembre

*Así dice el Señor: "Deténganse en los caminos y miren, y pregunten por los senderos antiguos. Pregunten por el buen camino, y no se aparten de él. Así hallarán el descanso anhelado…."*

JEREMÍAS 6:16

DEVOCIÓN ▾

# Las sendas antiguas

Desde que tenemos aplicaciones de GPS y software de mapas en los teléfonos y tabletas, o incluso instalados en nuestros vehículos, pocos tienen que parar mientras conducen para pedir indicaciones a otros. Sin embargo, nos seguimos beneficiando de los conocimientos y sabiduría de otros viajeros. Cuando visitamos una nueva área de nuestro país o viajamos al extranjero, a menudo consultamos guías, comentarios de otros viajeros, y recomendaciones de expertos.

Nuestro viaje espiritual es igual. Podemos beneficiarnos mucho de los cientos de años de sabiduría y experiencia que otros cristianos nos han dejado como legado. Cuando leemos los escritos de antiguos peregrinos de la fe, somos capaces de mirar en el corazón de otro hermano o hermana en Cristo. Podemos entender sus luchas, apreciar su visión, y aprender de su fe inclaudicable en el Señor.

La sabiduría de otros cristianos nos ofrece una gran hoja de ruta para nuestro viaje. Podemos ver más allá de lo que hemos experimentado y darnos cuenta de que vamos a ser presionados y llamados a aventurarnos en territorio desconocido, lugares que ya han sido transitados por otros creyentes que han pasado antes que nosotros. Nunca viajamos solos.

INTERACCIÓN DIARIA ▾

**CONÉCTESE:** Navegue en línea y busque cristianos de la historia que capten su interés. Encuentre algunos de sus escritos y vea cómo aplicaron su sabiduría a su vida.

*En conclusión, ya sea que coman o beban o hagan cualquier, otra cosa, háganlo todo para la gloria de Dios.*

1 Corintios 10:31

▾ DEVOCIÓN

## Pruebe la bondad de Dios

*Shows* de cocina *gourmet* son presentados por chefs famosos. Utensilios de cocina, herramientas e implementos para cada necesidad culinaria imaginable. Incontables recetas y libros de cocina. Restaurantes que virtualmente brindan comidas de casi todas las culturas y combinaciones de paleta que hay bajo el sol. Tenemos tantas grandes formas de disfrutar de la comida que a veces nos olvidamos de dar crédito a la fuente. Cada vez que comemos o bebemos nos da la oportunidad de probar la bondad de Dios y darle las gracias por su generosidad.

Ya sea que usted esté paladeando sidra de manzana y pan de calabaza o las últimas manzanas y maíz de la temporada, es difícil no disfrutar de los deliciosos sabores de otoño. Hay una abundancia de productos y preparaciones a realizar para el invierno que viene. Muchas personas siguen haciendo sus propias conservas, jaleas, mermeladas, frutas y verduras enlatadas. Ellos saben que no hay nada como el sabor de la mermelada casera hecha con la receta de su abuela.

Reflexione hoy sobre los alimentos que consume con una medida extra de acción de gracias y apreciación por los que cultivan, cosechan, producen, cocinan, preparan y sirven las comidas.

INTERACCIÓN DIARIA ▾

**CONÉCTESE:** Envíe invitaciones para una próxima de reunión de "intercambio de recetas" con amigos cercanos y familia, en la que cada persona traiga su plato favorito y la receta para compartir.

9 de septiembre

*... "Lo que Dios ha purificado, tú no lo llames impuro".*
HECHOS 11:9

DEVOCIÓN ▼

## La gente cambia

Con frecuencia nos sentimos alentados a confiar en nuestras primeras impresiones y seguir nuestro instinto cuando se trata de personas. Y aunque estemos dispuestos a darnos un largo tiempo para evaluar a otros, es difícil superar el comportamiento negativo del comienzo de una relación. Pero nuestras impresiones no siempre son exactas, y auque lo sean, debemos tener en cuenta que la gente puede cambiar. O, para ser más preciso, aceptar el hecho de que Dios cambia a las personas.

Frecuentemente nos formamos impresiones de la gente y la juzgamos. A veces, si nuestro juicio es negativo, nos despedimos de ella y no la tratamos con bondad y compasión. Pensamos que un leopardo no puede cambiar sus manchas. Lo cual puede ser cierto, a menos que sea lavado por la sangre del Cordero.

La gente puede cambiar por el poder del amor de Dios y la gracia de Cristo. Tenemos que aceptarla y tratarla de la misma manera que queremos que nos acepten y traten a nosotros, sabiendo que no somos los que éramos.

INTERACCIÓN DIARIA ▼

**CONÉCTESE:** Pídale a alguien que lo conozca bien que le haga un "chequeo de realidad", una evaluación del crecimiento que ha observado en su vida durante el año pasado.

*"Todo el que beba de esta agua volverá a tener sed— respondió Jesús", pero el que beba del agua que yo le daré, no volverá a tener sed jamás.*

JUAN 4:13-14

▼ DEVOCIÓN

## El desierto interior

Imagínese que usted acaba de terminar una larga carrera o de completar una extenuante caminata. Su cuerpo ha transpirado tanto que se siente como si no quedara humedad en usted. Su garganta está tan seca que es difícil tragar, y tiene en la boca un sabor áspero por todo el polvo que tragó en su viaje.

Ahora imagine que echa mano a un gran vaso de agua helada. La sensación del agua fría que baja por su garganta lo refresca instantáneamente. A medida que continúa bebiendo, casi puede sentir el agua fluir hacia abajo de su cuerpo hasta llegar a los dedos del pie. Usted sigue bebiendo y siente como si no pudiera tener bastante de ese precioso líquido.

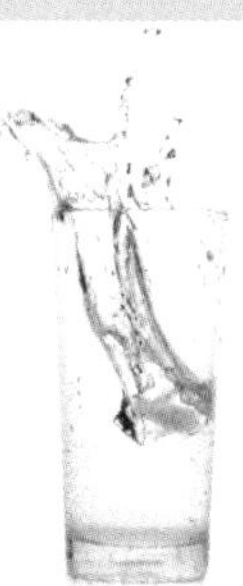

Nuestras almas fueron hechas para encontrar en Dios el refrigerio que da vida. Solo Él satisface la sed profunda, aparentemente inextinguible, que tantas veces duele en nuestro interior. En Él bebemos el Agua Viva que trae nueva vida y nueva alegría al desierto interior.

INTERACCIÓN DIARIA ▼

**CONÉCTESE:** Postee una imagen y testimonie en línea acerca de su bebida favorita y pida a otros que compartan la suya. ¿Cómo nos recuerdan estas bebidas nuestra sed de Agua Viva?

## 11 de septiembre

*Con amor eterno te he amado...*
JEREMÍAS 31:3

DEVOCIÓN ▾

# Amor eterno

Cuando suceden acontecimientos trágicos, por lo general no sabemos cómo encontrarles sentido. Cuando la gente parece motivada por el odio, la codicia y el mal hasta el punto de estar dispuesta a tomar otras vidas humanas, es difícil comprenderlo. ¿Por qué Dios permite que tanto sufrimiento y devastación tengan lugar de manos de gente que claramente no está interesada en servirlo? Sin duda, Él podría detener a estas personas para que no dañen a otros, así que ¿por qué no lo hace?

La simple respuesta es que Él nos ha dado opciones acerca de cómo vivir nuestras vidas. Adán y Eva ejercieron este don del libre albedrío escogiendo desobedecer a Dios y seguir su propio camino. Desde entonces, estamos viviendo en un mundo lleno de las consecuencias de esta decisión pecaminosa. Nuestro egoísmo crece como un cáncer si no es controlado por la gracia de Dios y el amor de Cristo.

Esta vida siempre va a ser dolorosa, pero tenemos la cura para nuestra condición pecaminosa. Dios no nos abandonó después que nuestros primeros padres arruinaron todo. Él envió a su único Hijo para salvarnos de nuestros pecados y darnos la vida eterna. ¡Su amor es verdaderamente eterno!

INTERACCIÓN DIARIA ▾

**CONÉCTESE:** Deje que al menos tres seres queridos sepan que usted está orando por ellos y elevándolos hasta su Padre. Recuérdeles que no están solos.

*No seas sabio en tu propia opinión; más bien, teme al Señor y huye del mal.*

Proverbios 3:7

▼ DEVOCIÓN

## Los verdaderamente sabios

Por mucho que queramos crecer en sabiduría y madurez, no solemos ser los mejores jueces de nuestro propio progreso. De hecho, cuanto más sigamos centrados en nuestro propio crecimiento, más probabilidades tendremos de volvernos orgullosos, arrogantes y autosuficientes. Nuestra humildad se desvanece a medida que comenzamos a sentirnos muy bien respecto a nosotros mismos y a nuestro desarrollo espiritual.

Sin embargo, esa no es la forma en que se comportan y crecen las personas verdaderamente sabias. Tal vez usted ha escuchado el dicho: "¡Cuanto más sé, más sé que no sé!" En muchos sentidos, esta es la actitud de la madurez espiritual. Su humildad le impide ser un sabelotodo propenso a decir a otros cómo crecer más cerca de Dios. En lugar de eso, ellos aprenden de sus experiencias y siempre están dispuestos a compartir con los demás, pero nunca de una manera que sea presumida, superior o condescendiente.

Ellos saben que todos aprendemos unos de otros, tanto el creyente nuevo como el cristiano maduro. Los que son verdaderamente sabios se dan cuenta de que solo Dios es la fuente de toda sabiduría.

INTERACCIÓN DIARIA ▼

**CONÉCTESE:** Consulte a alguien que considera espiritualmente maduro y sabio respecto a una decisión que usted deba tomar próximamente.

## 13 de septiembre

*No se olviden de hacer el bien y de compartir con otros lo que tienen, porque ésos son los sacrificios que agradan a Dios.*

Hebreos 13:16

DEVOCIÓN ▾

# Hacer el bien y compartir

Muchas personas parecen naturalmente propensas a guardar y ser frugales. Se aferran a lo que ganan y se muestran reacios a darlo. Pueden tener poco o mucho, pero su actitud tacaña influye en casi todas sus decisiones. Por otro lado, a muchos otros les encanta dar lo que tienen. Ellos saben que verdaderamente es más bienaventurado dar que recibir, y se deleitan en ser una bendición para otros.

Independientemente de nuestras naturales inclinaciones o personalidad, cuando practicamos la generosidad nos resulta más fácil dar lo que tenemos. Cuando usted no se aferra a las posesiones, la riqueza o el poder como fuente de su seguridad o identidad, se da cuenta de que no necesita depender de ellos. Sabe que Dios es la fuente de todo lo que tiene, y como resultado, usted es meramente su mayordomo, usando lo que le ha sido dado para el avance de su reino.

Ya se trate de un niño que comparte su comida con otros en la cafetería de la escuela o de un niño que comparte su comida con Jesús para bendecir y multiplicar por 5 000, siempre hay un sentido de lo milagroso cuando estamos dispuestos a dar a otros lo que tenemos.

INTERACCIÓN DIARIA ▾

**CONÉCTESE:** Visite un sitio donde las personas con necesidades se correspondan con personas que tienen elementos, servicios y dinero para donar.

*Por lo tanto, siempre que tengamos la oportunidad, hagamos bien a todos, y en especial a los de la familia de la fe.*

GÁLATAS 6:10

JESÚS SANA

▼ DEVOCIÓN

## Haga lo mejor

A menudo pensamos en hacer el bien como decir siempre lo correcto, estar preparados para cualquier respuesta o acción de otros, y tener siempre algo que dar a quienes nos rodean. En pocas palabras, "hacer el bien" se convierte gradualmente en "ser el mejor". Pero esto no es lo que sirve a Dios y los otros requieren. No tenemos que ser perfectos. No es una competencia y no hay que alcanzar lo "mejor".

Hacer el bien simplemente significa vivir una vida basada en el amor, la guía y la generosidad de Dios. Esto sencillamente significa tratar a otros de la misma manera que usted desea ser tratado. Es una actitud de compasión, comprensión y aceptación que refleja la gracia que le han dado.

Usted no tiene que ser perfecto. No hay una "manera correcta" de hacer todo día a día. A usted solo se le requiere ofrecer de todo corazón esfuerzos motivados por su amor a Dios y su creación. Haciendo lo mejor, usted puede descansar en el perfecto amor de Cristo.

INTERACCIÓN DIARIA ▼

**CONÉCTESE:** Vaya a JesusDaily.com y pregunte a otros cómo manejan el perfeccionismo en sus vidas, sobre todo en su fe. Pónganse de acuerdo en orar unos por otros.

## 15 de septiembre

*El que hace lo bueno es de Dios.*
3 Juan 11

DEVOCIÓN ▾

# Más que suficientemente buenos

Muchas personas piensan de sí mismas como "buena gente", individuos dispuestos a tratar a otros amablemente y a hacer lo que puedan para mejorar el mundo que los rodea. Muchas personas temen no ser "lo suficientemente buenas", y tratan de hacer servicios extra y de mostrarse extra amables con otros. Sin embargo, si somos totalmente honestos, nadie es realmente bueno, al menos, no en el sentido en que Dios es bueno.

Sin importar cuán agradables, amables, cariñosas y compasivas sean, hasta las mejores personas siguen siendo pecadoras. En esta vida nunca vamos a llegar a la perfección, aun cuando estemos siendo transformados por el poder del Espíritu Santo de Dios que mora dentro de nosotros. Simplemente debemos recordar que Dios es la fuente de nuestra bondad. Él proporciona la norma, así como el poder para todo lo que necesitamos hacer.

Aunque aquí nunca seremos perfectos, ya somos más que suficientemente buenos por lo que Cristo ha hecho por nosotros. Podemos compartir esta buena noticia con otros, impulsados por nuestro deseo de ver que experimenten el perdón, la gracia y el amor de Dios.

INTERACCIÓN DIARIA ▾

**CONÉCTESE:** Postee una imagen que ilustre la bondad de Dios en JesusDaily.com y vea la cantidad de "me gusta" que obtiene.

*Estén siempre alegres, oren sin cesar, den gracias a Dios en toda situación, porque esta es su voluntad para ustedes en Cristo Jesús.*

1 Tesalonicenses 5:16-18

▼ DEVOCIÓN

## Cuente sus bendiciones

La relación entre la gratitud y la alegría continúa siendo estudiada por médicos, psicólogos y consejeros. La premisa es bastante simple: cuando somos conscientes de todas las cosas buenas que tenemos en la vida, cuando dejamos de concentrarnos en lo que no tenemos y nos damos cuenta de lo que ya tenemos, experimentamos más alegría. En otras palabras, cuando contamos nuestras bendiciones nos damos cuenta de lo mucho que Dios nos ha bendecido, y nos sentimos debidamente agradecidos.

En una cultura que se centra en comprar y gastar para alcanzar más y más, es fácil pasar por alto lo mucho que en realidad tenemos. Nuestra salud, nuestra familia y nuestro trabajo no deben darse por sentados. Tener alimentos para comer, un techo sobre nuestras cabezas y ropa para vestir también son dones y no derechos. Amigos que se preocupan por nosotros, transporte confiable y sentido del humor: la lista de las bendiciones que tendemos a dar por supuestas sigue y sigue.

Cuente hoy sus bendiciones, y dé gracias especialmente por las cosas que usted puede dar por sentadas.

INTERACCIÓN DIARIA ▼

**CONÉCTESE:** Comparta con un amigo elementos de su lista de “los diez mejores” a cambio de que él le comparta de los suyos.

## 17 de septiembre

*[Jesús dijo:] Quien quiera servirme, debe seguirme; y donde yo esté, allí también estará mi siervo. A quien me sirva, mi Padre lo honrará.*

Juan 12:26

DEVOCIÓN ▾

## Una vida de servicio

A veces se supone que ser un servidor requiere que seamos mansos y humildes, sumisos y serviles, dispuestos a recibir órdenes y hacer lo que cualquier persona que nos rodea quiera que hagamos. Sin embargo, respecto al servicio bíblico, ¡nada podría estar más lejos de la verdad!

Se necesita mucha fuerza, dedicación y humildad para servir a alguien. Usted debe estar comprometido a obedecer sus deseos, sin cuestionar sus juicios. Usted debe confiar implícitamente en ellos y querer solo lo que es mejor para ellos.

Con este tipo de calificaciones, es fácil ver por qué no hay nada pasivo o débil en servir a Dios. Él quiere que lo sirvamos como sacrificio vivo, como hijos e hijas obedientes que han sido comprados por precio y redimidos.

Servir es fácil cuando nos damos cuenta plenamente de lo que nos ha sido dado.

INTERACCIÓN DIARIA ▾

**CONÉCTESE:** Hoy manténgase desconectado durante su tiempo libre mientras sirve a otros, ya sea en su vecindario o en casa.

*Ustedes necesitan perseverar para que, después de haber cumplido la voluntad de Dios, reciban lo que él ha prometido.*

HEBREOS 10:36

▼ DEVOCIÓN

## Guardador de promesas

¿Cuándo fue la última vez que alguien le prometió algo, pero no se lo dio? En el mundo de los negocios, frecuentemente queremos que nuestros contratistas y miembros de equipo "prometan menos y den más" en lugar de hacer al revés. Por desgracia, no todo el mundo sigue adelante y brinda lo que dice que hará. Incluso pueden ser bienintencionados, pero si no pueden entregar lo que se espera, pronto se perderá la fe en su credibilidad.

Dios siempre ofrece más de lo que promete. Durante miles de años, ha mantenido los cientos de promesas hechas en su Palabra. Numerosas profecías predijeron la venida de Cristo y varios detalles específicos de su nacimiento, vida, muerte y resurrección, todos los cuales fueron cumplidos.

La promesa de Cristo de enviar su Espíritu para que esté siempre con nosotros refuerza la promesa de su Padre de no abandonarnos nunca. Tenemos un Dios que cumple su palabra y siempre ofrece más de lo que merecemos.

INTERACCIÓN DIARIA ▼

**CONÉCTESE:** Contacte a un amigo que esté pasando una temporada difícil y prométale ayudarlo mientras la atraviesa. Manténganse en comunicación con él cada día de la próxima semana.

## 19 de septiembre

*El mundo se acaba con sus malos deseos, pero el que hace la voluntad de Dios permanece para siempre.*

1 JUAN 2:17

DEVOCIÓN ▼

# Un impacto para la eternidad

Nuestra cultura sigue fascinada con la vida después de la muerte, los detalles del cielo, y lo que sucede cuando dejamos este mundo. En películas y programas de televisión, los personajes constante y milagrosamente parecen regresar de la tumba. En telenovelas, ¡incluso se llega a esperar que personajes supuestamente muertos al fin regresen!

Sin importar cómo se representen en la ficción la muerte y el más allá, la realidad es que todos vamos a morir. Nuestras vidas aquí en la tierra son finitas. Si hemos confiado en Cristo como nuestro Salvador, tenemos la promesa de la vida eterna con Él y nuestro Padre en el cielo. Sin saber cómo se verá o se sentirá, se nos dice que será un lugar sin lágrimas, tristeza o tiempo.

Nunca sabemos cuánto será nuestro tiempo aquí en la tierra. Sea que vivamos una larga vida por décadas o que se nos llame pronto a casa, tenemos la seguridad de dónde pasaremos la eternidad. El cielo es nuestro hogar para siempre. Así que aproveche al máximo el tiempo que tiene hoy.

INTERACCIÓN DIARIA ▼

**CONÉCTESE:** Invite a alguien que no conoce el Señor a tomar un café con usted, acompañarlo a la iglesia, o ir juntos a un próximo evento de alcance.

*Por mi integridad habrás de sostenerme, y en tu presencia me mantendrás para siempre.*
SALMO 41:12

▼ DEVOCIÓN

## Integrado y completo

Cuando estamos integrados, estamos completos. Todas las diversas partes, piezas, funciones y responsabilidades de quienes somos llegan a estar fundamentados en la consistencia de nuestro carácter. Mientras seguimos a Cristo, todas las diferentes facetas de nuestra personalidad se transforman por el Espíritu de Dios que trabaja dentro de nosotros.

Gran parte del tiempo, nos concentramos en fortalecer ciertas partes de nuestro ser y eliminar otras. Queremos enfatizar nuestros hábitos virtuosos y disciplinas y quitar las debilidades, errores y vicios. Aunque hay cierto mérito en cultivar las disciplinas espirituales y resistir las tentaciones, también debemos recordar que Dios ama todo de nosotros. Él conoce todas las facetas de nuestro ser—después de todo, él nos hizo—, y nada lo sorprende.

Si queremos ser integrado y completos, tenemos que ser honestos respecto a todas las partes de nosotros mismos, no solo las que nos gustan.

INTERACCIÓN DIARIA ▼

**CONÉCTESE:** Llame a un compañero de oración o socio de responsabilidad en JesusDaily.com y renueven su compromiso de alentarse mutuamente.

## 21 de septiembre

*Porque donde dos o tres se reúnen en mi nombre, allí estoy yo en medio de ellos.*
MATEO 18:20

DEVOCIÓN ▼

# Reunidos en su nombre

La mayoría de nosotros hemos tenido la experiencia de sentirnos solos en una multitud en un gran evento. Aunque podamos tener gente en las proximidades, permanecemos desconectados, distantes, y separados de ellos. Nos perdemos en la multitud, preguntándonos por qué vinimos.

Por otro lado, a veces nos podemos sentir como perteneciendo a una gran causa con solo una o dos personas más. Tal es el Cuerpo de Cristo. No tenemos que estar con una iglesia llena de gente para saber que somos parte de algo que cambia la vida y hace la historia. Simplemente tenemos que estar con otro creyente, tal vez un par, que anhelan seguir a Jesús como nosotros lo hacemos.

Los discípulos originales eran solo doce hombres. Las primeras iglesias a menudo se reunían en casas con solo unas pocas docenas de personas. Podemos conocer la presencia de Dios de una manera muy íntima cuando somos parte de un grupo pequeño. Podemos ayudar a satisfacer las necesidades del otro, orar juntos, estudiar juntos la Biblia y celebrar juntos.

INTERACCIÓN DIARIA ▼

**CONÉCTESE:** Reconéctese con un amigo cristiano con el que no se ha comunicado desde hace tiempo. Hágale saber que usted está pensando en ellos y que no están solos.

## 22 de septiembre

*Dichosos los que saben aclamarte, Señor, y caminan a la luz de tu presencia.*

Salmo 89:15

▼ DEVOCIÓN

# Andar en la luz

Cuando la electricidad se corta, cuando la linterna no funciona, cuando la noche cae más rápido de lo que pensábamos en nuestra caminata, experimentamos la oscuridad de una forma completamente nueva. Podemos estar tentados a entrar en pánico y preguntarnos cómo vamos a ver y poder seguir adelante. Podemos tropezar o caer, andar a tientas en la oscuridad para encontrar velas o pilas nuevas. Incluso después de que nuestros ojos se acostumbran a la oscuridad, podemos seguir luchando para ver.

A veces llegamos a estar tan agobiados por las preocupaciones de la vida que se siente como si las luces se hubieran atenuado a nuestro alrededor. Las circunstancias parecen sombrías, y podemos ver claramente como la oscuridad parece cerrarse a nuestro alrededor. Luchamos por más luz, por un sentido más claro de lo que está pasando.

Durante estos períodos de oscuridad, debemos confiar en la luz de Dios, confiando en que está ahí, aun cuando no podamos ver de la manera que queremos. Como el sol o las estrellas ocultas por la cubierta de nubes, la luz permanece aunque no sea visible. Simplemente tenemos que esperar a que las nubes pasen para que la luz vuelva a brillar aun más.

INTERACCIÓN DIARIA ▼

**CONÉCTESE:** Postee una imagen de una fuente favorita de luz, ya sea del sol o de la luna, una lámpara o linterna, luz de velas o fuegos artificiales. Comparta un versículo acerca de la luz de Dios.

## 23 de septiembre

*Pero el Señor es fiel, y él los fortalecerá y los protegerá del maligno.*

2 Tesalonicenses 3:3

DEVOCIÓN ▾

# Usted puede manejarlo

Hoy en día son pocas las personas que no se ven afectadas por algún tipo de violencia, ya sea directamente o a través de sus seres queridos. Además, a menudo afrontamos las consecuencias de la corrupción en nuestras oficinas, comunidades, gobiernos y, sí, a veces incluso en nuestras iglesias. El mal tiene muchas caras, y no siempre se lo puede reconocer cuando nos mira. No obstante, debemos mantenernos vigilantes y fortalecidos en el poder del Señor. Nuestro enemigo nos la tiene jurada, para socavar nuestra fe y sacarnos de la carrera.

Cuando afrontamos pruebas y tentaciones, a veces perdemos de vista lo que realmente está pasando. Cuestionamos a Dios y nos preguntamos por qué permite que pasemos tiempos tan duros. Durante esos momentos, el enemigo intenta usar nuestros sentimientos de duda, miedo y ansiedad para socavar nuestra fe.

La fe requiere que no nos detengamos en nuestras emociones ni les permitamos controlar nuestras decisiones y acciones. Dios siempre proveerá el poder que necesitamos para atravesar los desafíos de hoy. No importa cuán desalentador parezca, usted puede manejar lo que se avecina.

INTERACCIÓN DIARIA ▾

**CONÉCTESE:** Deje que otros sepan que usted necesita de sus oraciones, compartiéndoles todo lo que se sienta guiado a revelar sobre sus necesidades.

## 24 de septiembre

*Tu reino es un reino eterno; tu domino permanece por todas las edades. Fiel es el* SEÑOR *a su palabra y bondadoso en todas sus obras.*

SALMO 145:13

▼ DEVOCIÓN

# Él sigue siendo el mismo

Aunque el clima puede ser impredecible y cambia rápidamente, las cuatro estaciones se mantienen constantes. Algunos días pueden parecer como si incluyeran las cuatro en uno comenzando fresco, creciendo en calidez, soplando en una tormenta, revelando el sol, nublándose y volviéndose frío otra vez, para terminar con algunos copos de nieve. Dependiendo de donde usted viva, esto puede ser más bien la norma.

Sin embargo, con el tiempo, sigue habiendo características de cada estsación que se mantienen constantes. En verano, en promedio, las temperaturas son más altas. En invierno, el clima más frío perdura con mayor regularidad. Aprendemos que aunque un día en particular puede ser excepcional, las estaciones del año, en promedio, se mantienen constantes.

Si las estaciones, con las condiciones variantes de cada día, siguen siendo coherentes, podemos confiar en que la fidelidad de Dios sigue siendo la misma, independientemente de las circunstancias de nuestra vida. ¡Él es el mismo ayer, hoy y para siempre!

INTERACCIÓN DIARIA ▼

**CONÉCTESE:** Postee una foto o ilustración de su tipo favorito de tiempo. Combínelo con un versículo acerca de la fidelidad de Dios y su naturaleza que no cambia.

## 25 de septiembre

*Pues tu amor es tan grande que rebasa los cielos; ¡tu verdad llega hasta el firmamento!*
SALMO 108:4

DEVOCIÓN ▾

# Más alto que los cielos

¿A qué altura sobre la tierra ha estado usted? Si ha volado en un avión, probablemente ha estado por lo menos a 30 mil pies (más de 9 km) por encima de nuestro planeta. Si usted es una de las pocas personas que participan en los viajes y la exploración espaciales, es posible que haya visto la superficie de la Tierra desde una distancia aún mayor, que el resto de nosotros solo ve en fotos y películas.

Sea que nunca haya volado o sea un astronauta consumado, nunca podemos conocer los límites del amor de Dios. Se nos dice que son "más altos que los cielos", lo que suena apropiadamente como una distancia infinita. No podemos medir o cuantificar el amor de Dios, porque es tan inmenso, intenso y urgente.

Él lo dio todo para volver a ganarnos. Él permitió que su único precioso Hijo viviera como un hombre y muriera en una cruz para pagar por nuestros pecados. El amor de Dios es la única razón por la que, a la vez, somos capaces de amarlo.

INTERACCIÓN DIARIA ▾

**CONÉCTESE:** Navegue buscando imágenes de la Tierra tomadas desde satélites. Postee su favorita, compartiendo cuánto mayor es el amor de Dios que la distancia que se muestra.

*y recordar las palabras del Señor Jesús, que dijo: Más bienaventurado es dar que recibir.*

Hechos 20:35

▾ DEVOCIÓN

## Más bienaventurado es dar

¿Cómo se siente cuando alguien le da un regalo? ¿Agradecido? ¿Avergonzado? ¿Con curiosidad por el motivo? ¿Obligado a dar otro a cambio? A menudo damos regalos porque queremos algo de otra persona, tal vez incluso un regalo a cambio. A veces damos regalos porque es la costumbre cultural, como cuando se inaugura una casa o se lleva un detalle para la anfitriona. Otros regalos se dan porque queremos expresar nuestro sincero amor por el destinatario.

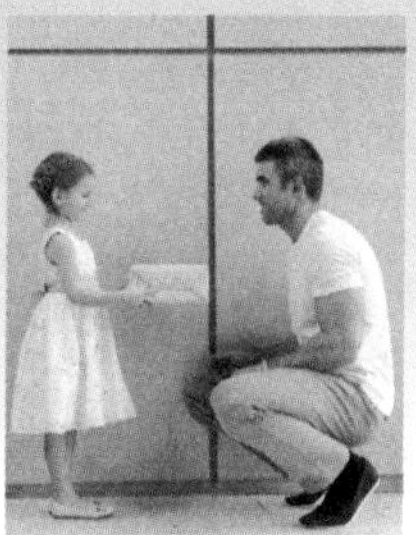

Si alguna vez usted ha recibido un regalo que realmente necesitaba o apreciaba especialmente, ya sabe cuánta bendición puede ser un regalo. Pero Jesús nos dice que hay aún más dicha en dar que en recibir. El ejercicio de dar es una bendición y nos permite centrarnos en Dios, no en la consecución de riquezas o posesiones. Y la alegría del destinatario es al menos una bendición más.

Practique hoy la bendición de dar buenos regalos a quienes lo rodean.

INTERACCIÓN DIARIA ▾

**CONÉCTESE:** Envíe a alguien que ama una postal de aliento, haciéndole saber cuánto desea bendecirle con su amor.

## 27 de septiembre

*Si tu enemigo tiene hambre, dale de comer; si tiene sed, dale de beber.*

PROVERBIOS 25:21

DEVOCIÓN ▾

## Reflejar su gracia

Servir comida y bebida a personas que tengan la intención de dañarnos nunca resulta fácil. Aunque se opongan a nosotros, nos enfrenten y perjudiquen, Dios quiere que los sirvamos de la manera más fundamental y vital. Quizás parte de sus razones sea que servirles alimentos y bebidas nos recuerda su humanidad. Al igual que nosotros, al igual que todas las personas, ellos necesitan comer y beber para vivir.

A veces es fácil deshumanizar a nuestros enemigos y descartarlos como villanos que pueden ser odiados o monstruos que pueden ser destruidos. Cuando les proporcionamos una comida, sobre todo si la compartimos con ellos, no podemos pretender que sean tan diferentes. Incluso podrían reconocer nuestra humanidad y pedir perdón. Pero aunque no lo hagan, serán avergonzados por el hecho de que estemos devolviendo su ofensa con amabilidad. No vamos a tomar represalias, como podrían esperar, sino a reflejar la gracia de Dios.

Frecuentemente la sorpresa es un elemento clave en la manera en que la gracia de Dios nos sorprende. A veces la mejor forma de compartir su amor con otros es hacer lo contrario de lo que esperan, al menos en el caso de nuestros enemigos.

INTERACCIÓN DIARIA ▾

**CONÉCTESE:** Mande un correo electrónico o un mensaje de texto a alguien que se le haya opuesto o le haya hecho daño en el pasado. Sorpréndalo con su actitud amable y compasiva.

## 28 de septiembre

*Mis palabras salen de un corazón honrado; mis labios dan su opinión sincera.*

Job 33:3

▼ DEVOCIÓN

# Transparencia

Lo que una vez pareció fáctico y objetivo ahora suele emerger como subjetivo y nublada por las percepciones de diferentes grupos de interés. Periodistas, científicos, abogados e ingenieros una vez se basaron en datos para conducir la mayor parte de lo que hacen; sin embargo, ahora conocen el contexto de un problema y las diferentes formas en que la información da un nuevo giro hace una gran diferencia. En otras palabras, muchas personas a menudo ven lo que quieren ver.

La verdad de la Palabra de Dios y la fidelidad de sus promesas no están sujetas a esa interpretación fluctuante. Se nos dice que Dios no varía como una sombra en movimiento. Él sigue siendo soberano y su amor se mantiene constante. Él siempre cumple sus promesas.

Trate hoy de ser tan honesto, coherente y fiel como Dios lo ha sido con usted.

INTERACCIÓN DIARIA ▼

**CONÉCTESE:** Con espíritu de oración y amabilidad, hable con un amigo cercano o un ser querido de una verdad difícil que ellos deben conocer.

 29 de septiembre

*Por tanto, mi servicio a Dios es para mí motivo de orgullo en Cristo Jesús.*
ROMANOS 15:17

DEVOCIÓN ▼

## Utilice sus dones

¿Cuándo fue la última vez que sintió el placer de Dios burbujeando en su interior? ¿Cómo si usted estuviera haciendo algo tan importante, tan personal, tan sacrificado que pudiera sentir que su Padre le sonreía? Cuando usted está haciendo aquello que fue creado para hacer, es natural que sienta placer a medida que llega a la plenitud del potencial que Dios le dio.

Ya se trate de escribir o de brindar cuidados, de enseñar o cantar, de diseñar o aconsejar, debemos descubrir las áreas en las que Dios nos ha dotado para servir a otros. Esta es la forma en la que también se encuentra el verdadero contentamiento. Cuando conocemos nuestro propósito, podemos dejar de perseguir actividades vacías que dan placer temporal.

Cuando está sirviendo a Dios mediante los dones que le ha dado, usted no tiene que estar buscando ser feliz. De manera natural, su gozo se completará a medida que viva para su propósito, reflejando la gloria de Dios y el avance de su reino.

INTERACCIÓN DIARIA ▼

**CONÉCTESE:** En JesusDaily.com postee una *selfie* haciendo algo que usted sepa que está hecho para hacer; pida a otros que compartan lo mismo.

## 30 de septiembre

*Los que aman tu ley disfrutan de gran bienestar, y nada los hace tropezar.*
SALMO 119:165

▼ DEVOCIÓN

# Gran paz

Cuando usted está ansioso y enojado, su cuerpo reacciona en consecuencia. Si está tratando de escapar de lo que percibe como una amenaza o un peligro inminente, literalmente puede perder su equilibrio por miedo, ansiedad y pánico. Su corazón correrá y su respiración se volverá superficial e irregular. La adrenalina circulará a través de su cuerpo, que prepara una respuesta de "lucha o huida" a la amenaza que afronta.

Sin embargo, cuando conocemos la paz del Señor, todo nuestro ser experimenta la tranquilidad de saber que nuestra seguridad está en Él. Nuestro cuerpo se relaja, dormimos mejor, y no somos confundidos por las temporales nubes de tormenta que aparecen en el horizonte.

Si seguimos a Jesús y obedecemos los mandamientos de Dios, nuestros pies se mantendrán firmes y seguros. No vamos a tropezar o caer víctimas de las muchas preocupaciones, miedos y ansiedades que tratan de acosarnos. Nuestra paz es cierta. No deje hoy que nada ni nadie le robe la seguridad que usted tiene en el Señor.

INTERACCIÓN DIARIA ▼

**CONÉCTESE:** Envíe correos electrónicos a tres amigos y recuérdeles que no tienen nada que temer. Hágales saber que usted está orando para que conozcan la certeza de la paz de Dios.

¿CÓMO TE PUEDO
AYUDAR?

# JESÚS CAMBIÓ MI VIDA

## OCTUBRE

*Ahora bien, la fe es la garantía de lo que se espera, la certeza de lo que no se ve.*

Hebreos 11:1

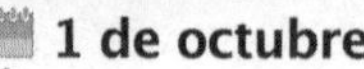

## 1 de octubre

*Porque en ti está la fuente de la vida, y en tu luz podemos ver la luz.*
SALMO 36:9

DEVOCIÓN ▾

# Un manantial interior

Los manantiales subterráneos suelen abastecer de agua a las zonas fértiles, incluso cuando no hay agua presente en la superficie. A veces, estas áreas se convierten en ciénagas o pantanos, tierras bajas donde el agua que burbujea bajo el suelo no se escurre. La vegetación y la vida animal florecen allí, aunque a primera vista puede parecer sorprendentemente tranquila. Con frecuencia, el cambio y el crecimiento ocurren aunque no podamos verlo.

Lo mismo ocurre con nuestra vida espiritual. El Espíritu de Dios provee desde nuestro interior un manantial de agua viva para nutrirnos y sostenernos. Y aunque no sintamos que nos estemos volviendo más maduros o que nuestra fe se vaya profundizando a medida que caminamos con el Señor, sin embargo el crecimiento se está produciendo.

Nuestro Padre provee todo lo que necesitamos para crecer. Su Espíritu está en trabajando, aunque no podamos ver lo que está pasando.

INTERACCIÓN DIARIA ▾

**CONÉCTESE:** Suba una foto de una fuente para acompañar el versículo de hoy y anime a otros a añadirlo a sus "me gusta".

*...honra a Dios quien se apiada del necesitado.*
PROVERBIOS 14:31

▾ DEVOCIÓN

## Interdependientes

Solemos pensar en las personas "necesitadas" como las que en situaciones difíciles no tienen nadie a quien recurrir. Las personas sin hogar y las que están en crisis, atrapadas en hogares disfuncionales o adicciones están, evidentemente, necesitadas de ayuda. Pero la verdad es que todos estamos necesitados. Por mucho que nos esforcemos en disimular nuestras necesidades y parecer autosuficientes, necesitamos el apoyo, el estímulo y la ayuda de otras personas.

Ya se trate de dinero para el supermercado o del estímulo para pedir un ascenso, nuestro sentido de interdependencia refleja la manera en que Dios nos hizo. No espera que tengamos todo y cuidemos de nosotros mismos. Él nos creó para estar relacionados como parte de una comunidad más grande.

A veces tenemos que bajar la guardia y permitir que otros vean lo mucho que realmente los necesitamos.

INTERACCIÓN DIARIA ▾

**CONÉCTESE:** Explore las necesidades y peticiones de oración en una iglesia local o comunidad web y elija una que se sienta guiado a satisfacer.

## 3 de octubre

*Una mirada radiante alegra el corazón, y las buenas noticias renuevan las fuerzas.*

Proverbios 15:30

DEVOCIÓN ▼

# Comparta su alegría

La mayoría de nosotros tenemos miedo de recibir la proverbial llamada de teléfono en medio de la noche, y respondemos con temor ante la posibilidad de una mala noticia. Y podemos temblar cuando vemos ciertos temas en la línea de asunto de la bandeja de entrada de nuestro correo electrónico o reconocemos las direcciones de ciertos remitentes en los sobres en nuestro correo postal. Sin embargo, las noticias no siempre son tan malas como pensamos que son. De hecho, a veces la noticia es realmente bueno.

Con tantos eventos duros y desafiantes que nos rodean, y la cobertura de cada momento por los medios de comunicación, a menudo no nos permitimos tener la esperanza de una buena noticia. Hasta podemos ser culpables de tener una buena noticia que no somos capaces de compartir con aquellos a quienes les encantaría celebrar con nosotros. Ahora más que nunca, una buena noticia es una mercancía preciada.

Deje que otros sepan cuando usted está dando gracias al Señor por lo que ha hecho. Pídales que compartan su alegría y celebren su acción de gracias.

INTERACCIÓN DIARIA ▼

**CONÉCTESE:** Postee una buena noticia sobre su vida personal o familiar para que otros puedan compartirla y celebrar con usted.

*Él mismo, en su cuerpo, llevó al madero nuestros pecados, para que muramos al pecado y vivamos para la justicia. Por sus heridas ustedes han sido sanados.*

1 Pedro 2:24

▼ DEVOCIÓN

## Tiempo para sanar

Cuando éramos niños, si nos caíamos y nos lastimábamos, bastaba un abrazo de nuestra mamá o papá y una tirita para que nos sintiéramos mejor. En un par de días, nuestras raspaduras usualmente sanaban y no volvíamos a pensar en ellas hasta la próxima caída, refriega en el parque infantil, o accidente en bicicleta. Aprendimos que la atención de nuestros padres nos consolaba y que el tiempo nos sanaba.

Como adultos, nuestras heridas y lesiones suelen ser en más complejas y parecen requerir más tiempo para sanar. Las costras y cicatrices duran más tiempo y nos recuerdan el dolor infligido. Lesiones invisibles hieren aún peor: las palabras duramente dichas, las desoladoras traiciones soportadas, los momentos preciosos robados.

Jesús sabía lo que significaba soportar el dolor de las heridas tanto visibles como invisibles. Él llevó la carga de nuestros pecados por su muerte en la cruz. A causa de su sacrificio de amor, nosotros experimentamos la curación de todo lo que nos daña.

INTERACCIÓN DIARIA ▼

**CONÉCTESE:** Anime a otras personas a realizarse un examen físico o chequeo, recordándoles que octubre es el mes de la conciencia del cáncer de mama.

## 5 de octubre

*En su amor y misericordia los rescató; los levantó y los llevó en sus brazos como en los tiempos de antaño.*
ISAÍAS 63:9

DEVOCIÓN ▼

# Él lo lleva

¿Qué hay en tu bolso o maletín en este momento? ¿Qué artículos lleva consigo la mayoría de los días en su mochila o cartera? Si usted es como muchas personas, probablemente incluya dinero en efectivo, tarjetas de crédito, documento de identidad o licencia de conducir, bolígrafo, bloc de notas, llaves y teléfono celular. Añádale un par de cosméticos o una pequeña colonia, junto con algunas mentas o caramelos, usted tiene un buen lote.

Pero estos elementos no son nada comparados con llevar a otra persona sobre sus hombros. Los padres saben que aun el niño más pequeño pronto parece pesar como una tonelada de ladrillos después de unos pocos momentos. Pero nuestro Padre nos lleva con la mayor facilidad, a todos nosotros, a todos y cada uno de nosotros.

A veces nos sentimos como si no pudiéramos seguir adelante llevando todas las cargas que pesan sobre nosotros. Hoy déselas al Señor para que las lleve. Él puede ponerlo a usted sobre sus hombros como si fuera un niño. Después de todo, Él es su Padre.

INTERACCIÓN DIARIA ▼

**CONÉCTESE:** Compre una nueva cartera, bolso o billetera que pueda ayudarlo a viajar con menos peso. Si encuentra uno que le gusta, cómprelo. Déle el suyo actual a un amigo o una tienda de artículos usados local.

## 6 de octubre

*El Señor afirma los pasos del hombre cuando le agrada su modo de vivir.*

Salmo 37:23

▼ DEVOCIÓN

# Él nos mantiene firmes

Uno de los mayores desafíos durante el mal tiempo es mantener su equilibrio. Ya se trate de una tormenta que torna el suelo en un barrizal o una nieve helada que deja el suelo helado y traicionero, usted tiene que dar lentamente cada paso si no se quiere caer y hacerse daño. Cada año, independientemente de la estación, pero sobre todo en otoño e invierno, miles de personas resbalan y caen. Desde el esguince de tobillo a las caderas rotas, tales lesiones dejan a individuos fuertes literalmente tirados en el piso.

Aunque las circunstancias de la vida suelen hacernos sentir como si estuviéramos tratando de correr cuesta arriba en un terreno resbaladizo, sabemos que Dios nos mantiene firmes. Solo tenemos que dar un paso a la vez, confiando en que Él guarda cada uno, y le proporciona un firme fundamento. Podemos caer ocasionalmente, pero nuestro Padre siempre nos levantar y nos ayuda a volver a ponernos de pie.

Él nos lleva por un camino seguro en tierra firme. Aun cuando el clima sea traicionero y la carretera parezca pulida, podemos dar un paso de fe y seguirlo.

INTERACCIÓN DIARIA ▼

**CONÉCTESE:** Pida a otros que posteen sus versículos favoritos sobre andar en fe. Elija uno para ilustrar y utilizar esta semana como fondo de su escritorio.

## 7 de octubre

*¿No saben que en una carrera todos los corredores compiten, pero sólo uno obtiene el premio? Corran, pues, de tal modo que lo obtengan.*

1 Corintios 9:24

DEVOCIÓN ▾

## Corra por el premio

¿Es usted una persona competitiva? ¿Le gusta ser el primero en completar un proyecto en el trabajo o siente una satisfacción especial en ganar al Monopolio durante el juego familiar de la noche? ¿Le resulta imposible evitar comparar el césped de sus vecinos y necesita ser el primero que pruebe los últimos dispositivos electrónicos?

O quizás usted sea justamente lo contrario. Se mueve a su propio ritmo y molesta a otros que siempre parecen decididos a comparar y competir. Se da cuenta de que Dios no quiere que empujemos a otros para llegar al frente de la línea. Recordando que los últimos serán los primeros, está contento con dejar que otros lo pasen.

Tal vez los dos extremos del espectro nos metan en problemas. Aunque estamos llamados a ser humildes, desinteresados y con mentalidad de siervos, también estamos llamados a ser astutos, vigilantes y dedicados. Se nos pide dar lo mejor y no competir con nadie sino con el potencial que Dios ha creado en nosotros.

INTERACCIÓN DIARIA ▾

**CONÉCTESE:** Mire sus etiquetas de estado durante el último mes. ¿Se siente tentado a impresionar a otros con su última adquisición, premio, o producto? Hoy, manténgase, humilde.

## 8 de octubre

*Porque por gracia ustedes han sido salvados mediante la fe; esto no procede de ustedes, sino que es el regalo de Dios, no por obras, para que nadie se jacte.*

EFESIOS 2:8-9

▼ DEVOCIÓN

# Gracia mediante la fe

Tal vez jactarse esté en la naturaleza humana. Hasta el más humilde de nosotros quiere ser apreciado y valorado por su contribución. Queremos que los demás noten lo que aportamos al grupo y afirmen nuestras habilidades y talentos únicos. A veces podemos ayudar a que otros noten nuestros esfuerzos, ya sea a través de jactancia directa o lo que muchas personas disfrazan de falsa modestia.

En cualquier caso, estamos deseosos de tomar el crédito por algo que hemos creado, construido, seleccionado, conseguido, realizado o ganado. Con nuestra salvación, no hay manera de que podamos atribuirnos crédito alguno. Todos nosotros hemos pecado y estamos destituidos de la gloria de Dios. No podemos ganar su favor o salvarnos a nosotros mismos.

Jesús vino a hacer lo que nosotros no podíamos. A través de su sacrificio, tenemos vida eterna simplemente aceptando su regalo. No hay nada que podamos hacer para comprarla, ganarla o merecerla. Todos recibimos por igual el amor y la gracia de Dios.

INTERACCIÓN DIARIA ▼

**CONÉCTESE:** Regale una aplicación de la Biblia a alguien que tiene que conocer al Señor. YouVersion es gratuita, mientras que otras se pueden adquirir o descargar por un precio módico.

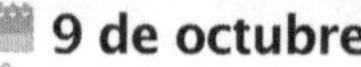

# 9 de octubre

*Ahora bien, la fe es la garantía de lo que se espera, la certeza de lo que no se ve.*

HEBREOS 11:1

DEVOCIÓN ▾

## El puente invisible

Tan hermoso como son los puentes, a veces puede resultar aterrador cruzarlos. Si usted se para a considerar que está siendo sostenido a miles de pies sobre un profundo, a menudo peligroso, cuerpo de agua, eso puede desconcertarlo. ¿El acero y el hormigón lo seguirán sosteniendo? Usted puede ver las vigas, columnas y cables de refuerzo de la fortaleza del puente, pero cuando se extiende por una gran distancia, inclusive millas, suele causar preocupación.

Pero ¿y si usted debía cruzar un puente invisible? "Simplemente siga derecho y no mire abajo si tiene miedo a las alturas. Sí, da un poco de miedo estar tan alto por encima del agua sin poder ver el puente que lo está sosteniendo, pero sin embargo está ahí". ¿Puede usted imaginar su respuesta a una recomendación de este tipo?

Y, sin embargo, en muchos sentidos, se nos pide cruzar un puente invisible cada día. Dios quiere que ejercitemos nuestra confianza en Él y en su Palabra caminando por fe. Podemos estar seguros de lo que esperamos, tener convicción de lo que no podemos ver.

INTERACCIÓN DIARIA ▾

**CONÉCTESE:** Visite JesusDaily.com y postee una imagen de un puente que haya cruzado y pida que otros compartan los suyos.

*Mil años, para ti, son como el día de ayer, que ya pasó;*
*son como unas cuantas horas de la noche.*
SALMO 90:4

▼ DEVOCIÓN

## Más allá del tiempo

¿Adónde se ha ido este año? Solo ayer parecía que el nuevo año había comenzado, y usted iniciaba una nueva temporada de crecer más cerca del Señor. Luego el invierno se fundió en la primavera, y usted celebró la resurrección de Cristo el día de fiesta de Pascua. Pronto las flores fueron empujadas a través del suelo y estalló el color. Los árboles desplegaron sus toldos verdes, y de repente usted estuvo disfrutando la alegría de los picnics, caminatas, jardines, y días festivos del verano.

Luego el verano dio paso al otoño, y ahora usted está aquí, disfrutando del aire fresco y vigorizante y la nueva temporada de gloriosos colores rojos, dorados, amarillos y marrones en la exposición de arte del otoño. Las vacaciones están a la vuelta de la esquina, y luego antes de que usted lo sepa, usted va a comenzar otro año nuevo. ¿Dónde ha ido el tiempo?

La velocidad de la vida parece ir cada vez más rápido. Hoy, esté agradecido de saber dónde pasará la eternidad, más allá del flujo lineal del tiempo que actualmente lo confina.

INTERACCIÓN DIARIA ▼

**CONÉCTESE:** Construya una línea de tiempo de los principales acontecimientos de su vida y comparta con otros cómo su relación con Dios ha forjado su vida hasta ahora.

## 11 de octubre

*el Señor sabe librar de la prueba a los que viven como Dios quiere*
2 PEDRO 2:9

DEVOCIÓN ▾

# Poder de salvar

En las películas y programas de televisión, cómics y novelas, estamos acostumbrados a que los poderosos héroe salven a las personas en peligro del peligro, la muerte y la destrucción. Si se trata de una emocionante batalla en el espacio, el combate cuerpo a cuerpo desde hace siglos, o un desastre natural inminente, tales calamidades seguramente se cobrarían numerosas vidas si no fuera por los valientes esfuerzos de un superhéroe, guerrero del espacio, soldado, o un ingenioso hombre común.

Admiramos y apreciamos las historias de los héroes que nos pueden rescatar del peligro. Ellos nos dan la esperanza de que situaciones imposibles se pueden superar, soluciones improbables pueden ser superadas, y que los rescates de último minuto pueden suceder. Aunque esto puede no ser realista, sabemos que hay un Salvador que ya lo ha logrado para nosotros.

Mientras aún éramos pecadores, Jesús dejó a su Padre que está en el cielo y vino a la tierra para vivir y morir como hombre, la última asignación como "encubierto". Él llevó nuestros pecados en la cruz y venció a la muerte a través del poder de la resurrección. Ya hemos sido rescatados del mayor peligro para nuestras almas.

INTERACCIÓN DIARIA ▾

**CONÉCTESE:** Comparta con otros algo acerca de su héroe de ficción favorito, pídales que ellos compartan de los suyos, y recuérdeles que Jesús tiene el supremo poder para salvar.

## 12 de octubre

*Yo les he dicho estas cosas para que en mí hallen paz. En este mundo afrontarán aflicciones, pero ¡anímense! Yo he vencido al mundo.*

Juan 16:33

▾ DEVOCIÓN

### Vivir incondicionalmente

Es muy tentador mirar por encima de la cerca del vecino y pensar que la hierba es más verde que la nuestra. Pensamos: *"Si yo tuviera más dinero, podría estar contento. Si yo no tuviera tantas responsabilidades y demandas de mi familia. Si yo hubiera elegido una carrera diferente. Si mi esposo fuera el tipo de persona que quiero que sea. Si mis hijos fueran más obedientes. Si yo fuera libre para seguir el tipo de vida que quiero vivir"*. Si…, si…, si….

Podemos vivir de forma condicional, suspendiendo nuestra conciencia del presente y de todas las bendiciones que actualmente hay en nuestras vidas. O bien, podemos vivir—y amar—incondicionalmente, abrazar el hoy como un don del Señor, otra oportunidad de disfrutar de los muchos regalos que nos ha dado.

Recuerde hoy que usted tiene todo lo que necesita ahora. No hace falta que viva condicionalmente, esperando algún momento futuro para estar totalmente vivo y presente en su vida. Jesús ha vencido al mundo, incluyendo su propia insatisfacción y complacencia.

INTERACCIÓN DIARIA ▾

**CONÉCTESE:** Pida a un amigo o confidente que identifique al menos diez bendiciones de su vida hoy. Después de haber hecho lo mismo por él, hagan juntos una oración de acción de gracias.

## 13 de octubre

*Tú eres mi refugio; tú me protegerás del peligro y me rodearás con cánticos de liberación.*

SALMO 32:7

DEVOCIÓN ▾

# Un lugar seguro

A veces es difícil encontrar un lugar seguro. Las circunstancias cambian, las relaciones se deterioran, e inesperados obstáculos estallan sobre nosotros. ¿A dónde vamos cuando tenemos miedo, cansancio, ansiedad y preocupación?

Usted puede no ser capaz de tener una casa con paredes y vigilancia de seguridad o un aislado refugio en la montaña donde nadie pueda encontrarlo. Pero puede crear un lugar seguro dentro de su corazón al pasar tiempo con Dios y pedirle que se reúna con usted allí.

A lo largo de su día, numerosas fuerzas interrumpirán sus horarios, desenmarañarán sus expectativas, y frustrarán sus planes mejor trazados. Pero usted puede mantener la calma y el control, sabiendo que está afirmado en el más firme fundamento. Dios sigue siendo su escondite, un refugio a salvo de los vientos de cambio y de las tormentas que pasarán a través de hoy.

INTERACCIÓN DIARIA ▾

**CONÉCTESE:** Comparta una imagen de su "lugar seguro" ideal, y pida a otros que hagan lo mismo. ¿Qué nota respecto a las diferentes maneras en que todos queremos protegernos?

## 14 de octubre

*...porque las dádivas de Dios son irrevocables, como lo es también su llamamiento.*

ROMANOS 11:29

▼ DEVOCIÓN

# Su destino divino

Hay algunas cosas que usted acaba de saber, y no puede "desconocer", sin importar lo que pase. Una vez que usted ama a alguien, eso no cambia, aunque la naturaleza de la relación y las circunstancias lo fuercen a apartarse. Una vez que usted ha aprendido algunas lecciones sobre la vida, no se puede deshacer la sabiduría que ha ganado de tales experiencias, ni querría hacerlo. Del mismo modo, una vez que se le presenta una vislumbre de lo que usted está llamado a ser, una vez que escucha el susurro de la voz de su Padre revelando su destino divino, no hay vuelta atrás.

Cuando usted toma el regalo que Dios le ha dado, sabe que nada lo que va a satisfacer excepto vivir su propósito sagrado. Se da cuenta de que es parte de algo más grande, algo épico, que lleva el diseño redentor de su Creador. Es a la vez excitante y aterrador cuando usted comienza a explorar este nuevo territorio de descubrimiento. Como cuando sube a una montaña, usted no puede mirar hacia abajo, solo tiene que mirar el siguiente paso frente a usted.

Hoy, viva plenamente el llamado que Dios ha puesto en su vida, sabiendo que es parte de una gran historia del Autor y consumador de nuestra fe.

INTERACCIÓN DIARIA ▼

**CONÉCTESE:** Ayude alguien que usted conoce a descubrir más de su propósito divino al darle retroalimentación sobre los talentos, dones y habilidades que ve en su vida.

## 15 de octubre

*[Jesús dijo:] Traten a los demás tal y como quieren que ellos los traten a ustedes.*
LUCAS 6:31

DEVOCIÓN ▼

# La regla de oro

Usted probablemente ha escuchado la expresión: "Camina una milla con mis zapatos". Es un dicho frecuentemente oído cuando alguien siente que su dificultad o sufrimiento pasa inadvertido. Es esa sensación que todos tenemos a veces de que nadie entiende lo difícil que es estar en nuestro lugar.

Sin embargo, podemos saber casi exactamente lo que siente la otra persona. Los seres humanos son más semejantes que diferentes; todos somos un reflejo de la imagen de nuestro Creador que en la singularidad de nuestra individualidad. Aunque podamos parecer diferentes, sonar diferente o tener diferentes estilos de vida culturales, bajo los colores de nuestras pieles, nuestras lenguas y nuestras diferencias socioeconómicas, todos somos seres espirituales. Todos necesitamos alimentos, agua, sueño y amor para sobrevivir.

Algunas de las historias que nos gustan se refieren a personas que son diferentes de lo que somos. Pero la condición humana y los elementos del corazón siguen siendo los mismos a través del tiempo, de las culturas, más allá de las diferencias de edad, género, educación e intelecto. Hoy recuerde que debe tratar a otros con la misma compasión que usted espera experimentar de ellos.

INTERACCIÓN DIARIA ▼

**CONÉCTESE:** Navegue por resúmenes de memorias de personajes radicalmente diferentes usted y elija para leer uno que amplíe su comprensión y compasión.

## 16 de octubre

*Porque el Señor tu Dios está contigo; él peleará en favor tuyo y te dará la victoria sobre tus enemigos.*

DEUTERONOMIO 20:4

▼ DEVOCIÓN

# Él está de tu lado

A nadie le gusta un matón. Cuando alguien se aprovecha de otros basándose en su tamaño, autoridad, o que instintivamente queremos luchar contra él. Muchos acosadores utilizan la intimidación y la manipulación emocional para evitar que otras personas vean sus propias inseguridades. A veces solo se necesita alguien con el coraje para confrontar y exponer a un matón para hacerlo retroceder.

A veces podemos sentirnos intimidados por acontecimientos de la vida y circunstancias injustas. Un candidato menos calificado hace el trabajo. Un amigo chismoso traiciona nuestros secretos al mundo. Un texto accidental revela lo que un compañero de trabajo realmente piensa de nosotros. Nuestro hijo contrae una enfermedad grave. Un ser querido es inesperadamente apartado de nosotros.

Pero nosotros tenemos el supremo respaldo de nuestro lado, aun cuando la vida nos trate de intimidar. Dios está por nosotros y nos da poder para luchar, perseverar y vencer. Hoy, los matones de la vida no podrán empujarte teniendo al Señor junto a ti.

INTERACCIÓN DIARIA ▼

**CONÉCTESE:** Visite JesusDaily.com y reclute a otros para ayudarle a ministrar a la gente local que no tienen recursos u otros defensores.

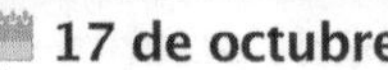

## 17 de octubre

*Con Dios obtendremos la victoria; ¡él pisoteará a nuestros enemigos!*
Salmo 60:12

DEVOCIÓN ▼

# La victoria es segura

A medida que avanzamos a través de los altibajos de la vida cotidiana, solemos sentirnos como si estuviéramos envueltos en una batalla. Luchamos para mantener todas las áreas en que estamos haciendo malabares: familia, trabajo, amigos, iglesia y más. A medida que nos sentimos más y más fatigados de la lucha, nos preguntamos cómo vamos a seguir. A veces podemos incluso sentir que no podemos seguir, que es todo lo que teníamos para dar.

Durante estos tiempos, hay que recordar que nuestra batalla ya está ganada. Sí, seguimos enfrentando algunos desafíos, pero a menudo la presión de rendimiento que sentimos viene en gran parte de nuestro propio sentido de obligación. Las circunstancias pueden ser menos que ideales, pero tenemos lo que necesitamos para hoy. Cuando confiamos en Dios para el futuro, nos damos cuenta de que podemos comenzar a vivir en la victoria que Cristo ya ha ganado para nosotros mediante su muerte y resurrección.

Sabemos cómo termina la guerra, aunque sigan quedando algunas escaramuzas que luchar. Nuestra confianza no está en lo bien que nosotros peleamos, sino en la certeza de la entrega a nuestro Salvador.

INTERACCIÓN DIARIA ▼

**CONÉCTESE:** Postee un versículo favorito sobre el triunfo de Cristo sobre el pecado y la muerte, orando por otros que necesien recordar esta verdad fundamental de nuestra fe.

*Todo esfuerzo tiene su recompensa…*
PROVERBIOS 14:23

▼ DEVOCIÓN

## Trabajo dedicado

Algunas personas disfrutan naturalmente el trabajo duro. Les gusta mantenerse ocupados y siempre tienen varios proyectos en marcha a la vez. Su alto nivel de energía les permite seguir participando en todos los ambientes, completando varias tareas y manteniéndose increíblemente productivos.

Otros de nosotros luchamos para mantener nuestra energía y se preguntan cómo lo hacen otros. Tratamos de trabajar duro, pero a menudo nos preguntarnos para qué estamos trabajando. Nos sentimos atrapados en nuestras circunstancias, temerosos de que lo que estamos haciendo no tenga sentido ni importancia en el largo plazo. Cuando nos dedicamos a nuestro trabajo para el Señor, sin embargo, podemos saber que lo que hacemos siempre importa.

Dios quiere que le demos nuestros mejores esfuerzos, sea que el trabajo duro resulte algo natural para nosotros o nos requiera más disciplina. Aun cuando no podemos ver los resultados, Él utiliza nuestros esfuerzos para promover su reino y para revelar su gloria para que todos la vean.

INTERACCIÓN DIARIA ▼

**CONÉCTESE:** Permanezca desconectado hoy en su tiempo libre, aprovechando la ocasión para ponerse al día en su trabajo y chequear elementos de su lista de tareas pendientes.

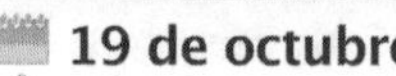

## 19 de octubre

*ahora es el tiempo propicio; he aquí, ahora es el día de salvación.*

2 Corintios 6:2

DEVOCIÓN ▼

# Estar plenamente vivos

¿Dónde está tu corazón en este momento? ¿Qué absorbe hoy la mayor parte de su energía mental? ¿Cómo describiría su relación con Dios en este preciso momento? Frecuentemente nos cuesta comprometernos con el presente, estar plenamente vivos y conscientes de nuestros corazones, mentes y cuerpos. Es mucho más fácil permanecer centrado en nuestro pasado—lo que pasó, lo que no sucedió, lo que nos hubiera gustado que sucediera. O bien, en nuestro futuro—nuestras esperanzas, sueños, expectativas y metas.

Pero hoy es lo que usted tiene ante sí. Ahora es el momento presente. ¿Qué va a hacer con este extraordinario don que el Señor le ha dado? ¿Qué ha estado posponiendo que necesita atención? ¿Qué sucedió en el pasado que usted necesita liberar y renunciar para que Dios lo sane? ¿Qué quiere que ocurra en el futuro que requiere que usted comience hoy?

Utilice hoy como una oportunidad urgente de hacer lo que el Señor lo ha llamado a hacer.

INTERACCIÓN DIARIA ▼

**CONÉCTESE:** Aliente a un amigo a hacer el máximo de su día, haciéndole saber que usted está orando por todos sus esfuerzos.

## 20 de octubre

*El Señor no rechazará a su pueblo; no dejará a su herencia en el abandono.*

Salmo 94:14

▼ DEVOCIÓN

# Una herencia sin precio

Todos hemos escuchado historias de personas que reciben legados dejados por familiares que no sabían que tenían. Tal vez incluso usted mismo haya recibido una herencia. Pero para la mayoría de nosotros, este tipo de historias siguen siendo tramas de ficción y fantasía. Es posible que hayamos recibido una herencia, pero llegó con el elevado precio de perder a un ser querido como un padre, tutor o pareja.

Sin embargo, la herencia más valiosa que tenemos viene como un don gratuito. Y como dice el refrán, la salvación es gratuita, pero no es barata. Nuestra herencia fue asegurada por el rescate pagado cuando Jesús murió en la cruz por nuestros pecados. Teníamos una deuda inconmensurable que no podíamos pagar; Dios se hizo hombre para satisfacer nuestro pago de una vez por todas.

Como resultado, somos herederos de una recompensa eterna. Tenemos una herencia inestimable que viene en la plenitud de la alegría: la evidencia de la apasionada búsqueda de nuestro Padre y su amor incondicional para nosotros.

INTERACCIÓN DIARIA ▼

**CONÉCTESE:** Envíe un correo electrónico o un mensaje de texto a un ser querido, diciéndole lo mucho que aprecia lo que ha contribuido a fortalecer su fe.

 21 de octubre

*No nos cansemos de hacer el bien, porque a su debido tiempo cosecharemos si no nos damos por vencidos.*
GÁLATAS 6:9

DEVOCIÓN ▾

## Diligencia diaria

Si alguna vez ha plantado sus propias verduras, jardín de hierbas, o cantero de flores, usted sabe lo difícil que puede ser mantenerlo. Aun los jardines más pequeños requieren cuidados constantes: riego, deshierbe, poda, moldeado y guardia. Para llegar a una cosecha, tenemos que invertir una ardua labor de vigilancia y dedicado esfuerzo durante toda la temporada anterior.

Nosotros crecemos en la fe de la misma manera. Para recoger una cosecha, debemos practicar las disciplinas de la diligencia diaria. Tenemos que pasar tiempo en oración, estudio de la Biblia y servicio a los que nos rodean, con el fin de estar más íntimamente familiarizados con nuestro Padre y con los perfectos caminos de su Hijo, Jesús.

¿Qué disciplinas diarias practica usted con el fin de crecer más fuerte y producir frutos en su vida?

INTERACCIÓN DIARIA ▾

**CONÉCTESE:** Examine las guías de estudio de la Biblia y obras de referencia disponibles para usted en línea. Pida a otros recomendaciones de las fuentes que han encontrado más útiles.

## 22 de octubre

*Bendeciré al Señor, que me aconseja; aun de noche me reprende mi conciencia.*
*Salmo 16:7*

▾ DEVOCIÓN

# Iluminar

A medida que los días se acortan y el sol se pone más temprano cada día, puede ser difícil hacer frente a la oscuridad. Después de la gloriosa luz de los meses de verano, la perspectiva de una temporada fría y oscura puede ser difícil de enfrentar. Sin embargo, no nos desesperamos ni nos resignamos a hibernar, no importa cuán cortos sean los días o cuán oscura sea la temporada que se aproxima.

La luz y la vida de nuestro Padre residen en nosotros durante todo el año. Aun cuando la luz del día parece desaparecer incluso antes de que lleguemos a casa del trabajo, podemos saber que la luz de nuestro corazón permanece constante y brillante.

Los días pueden acortarse, pero la luz del mundo encendida dentro de usted por el Espíritu de Dios nunca se atenuará. Hoy, deje que otros vean la luz de Dios brillar a través de cada palabra que dice y cada acción que realice.

INTERACCIÓN DIARIA ▾

**CONÉCTESE:** Visite JesusDaily.com y anime con la luz de su compasión a alguien que esté pasando por un período oscuro.

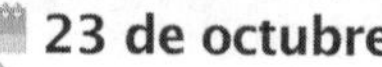

## 23 de octubre

*Que su amabilidad sea evidente a todos. El Señor está cerca.*

Filipenses 4:5

DEVOCIÓN ▼

# Fuerza suave

A menudo pensamos en la gente amable como la que es sensible, tranquila, reservada, y vacilante en la manera de acercarse e interactuar con quienes los rodean. Sin embargo, el tipo de amabilidad a la que estamos llamados es uno basado en la fuerza, compasión y servicio. La mansedumbre se basa en amar y ser lentos para la ira. No utilizar innecesariamente el poder, sino que servir con humildad a los necesitados.

Se necesita una persona muy fuerte para hablar y actuar con delicadeza. Usted debe saber quién es y de Quién es, para dejar de tener que demostrar lo que vale, ejercer poder sobre otros, o exigir atención como un derecho.

Hoy, ejercite la fortaleza necesaria para ser amable en todo lo que hace y todo lo que dice. Deje que otros vean la ternura y la tenacidad del Padre a través de usted.

INTERACCIÓN DIARIA ▼

**CONÉCTESE:** Localice a alguien que sea modelo de la mansedumbre de Cristo y hágale saber lo mucho que aprecia esta característica en su vida.

## 24 de octubre

*Yo les daré un corazón íntegro, y pondré en ellos un espíritu renovado. Les arrancaré el corazón de piedra que ahora tienen, y pondré en ellos un corazón de carne.*

Ezequiel 11:19

▼ DEVOCIÓN

# Un corazón saludable

Sin ejercicio, nuestros músculos se atrofian. Se ponen rígidos y se vuelven más débiles al mismo tiempo. Sin la tensión del uso regular, los músculos se deterioran hasta que no pueden sostenernos a nosotros o a las funciones regulares que alguna vez tuvieron. Debemos permanecer en movimiento, estimulándolos activamente a fin de que se mantengan sanos y sigan fortaleciéndose.

Los músculos de nuestro corazón, tanto literal como figurativamente, también requieren el ejercicio regular. Cuando no estamos orando, dando, sirviendo y amando a diario, se hace más y más difícil sentirse conectado con Dios, relacionarse con otras personas, y sentir la alegría con propósito que viene de servir.

Nuestros corazones no se endurecen durante la noche. Se atrofian gradualmente hasta que nos encontramos con un corazón de piedra, tan frío e insensible como una losa de granito. El ejercicio regular nos permite amar más profundamente y servir con más humildad. Eso mantiene nuestro corazón tierno y compasivo, vivo y agradecido.

INTERACCIÓN DIARIA ▼

**CONÉCTESE:** Postee una imagen que represente el corazón compasivo de Dios hacia nosotros. Pida a otros que respondan del mismo modo.

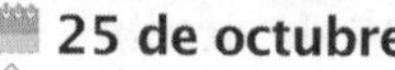

## 25 de octubre

*...sé en quién he creído, y estoy seguro de que tiene poder para guardar hasta aquel día lo que he dejado a su cuidado.*

2 Timoteo 1:12

DEVOCIÓN ▾

# Él conoce sus secretos

¿Quién conoce sus secretos? ¿Quién es la persona con la que comparte su dolor, esperanzas, angustias y felicidad? Cuando le decimos a un cónyuge, amigo o miembro de la familia algo "confidencialmente", estamos ejercitando nuestra confianza en ellos. Se lo estamos diciendo, porque tenemos confianza en su discreción, su amor por nosotros, y su compromiso con nuestra relación.

Pero incluso el amigo, socio o confidente más confiable pueden traicionar su confidencia y destruir su confianza. Aun cuando los perdonemos y tratemos de reconstruir la relación, también a nosotros se nos recuerda que Jesús conoce nuestros secretos y guarda nuestros corazones mejor que nadie. Él nunca nos traicionará, nos condenará, o nos menospreciará.

Nunca tenemos que preocuparnos por decirle a Dios la verdad, toda la verdad, acerca de nuestros sentimientos, fracasos y torpezas. Él recibe todo de nosotros, lo bueno y lo malo, cerca de él, amándonos como su precioso hijo.

INTERACCIÓN DIARIA ▾

**CONÉCTESE:** Tome contacto con alguien que usted sabe que está luchando con un mal hábito o adicción. Hágale saber que usted está orando por él.

## 26 de octubre

*"¿Quién ha conocido la mente del Señor para que pueda instruirlo?" Nosotros, por nuestra parte, tenemos la mente de Cristo.*

1 Corintios 2:16

▼ DEVOCIÓN

# Como Jesús

Es realmente difícil comprender que Jesús pudiera ser completamente humano y completamente Dios mientras estuvo aquí en la tierra. Se nos dice que conoció las mismas tentaciones que conocemos y sin embargo, no pecó. Amó a sus padres y amigos y se enojó con sus enemigos. Comió y bebió, trabajó y durmió, lloró y caminó como usted y yo. Su pelo creció, sus uñas crecieron, y sangró cuando se cortó.

Y su cuerpo sufrió los golpes de los guardias romanos. Colgó de dos trozos de madera cruzados hasta que su cuerpo mortal expiró. Luego fue sepultado.

Pero como también era Dios, Cristo no permaneció muerto. Hizo lo que nadie más podía hacer: derrotó al pecado y a la muerte de una vez por todas. Y cuando ascendió, prometió el don del Espíritu Santo, que descendió sobre sus seguidores diez días más tarde y continúa morando en nosotros hoy cuando invitamos a Cristo a nuestras vidas.

Una vez que el Espíritu vive en nosotros, comenzamos el proceso de llegar a ser más como Cristo. Esto incluye nuestras mentes. Podemos pensar los mismos pensamientos y condicionar nuestras mentes para centrarse en el amor y la gracia de nuestro Padre en todo lo que hacemos.

INTERACCIÓN DIARIA ▼

**CONÉCTESE:** Inicie un debate entre hermanos creyentes sobre lo que significa tener la mente de Cristo en nuestra vida cotidiana.

## 27 de octubre

*Pues así ha dicho Jehová de los ejércitos: Meditad bien sobre vuestros caminos.*
HAGEO 1:5

DEVOCIÓN ▾

# Considere cuidadosamente

¿Usted "reflexiona cuidadosamente" sobre su proceder? ¿O por lo general solo tiene que ir con la corriente, seguir a la multitud, y hacer lo que se espera de usted? Dios llama a cada uno de nosotros a vivir una vida que se caracteriza por la forma en que amamos y servimos a los que nos rodean. Él quiere que dejemos de lado los intereses y placeres personales egoístas que nos atrapan y entrampan en el pecado. Dios quiere que disfrutemos de la libertad que viene de seguir el ejemplo de su Hijo, Jesucristo.

Es bastante fácil, sin embargo, incluso cuando estamos firmemente arraigados en una iglesia u otra comunidad de creyentes, hacer simplemente lo que hacen los demás. Terminamos por no buscar las formas en que estamos llamados a vivir nuestra vida para agradar a Dios, y en cambio nos limitamos a hacer lo necesario para adaptarse, ajustarse y ser aceptado por la mayoría.

A veces debemos romper con el rebaño y seguir el camino que Dios tiene para nosotros, no el camino ancho que todo el mundo sigue transitando.

INTERACCIÓN DIARIA ▾

**CONÉCTESE:** Conéctese con un compañero de rendición de cuentas y hágale saber que usted está haciendo un cambio en sus hábitos diarios.

*... ustedes ya no son extraños ni extranjeros, sino conciudadanos de los santos y miembros de la familia de Dios.*

EFESIOS 2:19

▼ DEVOCIÓN

## Conciudadanos

Como la comunicación y la tecnología siguen reduciendo el mundo a una comunidad global, ahora más que nunca tenemos capacidad para explorar, entender y aceptar los cientos de diversas culturas que conforman nuestro planeta. A medida que vamos a compartir las buenas nuevas de Jesús a todas las naciones y a amar y servir a los que son diferentes de nosotros, tanto como a los que son como nosotros, nos damos cuenta de que todos somos hermanos y hermanas de la misma familia real.

Dios nos creó como hombres y mujeres a su imagen, sin importar si nacemos en la India o en Indiana. Al aceptar el don gratuito de la salvación y comprometernos a seguir a Cristo, compartimos como coherederos la vida eterna. Estamos llamados a trabajar juntos en amor como Cuerpo de Cristo, a apreciar que nuestras diferencias son complementarias en lugar de permitir que nuestros contrastes nos dividan.

El prejuicio y el fanatismo siempre pueden tentarnos a temer y a juzgar a los que son diferentes de nosotros. Pero en la familia de Dios, nadie es un extraño, extranjero, o forastero. Todos somos hijos de Dios.

INTERACCIÓN DIARIA ▼

**CONÉCTESE:** Investigue un país, cultura o grupo de gente que encuentre interesante. Trate de encontrar a un hermano en la fe que los conozca en forma directa e inicie una conversación acerca de ellos.

## 29 de octubre

*Pasa la tormenta y desaparece el malvado, pero el justo permanece firme para siempre.*
PROVERBIOS 10:25

DEVOCIÓN ▾

## Tormentas

Las tormentas vienen y van sin importar la estación. Esto es cierto en la vida, así como en la naturaleza. El otoño trae a menudo tormentas de viento y huracanes. El invierno da la bienvenida a las tormentas de nieve, ventiscas e incluso avalanchas. Las lluvias de primavera pueden convertirse rápidamente en tormentas eléctricas y tornados. Los chubascos de verano nos empapan y buscamos refugio de los rayos. No obstante, la belleza de cada estación sigue siendo innegable. Así mismo las circunstancias de nuestra vida. Nos independizamos de nuestras familias para continuar nuestra educación. Luego comenzamos a crear una vida para nosotros mismos, un hogar, una comunidad y, tal vez, matrimonio e hijos. La carrera y las tensiones financieras pueden ejercernos presión mientras equilibramos las necesidades de estilo de vida con nuestras prioridades. Cuando alcanzamos un punto medio, buscamos soportar los nidos vacíos, la desaceleración, y en ocasiones, volver a empezar.

Las tormentas vienen y van, pero las promesas de Dios, su Palabra y la verdad de su amor por Cristo siguen siendo la piedra angular de nuestras vidas. No importa las circunstancias que atravesemos, podemos aferrarnos a nuestra Sólida Roca de salvación.

INTERACCIÓN DIARIA ▾

**CONÉCTESE:** Busque un compañero creyente que esté más adelantado que usted en la vida y que ya haya atravesado la estación en la que usted está. Pídale sus oraciones y sabiduría.

*Abres la mano y sacias con tus favores a todo ser viviente.*

SALMO 145:16

▼ DEVOCIÓN

## Profunda satisfacción

Un sueño reparador. Una deliciosa comida. Un lugar ideal para relajarse. Terminamos satisfechos, saciados por lo que necesitamos, como alimento y descanso, pero contentos por el disfrute del proceso. Muchas comidas pueden proporcionar la nutrición que necesitamos y llenar nuestros estómagos, pero no todas las comidas nos satisfacen. Muchas noches dormimos hasta la mañana, pero no despertamos tan descansados y frescos como quisiéramos. Volvemos de muchas vacaciones, agradecidos por el tiempo fuera, pero todavía agitados y ansiosos respecto a las responsabilidades de nuestra vida.

Solo Dios nos proporciona una satisfacción profunda, una paz que sobrepasa todo entendimiento, a través de todos nuestros esfuerzos. Si tenemos nuestras expectativas cumplidas o logrado lo que esperábamos, podemos seguir dando gracias y confiar en que Dios ha provisto todo lo que necesitamos. Podemos estar tranquilos, disfrutar de nuestra comida y sentir el ánimo levantado, independientemente de nuestras circunstancias. Esta es la esencia del contentamiento. Esta es la alegría de la vida cristiana. Esta es la satisfacción del alma.

INTERACCIÓN DIARIA ▼

**CONÉCTESE:** Hoy manténgase desconectado y aproveche el tiempo para descansar en la seguridad y contentamiento del Señor.

## 31 de octubre

*Sométanlo todo a prueba, aférrense a lo bueno, eviten toda clase de mal.*
1 Tesalonicenses 5:21-22

DEVOCIÓN ▾

# Someter todo a prueba

En esta época del año y en especial en este día, muchas personas disfrutan de vestirse, centrándose en lo sobrenatural, y celebrar cosas que nos asustan. Participar, o en qué medida, en las costumbres y manifestaciones culturales que nos rodean suele dejar perplejos a muchos creyentes. Queremos estar culturalmente comprometidos y ser relevantes para toda la gente y, al mismo tiempo honrar a Dios y obedecer sus órdenes en todo lo que hacemos.

Tal vez por eso se nos dice que "sometamos a prueba todo" para que podamos "aferrarnos a lo bueno" y "evitar toda clase de mal". Cuando traemos nuestras decisiones ante el Señor, podemos confiar en que su Palabra, su Espíritu, y el ejemplo de su Hijo nos guiarán. Junto con la sabiduría de otros creyentes y las necesidades de aquellos que no conocen a Cristo, podemos actuar con confianza, nos pongamos el traje o no.

No condene costumbres culturales como situaciones que hay que evitar a toda costa. Véalas como oportunidades para experimentar la guía de Dios a medida que sigue compartiendo su amor y la buena noticia del Evangelio a todo el mundo que lo rodea.

INTERACCIÓN DIARIA ▾

**CONÉCTESE:** Visite JesusDaily.com y deje que otros sepan que usted está orando por ellos, mientras toman sus propias decisiones sobre la participación en prácticas culturales.

# YO NECESITO A JÉSUS

# NOVIEMBRE

*Vengan, postrémonos reverentes, doblemos la rodilla ante el Señor nuestro Hacedor.*

Salmo 95:6

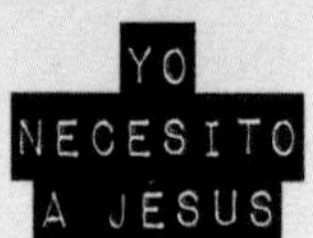


## 1 de noviembre

*Dame una muestra de tu amor, para que mis enemigos la vean y se avergüencen, porque tú, Señor, me has brindado ayuda y consuelo.*

SALMO 86:17

DEVOCIÓN ▾

## Señales de su bondad

Atravesamos la mayoría de los días con nuestras rutinas y apenas notamos todo lo que está a nuestro alrededor. A veces nos quedamos atascados en la rutina y terminamos andando en piloto automático, yendo todo el día en punto muerto hasta que algo nos obliga a cambiar. Y otras veces, podemos estar tan preocupados por un problema o estresados por circunstancias difíciles que perdemos de vista lo que está frente a nosotros.

Dios nos da señales de su bondad todos los días. No siempre las notamos, pero si nos mantenemos conectados con el presente—no consumidos por las preocupaciones del pasado o incertidumbres del futuro—nos damos cuenta de que la fidelidad del Señor es constante.

A veces las señales de su bondad pueden ser pequeñas: un texto de aliento de un amigo, una inesperada amabilidad, la visión de un pájaro en la ventana. Otras señales pueden ser más grandes y más dramáticas: resultados de pruebas que confirman nuestra buena salud, reconciliación en una relación, provisión para las cuentas, un nuevo trabajo o promoción. Independientemente de si las señales son grandes o pequeñas, usted las hallará hoy si se fija.

INTERACCIÓN DIARIA ▾

**CONÉCTESE:** Postee un comentario en JesusDaily.com sobre una señal de la bondad de Dios que usted descubrió hoy.

## 2 de noviembre

*Si el Espíritu nos da vida, andemos guiados por el Espíritu.*
GÁLATAS 5:25

YO
NECESITO
A JÉSUS

▼ DEVOCIÓN

# Caminar con el Espíritu

Si alguna vez ha estado en una caminata o carrera con un grupo, usted sabe lo difícil que puede ser permanecer juntos. Algunos compañeros pueden tener piernas largas y una marcha rápida, mientras que otros se mueven más lentamente y se toman su tiempo. Incluso caminar con alguien que tiene un paso diferente al suyo puede ser frustrante cuando usted trabaja para mantenerse al día o espera que otros se pongan al día.

Es reconfortante saber que el Espíritu de Dios está siempre con nosotros, paso a paso y paso por paso. No tenemos que preocuparnos por ir demasiado rápido o demasiado lento. Podemos avanzar seguros de que nuestro Padre siempre mantiene el ritmo.

Camine hoy en la plenitud del Señor, confiando en el sentido de la oportunidad de Él.

INTERACCIÓN DIARIA ▼

**CONÉCTESE:** Envíe a un amigo una evaluación de cómo ve usted que estuvo hoy su caminar con el Señor.

## 3 de noviembre

*Dios no nos llamó a la impureza sino a la santidad.*
1 Tesalonicenses 4:7

DEVOCIÓN ▾

# Ser renovados

¿Ha revisado su despensa últimamente? ¿Y su refrigerador? Muchas veces tomamos un tarro de salsa o un envase de leche solo para descubrir que su fecha de caducidad se cumplió hace mucho tiempo. La comida se ha estropeado y ya no es apta para el consumo. Usted no la puede usar y debe tirarla y reemplazarla.

Algunos de nuestros hábitos suelen operar de la misma forma. Pueden habernos servido por un tiempo, pero ahora nos quedan chicos y pueden estar obstaculizando nuestro progreso o impidiéndonos realizar los cambios necesarios.

Parte de vivir una vida santa, libre de impurezas, es estar dispuesto a adaptarse al cambio. Dios nos llama a seguir siendo obedientes sin que importen los cambios que encontremos, pero también promete darnos sabiduría y poder cuando se lo pidamos. A veces sentimos que no tenemos lo que necesitamos, no porque Dios no nos lo haya provisto, sino porque nos aferramos a métodos anticuados.

INTERACCIÓN DIARIA ▾

**CONÉCTESE:** Anime a otros a limpiar su despensa y enviar los productos enlatados y elementos secos no deseados "por supuesto, que estén en buen estado", a los bancos de alimentos de la comunidad local.

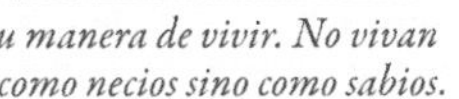

## 4 de noviembre

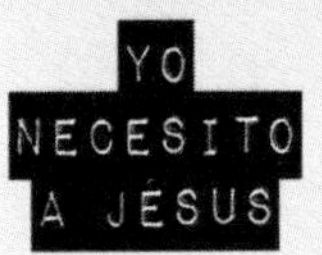


*Así que tengan cuidado de su manera de vivir. No vivan como necios sino como sabios.*

EFESIOS 5:15

▼ DEVOCIÓN

# Vivir como sabios

¿Cómo puede una persona sabia seguir viviendo como si fuera ignorante? A primera vista, parece imposible, pero cuando usted se detiene a considerarlo, todos somos culpables a veces. Sabemos lo que es verdadero, bueno y justo, y sin embargo no lo practicamos. Somos conscientes de los mandamientos de Dios, y sin embargo no los obedecemos a diario. Tal vez hasta estemos dispuestos a obedecerlos y practicarlos, pero sin acción y coherencia, nuestras buenas intenciones solo nos hacen necios.

La sabiduría requiere acción para ser completa. Tenemos que hacer algo más que tener en cuenta la verdad de la Palabra de Dios y nuestras experiencias; debemos vivir de acuerdo con este formidable conocimiento. Poner en práctica lo que usted sabe que es verdad.

INTERACCIÓN DIARIA ▼

**CONÉCTESE:** Conéctese con un amigo cuya vida se caracterice por la sabiduría y hágale saber lo mucho que aprecia su testimonio.

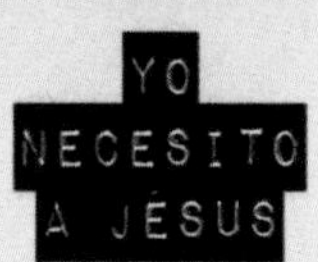

## 5 de noviembre

*… "¡Anímense, y manos a la obra! El SEÑOR estará con los que actúen bien".*
2 CRÓNICAS 19:11

DEVOCIÓN ▼

## Ser valientes

Con frecuencia pensamos en la *valentía* como una palabra especial reservada para los héroes de guerra, valerosos sobrevivientes de una herida o enfermedad, y personas extraordinarias que vencen los obstáculos y alcanzan la grandeza. Sin embargo, todos tenemos oportunidades para ejercer el coraje casi todos los días.

Se necesita valentía para defender nuestra fe, cuando es más fácil quedarse en silencio. Se necesita valentía para ayudar a alguien necesitado. Hace falta valor para admitir la verdad sobre un problema que tenemos o un hábito que estamos superando. Se necesita valor para pedir ayuda. Se necesita valentía para vivir por fe cuando usted no está seguro de cómo va a continuar mañana o al día siguiente.

El valor es un regalo de Dios que nos permite superar nuestros miedos y recibir su fortaleza, poder, resistencia y fortaleza.

INTERACCIÓN DIARIA ▼

**CONÉCTESE:** Encuentre una canción, un videoclip o una entrevista que ilustre la valentía piadosa en acción y postee un enlace a JesusDaily.com.

## 6 de noviembre

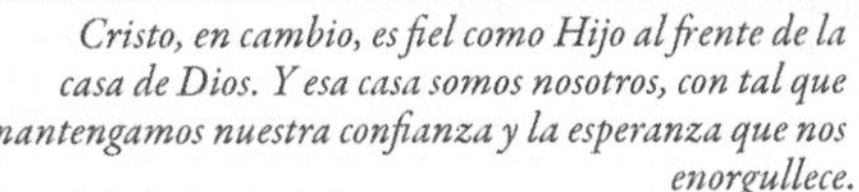

*Cristo, en cambio, es fiel como Hijo al frente de la casa de Dios. Y esa casa somos nosotros, con tal que mantengamos nuestra confianza y la esperanza que nos enorgullece.*

HEBREOS 3:6

▼ DEVOCIÓN

# Somos su casa

¿Cuál es su casa ideal? Si pudiera vivir en cualquier estructura del mundo, ¿a cuál querría que se pareciera su hogar? Tal vez su imaginación evoque imágenes de grandes mansiones e incluso castillos antiguos. O tal vez su casa ideal sea una cabaña en una montaña, un bungalow en la playa, o un apartamento en la ciudad.

No importa cuál sea el estilo o el tamaño, la casa en la que usted quiere vivir no puede compararse a la Casa del Señor. Cristo gobierna sobre la Casa de Dios, y la sostenemos mediante nuestro valor, fe y esperanza. Al servir a otros, estamos fortaleciendo el reino de nuestro Padre y glorificándolo para que otros lo vean.

Dé gracias hoy por su morada terrenal, ¡pero alabe a Dios por su hogar eterno!

INTERACCIÓN DIARIA ▼

**CONÉCTESE:** Postee una foto de su casa de ensueño e intercambie ideas con amigos y familiares.

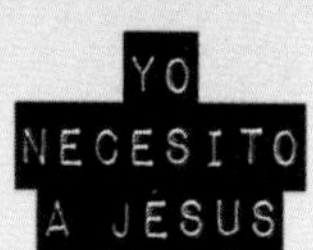


## 7 de noviembre

*No te dejes llevar por el enojo que solo abriga el corazón del necio.*

ECLESIASTÉS 7:9

DEVOCIÓN ▾

# Controlar su ira

Puede ser la gente que corta la carretera. O puede ser la gente que habla o envía mensajes de texto cuando está en el cine. Las personas que se quejan constantemente, algunos *reality shows* de televisión, o los sistemas telefónicos automatizados de servicio al cliente fastidian a la mayoría de la gente.

Independientemente de su engorro favorito, todos tenemos cosas que nos sacan de quicio y consiguen que nuestra sangre hierva en un apuro. Ya se trate de la mala educación de otros o de métodos ineficaces de realización de tareas en el trabajo, todos tenemos experiencias que nos hacen saltar los botones y encienden nuestra ira. A veces nos sentimos tentados a tomar represalias, a devolver la grosería con rudeza, el insulto con ofensas y la ira de otros con la nuestra.

Pero Dios nos llama a un nivel diferente, a un control diferente del termostato de nuestra ira. Él quiere que seamos lentos para la ira y que resolvamos rápidamente los problemas para que no le demos a nuestro enemigo un punto de apoyo o una oportunidad para crear celos, resentimiento o amargura. Porque una vez que nuestra ira sangra en esas áreas, probablemente actuemos en consecuencia.

Hoy no deje que nada ni nadie le haga perder los estribos.

INTERACCIÓN DIARIA ▾

**CONÉCTESE:** Pregunte a otros cómo controlan su ira y cómo responden en situaciones de provocación.

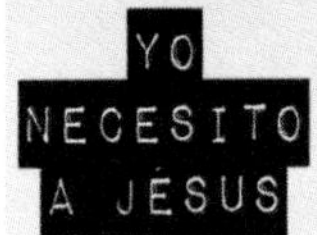


*El odio es motivo de disensiones, pero el amor cubre todas las faltas.*
PROVERBIOS 10:12

▼ DEVOCIÓN

## Mediante su poder

Cuando perdonamos a otros estamos mostrando una respuesta que a menudo desafía la lógica. Después de todo, algunos males parecen demasiado grandes para ser perdonados: el asesinato, la violación, el genocidio, y otros. Sin embargo, Dios perdona todos los pecados, no hay ni uno que sea peor que otro, aunque sin duda algunos pecados tienen consecuencias más grandes y devastadoras.

Pero todos pecaron y todos están destituidos de la gloria de Dios. Cuando elegimos odiar en vez de amar, básicamente estamos diciendo que solo algunos pecados son perdonables. Sin embargo, no es eso lo que Dios nos dice y nos muestra a través de su gracia. Él envió a Cristo a vivir entre nosotros y morir en la cruz por nuestros pecados. Nuestro Padre quería que viéramos su amor en acción de una manera irrefutable, irrevocable.

La muerte y resurrección de Cristo lo cambiaron todo. No estamos limitados por nuestro propio odio o incapacidad de amar. Mediante el poder de Dios, podemos amar incluso a los que nos hieren con inimaginables traiciones y perjuicios.

INTERACCIÓN DIARIA ▼

**CONÉCTESE:** Investigue la relación entre el miedo y la ira y el odio. ¿Qué emociones y experiencias llevan usualmente a odiar a alguien?

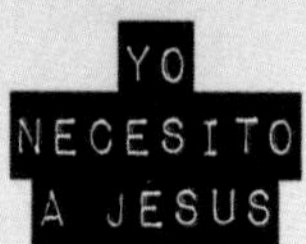

## 9 de noviembre

*Esfuércense por mantener la unidad del Espíritu mediante el vínculo de la paz.*
Efesios 4:3

DEVOCIÓN ▾

# Unidad

¿Qué hace que la gente se reúna? La mayoría de nosotros solemos reunirnos para cumpleaños, fiestas y celebraciones. Bodas y funerales también hacen que nos unamos a celebrar o llorar juntos. Las cenas familiares también reúnen a todos en comunión en torno a una comida, pero son raras y poco frecuentes. Los horarios de la gente la llevan en direcciones opuestas, y se hace más y más difícil sentirse conectados.

En la familia de Dios debemos hacer un esfuerzo extra para mantenernos conectados entre nosotros en la unidad del Espíritu. Nuestro Padre nos une con otros creyentes para que podamos edificar los unos la fe de los otros, animarnos unos a otros, llevar los unos las cargas de los otros, y celebrar nuestras alegrías.

A veces permitimos que pequeñas diferencias y preferencias personales dividan nuestra unidad. Con la excusa multiuso de estar ocupados, esquivamos las conversaciones difíciles y evitamos las oportunidades de perdonar y extender gracia. Pero el Señor nos llama a servirlo como un solo cuerpo, el Cuerpo de Cristo.

INTERACCIÓN DIARIA ▾

**CONÉCTESE:** Envíe una invitación en línea a por lo menos una docena de creyentes y planifiquen un tiempo de adoración, oración y comunión juntos en las próximas semanas.

*Porque el Señor estará siempre a tu lado y te librará de caer en la trampa.*
PROVERBIOS 3:26

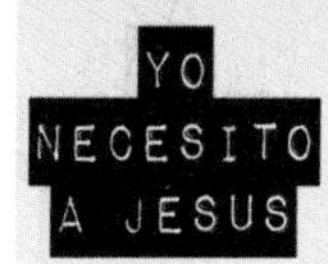


▼ DEVOCIÓN

## Guardar su corazón

¿Alguna vez ha visto a un animal en una trampa? Se trate de una trampa para ratones o de la trampa de un cazador escondido en el bosque para atrapar caza menor, puede ser un espectáculo doloroso, aun cuando sea necesario. La mayoría de las trampas cuentan con algún tipo de cebo para atraer a la criatura. Cuando los animales intentan tomar el cebo, ¡SNAP! la trampa los captura si no los mata.

Suponemos que somos demasiado inteligentes para quedar atrapados en esas trampas sencillas que hemos visto usar en animales. Sin embargo, caemos en otros tipos de trampas tan fácilmente como un ratón come queso. Con demasiada frecuencia no se toman precauciones para evitar las tentaciones que nos atrapan tan fácilmente. Esquivamos la verdad cuando otros nos cuestionan e incluso mentimos cuando nuestros seres queridos tratan de que seamos responsables.

Para escapar de los lazos del pecado, debe ser prudente y cuidar su corazón. Usted necesitará gente que lo ayude a seguir adelante y, ocasionalmente, lo saque de una trampa. Y Dios le da todo el poder que usted necesita para escapar de las trampas del enemigo y evitar sus tentaciones.

INTERACCIÓN DIARIA ▼

**CONÉCTESE:** ¿Ha estado visitando sitios web que lo llevan a la tentación y el pecado? ¿Debería considerar emplear un filtro o algún medio de rendición de cuentas?

YO NECESITO A JESÚS

## 11 de noviembre

*El Señor mismo marchará al frente de ti y estará contigo; nunca te dejará ni te abandonará. No temas ni te desanimes.*

DEUTERONOMIO 31:8

DEVOCIÓN ▾

# Él va delante de usted

Históricamente, los nuevos territorios requerían con frecuencia exploradores que se adelantaran a los colonos. Estos precursores debían avanzar tan silenciosa y discretamente como fuera posible y evaluar el nuevo territorio, teniendo en cuenta los peligros y depredadores potenciales, así como determinar las fuentes de alimento, agua y refugio. Muchas veces, los exploradores tuvieron que eliminar adversarios antes de la llegada de los seguidores.

En los nuevos territorios en los que el paisaje era desconocido, los exploradores también abrieron camino, haciendo un sendero despejado que indicaba dónde era seguro caminar y acampar. En vez de que grandes grupos fueran emboscados o superados en áreas densamente arboladas, los espías enviados por delante se asegurarían de que no hubiera peligro para los otros.

Dios es nuestro explorador: va delante de nosotros, abriendo un camino que debemos seguir, y eliminando el peligro. Él sabe lo que está por delante de nosotros y utiliza con cuidado lo que está detrás de nosotros para prepararnos para el futuro. Cuando no podemos ver lo que está por delante, cuando la nueva frontera parece hostil, podemos confortarnos con la fuerza de nuestro Señor.

INTERACCIÓN DIARIA ▾

**CONÉCTESE:** Lea un par de relatos de los primeros exploradores, como Lewis y Clark, de la historia de nuestro país. ¿Cuál fue el mayor peligro al que se enfrentaron?

## 12 de noviembre

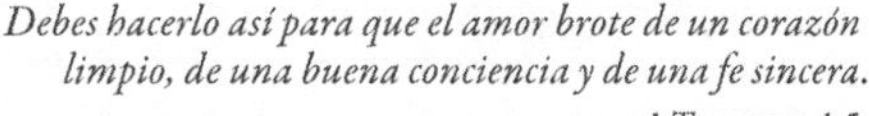

*Debes hacerlo así para que el amor brote de un corazón limpio, de una buena conciencia y de una fe sincera.*

1 Timoteo 1:5

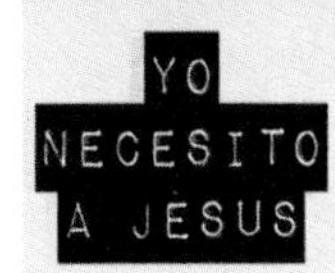


▼ DEVOCIÓN

# Una actitud de amor

No solemos pensar en las recetas que están en la Biblia, pero hay algunas. Ciertamente, los ingredientes necesarios para cumplir el mandato de Dios de amar están explicados con bastante claridad: un corazón puro + una buena conciencia + una fe sincera = AMOR. Aunque esto pueda parecer simplista o incluso trivial, es una gran verdad.

Un corazón puro es aquel dedicado singularmente a amar a Dios y obedecer sus mandamientos. Una persona con este tipo de devoción no es perfecta, pero conoce la fuente de la vida y se concentra en servir a otros y compartir este amor. Su pureza no es la perfección, pero su integridad está dedicada a su Padre.

Una buena conciencia es una que funciona para señalarnos cuando pecamos, y también es clara y limpia, lavada por la gracia de Dios. Una persona con una buena conciencia está en sintonía con el Espíritu Santo interior, alineando sus pensamientos, palabras y acciones con las instrucciones y mandatos de Dios.

Una fe sincera requiere confianza motivada por la creencia, anclada por la convicción, y alimentada por la esperanza. No hay pretexto, orgullo o fariseísmo en una persona cuya fe es sincera. La unidad es elemental: estos tres trabajan juntos para reflejar el amor de Dios en nuestras vidas.

INTERACCIÓN DIARIA ▼

**CONÉCTESE:** Postee un versículo preferido sobre el amor de Dios en JesusDaily.com y memorice uno posteado por otra persona.

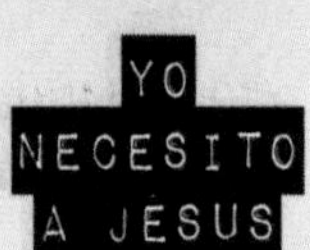


## 13 de noviembre

*El amor debe ser sincero. Aborrezcan el mal; aférrense al bien.*
ROMANOS 12:9

DEVOCIÓN ▾

# Amar sinceramente

Todos somos conscientes de la forma en que se malgasta la palabra *amor.* Amamos el nuevo restaurante que acaba de abrir en nuestro vecindario. Amamos los vídeos de gatos locos en YouTube. Amamos el sabor del chocolate. Amamos a nuestro mejor amigo. Amamos las películas de Disney. Amamos las puestas de sol y las montañas.

Y luego está la forma en que amamos a Dios y experimentamos su amor. Una palabra que surge con frecuencia para describir este tipo de amor espiritual es *sincero*. Solemos pensar a sincero como una manera de describir a alguien que es genuino, honesto, sin pretensiones, y abierto respecto a sus sentimientos.

Aunque es incierto, muchos estudiosos creen que la palabra *sincero* puede provenir de dos palabras latinas: *sine*, que significa "sin" y *cera* que significa "cera". Al parecer, en la antigua Roma a veces esclavos y constructores habrían disimulado imperfecciones de edificios de mármol y piedra llenándolas con cera. Por lo tanto, alguien que era "sin cera" sería confiable como un artesano escrupuloso, dedicado, de los más altos estándares.

Cuando amamos sinceramente, construimos nuestra relación con Dios, día a día, comprometidos con una fe sólida como una roca.

INTERACCIÓN DIARIA ▾

**CONÉCTESE:** Repare una mancha de un mueble utilizando un trozo de cera, y luego postee una imagen de su "reparación" y pida a otros que también compartan sus "sinceros" intentos.

*Por eso, dispónganse para actuar con inteligencia; tengan dominio propio; pongan su esperanza completamente en la gracia que se les dará cuando se revele Jesucristo.*

1 Pedro 1:13



▼ DEVOCIÓN

## Preparar su mente

Cuando usted está aprendiendo un nuevo deporte, ejercicio físico, o habilidad, muchos maestros le dirán que se visualice a sí mismo realizando los movimientos de su nuevo emprendimiento. Animan a los estudiantes a imaginarse realizando con éxito los movimientos con la esperanza de que sus cuerpos los sigan en forma natural. Estos instructores saben que la preparación mental es una parte importante de cualquier cosa que requiera acción.

Si hemos de obedecer a Dios y vivir según sus mandamientos, también debemos practicar mentalmente. Tenemos que estar comprometidos a vivir una vida de pureza, honor e integridad. Muchas veces sucumbimos a la tentación porque nos atrapa en el calor del momento, cegados por la atracción emocional. Pero si hemos pensado por adelantado cómo evitar y resistir las tentaciones, ya hemos empezado el proceso de crecer más fuertemente.

Prepare hoy su mente para potenciales áreas de lucha. Imagínese obedeciendo a Dios y resistiendo la tentación, manteniéndose firme en su fe.

INTERACCIÓN DIARIA ▼

**CONÉCTESE:** Investigue la forma en que las técnicas de preparación y visualización mental son utilizadas por atletas, médicos y fisioterapeutas.

YO
NECESITO
A JÉSUS

## 15 de noviembre

*En paz me acuesto y me duermo, porque solo tú, Señor, me haces vivir confiado.*
SALMO 4:8

DEVOCIÓN ▾

# Disfrutar de su abrazo

A los bebés frecuentemente les gusta que los carguen hasta quedar dormidos por la sensación de seguridad que sienten en brazos de sus padres. Saben que están seguros y pueden sentir la presencia de alguien que vigila sobre ellos, protegiéndolos de cualquier daño.

Tenemos la misma seguridad cuando nuestro Padre nos mira y nos protege. No tenemos nada que temer porque Él está con nosotros toda la noche. Cuando nos sentimos inquietos y ansiosos, podemos experimentar su paz orando y recordarnos a nosotros mismos que su Espíritu está en nuestro interior. Cuando nuestra mente da vueltas con preocupaciones, temores y "qué pasaría si", podemos calmarnos recordando que Él tiene el control. No hay nada que Él no pueda manejar, por muy atemorizador o amenazante que nos pueda parecer a nosotros.

Encuentre hoy consuelo en los brazos de su Padre, disfrutando del abrazo de Aquel que lo creó y lo ama mucho.

INTERACCIÓN DIARIA ▾

**CONÉCTESE:** Anime a alguien que necesite un abrazo a larga distancia enviándole una tarjeta electrónica o un versículo preferido que le recuerde el amor de Dios.

## 16 de noviembre

*... ofrezcamos continuamente a Dios, por medio de Jesucristo, un sacrificio de alabanza, es decir, el fruto de los labios que confiesan su nombre.*

HEBREOS 13:15



▼ DEVOCIÓN

# Un sacrificio de alabanza

Los últimos cultivos han sido cosechados y los campos están ahora en barbecho. Las ramas desnudas de muchos árboles ondean en el viento, y las hojas restantes no podrán permanecer mucho más tiempo. Las mañanas escarchan su firma helada en el paisaje fuera de nuestras ventanas. Las vacaciones se acercan rápidamente, y ya están en marcha planes para cenas familiares, fiestas de empresa, programas de la iglesia y eventos comunitarios.

Ahora, antes de que llegue la temporada festiva llena de celebraciones, es bueno centrarse en alabar y dar gracias a Dios por este año transcurrido. Él le ha dado tanto y lo trajo hasta aquí. Piense cómo empezó este año y todos los obstáculos que no anticipó. Usted se ha dado algunos golpes en el camino, pero el Señor se ha mantenido fiel en dirigir, guiar y enderezar sus senderos.

Alábelo por las muchas bendiciones de la familia, los amigos, el trabajo, el hogar y la iglesia que hay en su vida. Antes de empezar a correr y quedan atrapado en el bullicio, piense en lo que le ha sido dado. Pídale a Dios que le dé un centro de calma al que usted pueda acercarse en las próximas semanas, dándole gracias y alabanza por todo lo que está por delante.

INTERACCIÓN DIARIA ▼

**CONÉCTESE:** Postee en su página personal su paisaje de otoño favorito u otra foto de las últimas semanas. Deje que los otros sepan que usted está agradecido.

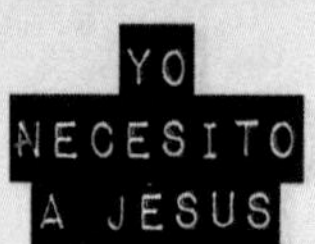


## 17 de noviembre

*...el justo vive confiado como un león.*
PROVERBIOS 28:1

DEVOCIÓN ▼

# Corazón de león

Como cristianos, a veces sentimos que debemos ser mansos y humildes, tranquilos y agradables, reservados e incluso pasivos en la forma en que interactuamos con los que nos rodean. Sin embargo, ¡nada podría estar más lejos de la verdad! Jesús nos dice que debemos ser sal y luz, el sabor y la iluminación de la sosa oscuridad del mundo. Se nos dice que seamos audaces en la forma en que amamos a otros, dejando que nuestra luz brille en lugar de esconderla.

Aunque no se piense a sí mismo como una persona audaz, puede confiar en Dios para que lo ayude y le dé el valor necesario para actuar. Sin nada que temer, usted puede proceder con la misma determinación y confiada fortaleza del rey de las bestias. Cristo fue llamado el León de Judá y, como Él, podemos movernos con serena autoridad a lo largo de nuestro día.

Sea hoy un león en el camino que usted sigue amando a otros, recio y decidido, regio y majestuoso.

INTERACCIÓN DIARIA ▼

**CONÉCTESE:** Postee una ilustración o foto de un león y pida a otros que compartan sus animales favoritos, explicando los rasgos que tienen en común.

## 18 de noviembre

*Al que no cometió pecado alguno, por nosotros Dios lo trató como pecador, para que en él recibiéramos la justicia de Dios.*

2 Corintios 5:21

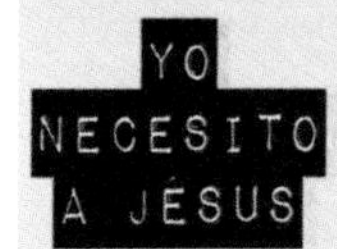


▼ DEVOCIÓN

### Nuestro sustituto

En la mayoría de las obras de teatro, los suplentes se preparan para tomar los papeles principales cuando los miembros del reparto que habitualmente los desempeñan no lo pueden hacer. En los deportes, algunos miembros del equipo sirven como reemplazos o sustitutos de los jugadores clave, lo que les permite descansar o recuperarse de una lesión. Los suplentes no son, por lo general, tan talentosos, fuertes o experimentados como la persona a quien reemplazan. Pueden hacer el trabajo, pero no son tan efectivos.

Sin embargo, hay un sustituto que es muy superior a todo lo máximo que podamos hacer. Agobiados por nuestros pecados, no podíamos mantener una relación con nuestro Padre y su absoluta santidad. Teníamos que pagar por nuestros pecados, pero no teníamos el poder para pagar por ellos de una vez por todas. Eramos completamente deudores y estábamos atrapados en nuestra constante necesidad de un sacrificio para expiar nuestros pecados.

Así que Jesús tomó nuestro lugar. Él soportó el castigo que nosotros merecíamos, para que pudiéramos ser perdonados de una vez por todas. Su sustitución abrió la puerta a la vida eterna.

INTERACCIÓN DIARIA ▼

**CONÉCTESE:** Dirija un nuevo amigo a JesusDaily.com, compartiéndole cómo eso fortalece su fe y lo bendice.

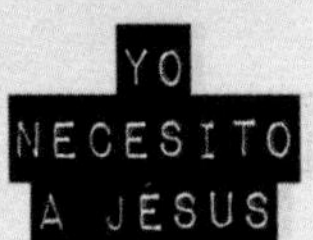


## 19 de noviembre

*...sabiendo que el Señor recompensará a cada uno por el bien que haya hecho.*

EFESIOS 6:8

DEVOCIÓN ▾

## La mayor recompensa

¿Con cuánta frecuencia hace algo y espera que le den algo a cambio? Tal vez se trate de atención o de ganancia financiera. Podría ser el afecto y aprecio de otras personas. Podría ser una transacción en la que ganamos algo dando a cambio algo que tenemos que otros necesitan. Mucho de nuestras vidas opera según este principio de causa y efecto, acción y reacción, siembra y cosecha, servicio y recompensa.

Aunque nuestro Padre frecuentemente nos bendice con buenos regalos, ya hemos recibido la garantía de la mayor recompensa imaginable: pasar la eternidad con Él en el cielo. Si hemos aceptado a Jesús en nuestros corazones, no tenemos que ganar el favor de Dios porque ya hemos sido perdonados y recibidos como su preciado hijo o hija.

Obtendremos nuestra recompensa celestial después que pasemos de esta vida. Pero hoy podemos vivir con la confianza de que nuestro Padre ya nos ha concedido su gracia, adoptándonos como coherederos con su Hijo, Jesús.

INTERACCIÓN DIARIA ▾

**CONÉCTESE:** Postee una foto o imagen que le recuerde el cielo. Pida a otros que hagan lo mismo, explicando su selección.

## 20 de noviembre

*[Jesús dijo:] Y quien dé siquiera un vaso de agua fresca a uno de estos pequeños por tratarse de uno de mis discípulos, les aseguro que no perderá su recompensa.*

MATEO 10:42

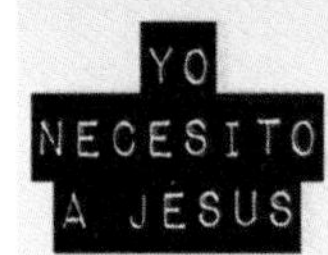


▾ DEVOCIÓN

# Demostrar gracia

Si bien no hay nada que podamos hacer para ganar el favor de Dios, queda claro en las Escrituras que nuestras acciones reflejan nuestra fe. Lo que decimos creer y lo que en realidad hacemos deben estar alineados para que nuestra fe tenga sustento. Sin un comportamiento que respalde nuestras creencias, solo damos servicio de labios. Por el contrario, cómo vivimos revela algo sobre nuestras prioridades y lo que más valoramos.

Si decimos que queremos ser cariñoso, amables y generosos, pero no practicamos estos rasgos cuando se nos dan oportunidades cada día, somos mentirosos. Si decimos que amamos a Jesús y lo seguimos como nuestro Maestro, pero gastamos todo nuestro tiempo y dinero en nosotros mismos, nuestro compromiso tiene poca sustancia.

Para reflejar el amor de nuestro Padre, tenemos que aceptar lo que Él ha hecho por nosotros. En la medida en que aceptamos la gracia, podemos expresarla a los que nos rodean. Cuando le damos un vaso de agua fría a un niño sediento, estamos demostrando la ternura del Señor y la compasión de Cristo.

INTERACCIÓN DIARIA ▾

**CONÉCTESE:** Encuentre una necesidad o petición de oración que haya sido posteada y conéctese con la persona necesitada, ofreciendo lo que usted pueda para ayudarla.

YO NECESITO A JESÚS

## 21 de noviembre

*...den gracias a Dios en toda situación, porque esta es su voluntad para ustedes en Cristo Jesús.*

1 Tesalonicenses 5:18

DEVOCIÓN ▾

## Un espíritu de gratitud

Frecuentemente, al aproximarse la festividad de Acción de Gracias, somos animados a estar especialmente conscientes de las muchas bendiciones de nuestras vidas. Muchas reuniones familiares incluyen testimonios alrededor de la mesa sobre lo que agradecemos particularmente en este año. Si bien esta maravillosa práctica nos permite hacer una pausa y agradecer a Dios en una celebración de su bondad, también debemos recordar que nuestros corazones deben estar sintonizados para alabarlo todo el año.

Es bueno listar nuestras muchas bendiciones y reflexionar sobre ellas en esta época del año. Nuestras familias, nuestros amigos y seres queridos, nuestra salud, nuestros trabajos y nuestros hogares no deben darse por sentados. Con más razón debemos hacer un día de fiesta de Acción de Gracias al año.

Con un espíritu de gratitud en nuestros corazones, reconozcamos todo lo que Dios nos da y perdamos de vista lo que pensamos que queremos, pero no tenemos.

INTERACCIÓN DIARIA ▾

**CONÉCTESE:** Postee su fórmula favorita de Acción de Gracias y pida a otros que compartan la suya. Deje que sus amigos y familiares sepan lo agradecido que usted está por su presencia en su vida.

## 22 de noviembre

*... de la manera que recibieron a Cristo Jesús como Señor, vivan ahora en él, arraigados y edificados en él, confirmados en la fe como se les enseñó, y llenos de gratitud.*

COLOSENSES 2:6-7

YO NECESITO A JESÚS

▼ DEVOCIÓN

# Llenos de gratitud

A veces se necesita un tiempo de dificultades, pérdida y sufrimiento que nos recuerde todo lo que nos ha sido dado, y que apreciemos cómo Dios provee. Ciertamente, los primeros Peregrinos a nuestro país enfrentaron en la nueva, indómita naturaleza luchas que iban mucho más allá de lo que habían imaginado. Sin la ayuda de los nativos americanos dispuestos a compartir su comida y a enseñarles a cultivar y cazar, los primeros colonos probablemente habrían perecido en solo unos pocos meses.

Pero Dios preparó un camino y trajo a sus vidas a otros que podían ayudarles a descubrir métodos de supervivencia. Sin duda, su nuevo estilo de vida no fue tan fácil como podrían haber esperado, pero sin embargo el Señor los fortaleció y les proveyó. Muchos de los primeros colonos europeos llegaron a América para poder tener libertad religiosa y adorar a Dios de manera independiente.

Como la celebración de Acción de Gracias inicia una temporada de festividades, celebraciones y fiestas, no perdamos de vista adorar juntos, dando gracias a nuestro Creador por las muchas maneras en que ha bendecido a cada uno de nosotros, así como a nuestros antepasados.

INTERACCIÓN DIARIA ▼

**CONÉCTESE:** Lea un relato histórico de la primera festividad de Acción de Gracias y la historia de nuestro país que la celebra como una fiesta nacional.

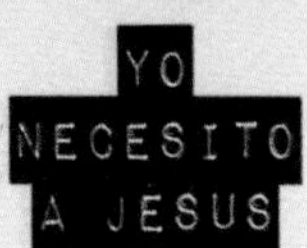


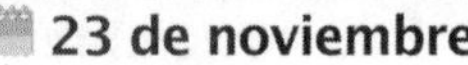

## 23 de noviembre

*¡Pero gracias a Dios, que nos da la victoria por medio de nuestro Señor Jesucristo!*

1 Corintios 15:57

DEVOCIÓN ▾

## El premio mayor

¿Cuáles son los premios más prestigiosos en que usted puede pensar? Tal vez el Premio Nobel de la Paz o un Pulitzer. Tal vez un título de Super Bowl o una maestría. Podría ser un Corazón Púrpura o la Medalla de Honor del Congreso. Independientemente de cuál pueda ser su "premio mayor", sigue sin poder compararse con el logro que Jesús obtuvo para nosotros. La victoria que ganó era algo que Él y solo Él podía ganar.

No era una cuestión de habilidad o capacidad, ni siquiera de bondad o poder. Jesús victoriosamente se levantó de los muertos a causa del amor de Dios para con su pueblo. Su victoria supera a todos los premios y galardones que nuestro mundo tiene para ofrecer.

Cuando invitamos a Cristo a entrar en nuestras vidas, participamos de su victoria. Nuestros pecados son perdonados y nosotros ganamos el premio mayor: la vida eterna.

INTERACCIÓN DIARIA ▾

**CONÉCTESE:** Cree un premio para alguien que ama y hágale saber que es "la mejor hermana" o "el amigo más divertido".

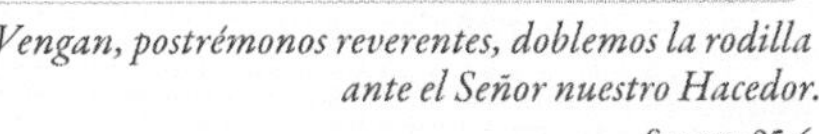

## 24 de noviembre

*Vengan, postrémonos reverentes, doblemos la rodilla ante el Señor nuestro Hacedor.*

Salmo 95:6

▼ DEVOCIÓN

# Venir y adorar

No es fácil ser humildes, especialmente ponernos de rodillas y reconocer nuestra impotencia y respeto ante alguien que tiene autoridad sobre nosotros. Podemos hacer asociaciones negativas con que los esclavos se inclinaban ante sus amos o los plebeyos se inclinaban delante de los reyes y reinas. Pero Dios es el Rey de toda la creación y el único digno de nuestra alabanza y adoración.

La Biblia nos dice que toda rodilla se doblará y toda lengua confesará que Jesucristo es el Señor. Todo el mundo, en última instancia, reconocerá la santa divinidad de Dios. A medida que aprendemos a reconocer su autoridad y humillarnos ante Él, podemos experimentar el cumplimiento de nuestros anhelos más profundos.

Dios no solo es nuestro Rey, sino también nuestro Padre amoroso. Sí, nos inclinamos y lo adoramos, pero Él también eligió humillarse a Sí mismo en forma humana y morir por nosotros. No es el reconocimiento de nuestra impotencia ante Él lo que nos obliga a arrodillarnos. Son nuestro amor, gratitud y devoción.

INTERACCIÓN DIARIA ▼

**CONÉCTESE:** Establezca una videoconferencia con un amigo o ser querido y pasen algún tiempo orando y adorando juntos.

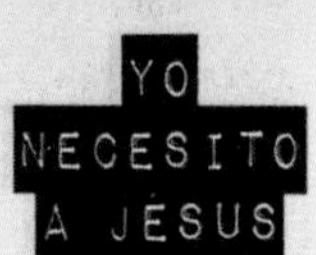


## 25 de noviembre

*Que abunden en ustedes la gracia y la paz por medio del conocimiento que tienen de Dios y de Jesús nuestro Señor.*
2 Pedro 1:2

DEVOCIÓN ▾

# La verdadera abundancia

En nuestra cultura de consumo, frecuentemente se nos anima a comprar en grandes cantidades. Grandes tiendas ofrecen precios bajos de productos que pueden ser vendidos en múltiples unidades. Como resultado, muchas personas se abastecen de alimentos básicos y terminan con un stock de toallas de papel, tomates enlatados o jugo de manzana para un año. Incluso tenemos programas de televisión sobre personas que tienen éxito en el uso de cupones para ahorrar dinero y adquirir aún más productos. Y llevado al extremo (como si todavía no lo fuera), vemos casos de personas que atesoran cosas que nunca van a utilizar, adquiriendo más y más por compulsión.

La verdadera abundancia, por supuesto, no consiste en tener más cosas. No se basa en el almacenamiento de productos enlatados, productos de papel o velas de emergencia suficientes para iluminar un estadio. La verdadera abundancia no consiste en la cantidad de bienes materiales que usted tenga, sino en la calidad de su corazón y de su alma.

Cuando nos ocupamos en conocer a Dios y a su Hijo, experimentamos abundancia de paz y gracia. No necesitamos tener más para experimentar la satisfacción y la alegría que solo el Señor puede dar.

INTERACCIÓN DIARIA ▾

**CONÉCTESE:** Desconéctese hoy para limpiar lo que tenga en exceso y délo a otros que lo puedan utilizar.

*Y Dios puede hacer que toda gracia abunde para ustedes, de manera que siempre, en toda circunstancia, tengan todo lo necesario, y toda buena obra abunde en ustedes.*

2 Corintios 9:8

YO NECESITO A JESÚS

▼ DEVOCIÓN

## Gracia abundante

La mayoría de los proyectos de mejoras para el hogar insumen el doble de tiempo debido a que el dueño de casa tiene que hacer al menos cuatro viajes a la ferretería. La primera vez es para comprar las cosas equivocadas. La segunda vez es para comprar el tamaño incorrecto. En el tercer viaje, el dueño de casa compra una de cada una de todos los tamaños. Y el cuarto viaje le permite regresar todas las cosas que no necesitaba.

¿Cómo sería tener exactamente todas las cosas que usted necesita en todo momento para hacer su trabajo? ¡No podemos siquiera imaginarlo! Sin embargo, Dios promete que cuando hacemos la buena obra, la que Él nos ha dado para hacer, tendremos todo lo que necesitamos.

Se llama *gracia*. No es algo que podemos ganar o comprar o conjurar. Es el don gratuito de un Dios amoroso que nos quiere dar regalos para hacer su voluntad. Él nos va a sorprender mientras hacemos sus buenas obras. No podemos recompensarnos a nosotros mismos, sino reconocerlo a Él.

INTERACCIÓN DIARIA ▼

**CONÉCTESE:** Encuentre en línea un recurso que lo ayude en sus momentos de oración y estudio bíblico. Pida a otros recomendaciones de los suyos favoritos.

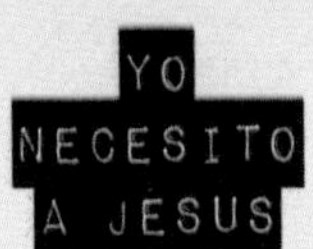


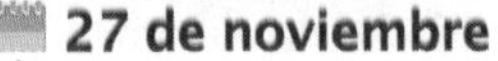

## 27 de noviembre

*El Señor es mi luz y mi salvación; ¿a quién temeré?*
SALMO 27:1

DEVOCIÓN ▾

# Descansar en sus brazos

Cuando los niños pasan a nuevas etapas de desarrollo, entran y salen de los miedos irracionales que se caracterizan por la inquietud y dificultad para expresar sus sentimientos. Ellos tienen miedo de ir a dormir y dejar a sus padres. No quieren ir a lugares desconocidos. Esto puede ser tratado por los padres al lidiar con los pensamientos irracionales y la exacerbación de los sentimientos. Les decimos: "Solo confía en mí. No dejaré que te hagan daño o te pierdas". Queremos que ellos pongan todo el peso de su temor en nuestras manos y confíen en que vamos a manejar lo que venga.

Los adultos también tienen problemas respecto a estos temores. Tenemos miedo de perder nuestro camino. Tememos por nuestra seguridad. Frecuentemente estos temores se multiplican, porque tenemos la responsabilidad de otros. Como los niños, tenemos dificultades para dejarlos ir, porque no creemos que Dios sea más grande que estos temores.

Pero no tenemos que temer. Dios es nuestra luz: nunca estaremos perdidos porque Él siempre sabe dónde estamos. Dios es nuestra salvación, nos encontramos bajo su custodia. Él nos salva. Nuestros corazones pueden proclamar esto mientras nos apoyamos en sus brazos.

INTERACCIÓN DIARIA ▾

**CONÉCTESE:** Envíe un mensaje a alguien que necesita que se le recuerde la capacidad de Dios para llevarlos a través de su prueba actual. Hágales saber que usted está orando por ellos.

## 28 de noviembre

*Voy a escuchar lo que Dios el Señor dice: él promete paz a su pueblo y a sus fieles…*
SALMO 85:8

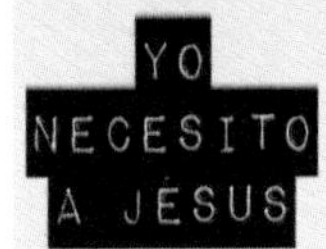


▼ DEVOCIÓN

### Su promesa de paz

"Conocer a Dios, conocer la paz. Sin Dios, no hay paz". Así dice el letrero de la iglesia ante el cual usted pasa todos los días camino a su trabajo. Es fácil ignorar tales señales, porque a veces pueden parecer triviales. Sin embargo, ellas también contienen una verdad simple y profunda: si usted quiere paz en su vida, llegue a conocer a Dios.

Usted puede estar pensando: *Pero pensé que me sentiría más tranquilo cuando tuviera más dinero, o me casara, o tuviera hijos, o mejorara*. Esas son las cosas que usted puede estar diciéndose a sí mismo, las condiciones que usted puede poner para su futura paz mental.

Pero la manera de tener más paz es invertir tiempo para llegar a conocer a su Padre. Hágale preguntas y dígale lo que está en su mente. Escríbale cartas y lea las respuestas en su correo. Averigüe qué es importante para él. Pase tiempo con él. Preséntele sus amigos y familiares. Mire a Jesús. Haga cosas que a Él le gusta hacer. Vaya a lugares donde a Él le gusta ir. En otras palabras, invite a Dios a ser parte de su vida y Él honrará su petición. Usted aprenderá que Él es bueno y amoroso y digno de confianza y amable. La paz abundará.

INTERACCIÓN DIARIA ▼

**CONÉCTESE:** Visite JesusDaily.com, postee una imagen que para usted represente la tranquilidad, y emparéjela con su versículo favorito sobre el don de Dios de la paz perfecta.

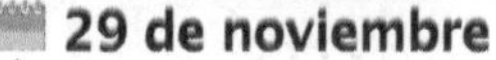


*Y el Verbo se hizo hombre y habitó entre nosotros.*
JUAN 1:14

DEVOCIÓN ▾

## El Verbo hecho hombre

El don del lenguaje es uno de los mayores que Dios nos ha dado. Mediante el lenguaje se puede hablar, cantar, comunicarse, escribir, leer, aprender y crecer. Podemos recopilar información para las generaciones futuras y aprender de lo que alguna vez les sucedió a nuestros antepasados. Podemos contar historias y entretenernos unos a otros, enseñar lecciones y verdades reveladoras sobre la naturaleza humana y el carácter de Dios. Podemos enseñar, animar, inspirar y motivar a otros.

Jesús es la Palabra hecha carne, el santo aliento de Dios el Padre puesto en forma humana en un pesebre en Belén. Cristo creció y habitó entre nosotros antes de revelarse como Emmanuel, "Dios con nosotros", y el Mesías, "el Salvador de su pueblo".

Cuando consideramos a Cristo como el Verbo hecho hombre, se nos recuerda que nuestra fe es de palabra tanto como de obra, de sentencias tanto como de acciones. Cuando damos un paso de fe, vivimos desde el centro de nuestras creencias. Llegamos a ser más como Jesús, redimidos por su sangre y salvos por fe.

INTERACCIÓN DIARIA ▾

**CONÉCTESE:** Elija una palabra favorita relacionada con su fe, como *sacrificio* o *devoción* o *compromiso*, y el estudie en línea sus orígenes.

# 30 de noviembre

*Pase lo que pase, compórtense de una manera digna del evangelio de Cristo.*

FILIPENSES 1:27

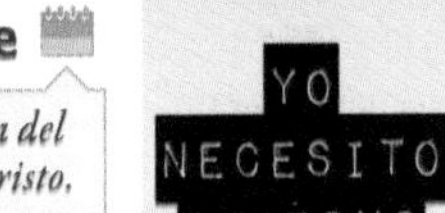


▼ DEVOCIÓN

## El siguiente paso correcto

Con demasiada frecuencia, en nuestras vidas llegamos a un punto en que sencillamente no sabemos qué hacer. Nos despertamos por la mañana, y sin una agenda determinada para el día, sabemos que si no nos movemos en cierta dirección específica vamos a perder nuestro día.

O bien, tenemos tanto que hacer en un solo día en que no es posible que lo hagamos todo. En un ámbito mucho más amplio, tenemos que tomar decisiones importantes y no sabemos la mejor manera de hacerlo, o afrontamos súbitamente circunstancias desastrosas y no podemos ver más allá de este momento No es inusual de ningún modo que nos encontremos en una ruta sin mapa que nos guíe.

Tal vez usted haya escuchado el dicho: "Haga la siguiente cosa correcta". Aunque es más fácil decirlo que hacerlo, eso parece traer el próximo paso al momento actual. Nos recuerda que estamos en un camino que conduce a alguna parte y que nuestras decisiones presentes afectamos dónde terminamos.

Hoy es necesario que usted haga algo, pero no tiene que hacerlo todo. Simplemente dé el siguiente paso correcto.

INTERACCIÓN DIARIA ▼

**CONÉCTESE:** Pregúntele a un amigo de confianza y creyente maduro cómo tomar decisiones difíciles. Pídale que ore por una de las decisiones difíciles que usted afronta actualmente.

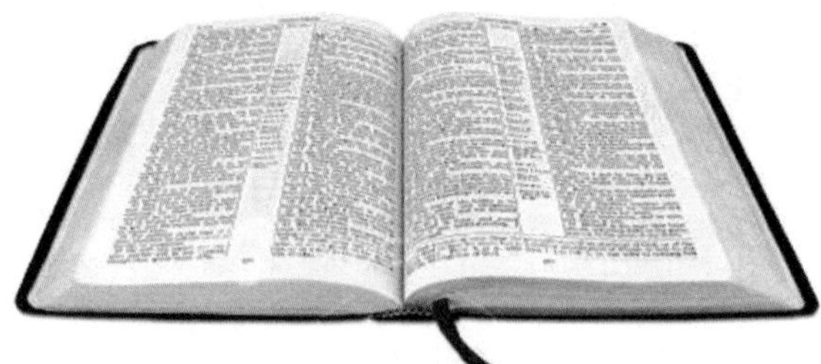

# ¿QUÉ VALE MÁS?

# DICIEMBRE

*"Gloria a Dios en las alturas, y en la tierra paz a los que gozan de su buena voluntad".*

Lucas 2:14

# 1 de diciembre

*"Por tanto, el Señor mismo os dará señal: He aquí que la virgen concebirá, y dará a luz un hijo, y llamará su nombre Emanuel".*

Isaías 7:14, RV60

DEVOCIÓN ▾

## Señales de su Presencia

¡Con cuánta frecuencia desearíamos que Dios nos diera una señal, algo que apunte a su presencia en el mundo y, más específicamente, en nuestras vidas! Tenemos que tomar una decisión difícil, o no sabemos qué hacer a continuación, o nos sentimos tan solos. Estos son estados que experimentamos cotidianamente en la mente y el corazón, y deseamos que *algo* nos dé un codazo en dirección a la esperanza. Necesitamos una luz al final del túnel.

Los hijos de Israel estaban buscando un salvador prometido, pero había pasado mucho tiempo, y habían sucedido muchas cosas que los descorazonaron. Necesitaban saber que Dios estaba con ellos. Entonces Dios mismo les habló estas palabras a través de Isaías: "El Señor mismo os dará una señal. . ." En otras palabras, les dijo: "Yo no los he olvidado! Sigan buscándome. ¡Tengan esperanza!" ¡Cuánta bondad de Dios para recordarnos su presencia y apuntar a un tiempo futuro en que tendríamos un recordatorio de carne y hueso de que Él está con nosotros.

Busque hoy recordatorios y señales de que Dios está con nosotros.

INTERACCIÓN DIARIA ▾

**CONÉCTESE:** Haga una lista de señales de la presencia de Dios en su vida. Envíe la lista a alguien que necesite conocer un mensaje de esperanza y de la presencia de Dios en la actualidad.

## 2 de diciembre

*Dará a luz un hijo, y le pondrás por nombre Jesús, porque él salvará a su pueblo de sus pecados.*
MATEO 1:21

▼ DEVOCIÓN

# Nuestro Salvador

Dios les dijo a María y a José que llamaran Jesús al bebé de María. *Jesús* no era un nombre poco común en esa época y era un derivado del nombre de *Josué*, que significa "rescatar" o "liberar", en otras palabras, salvar. Ese nombre también describió la misión de Jesús entre nosotros. Él iba a salvar a su pueblo de sus pecados. Todo estaba claro desde el principio. ¿Cierto?

Pero, ¿entendieron María y José lo que en última instancia significaría el nombre? El pueblo judío estaba buscando un salvador, pero tenían en mente un rey que los liberara de sus opresores. Cuán confuso debe haber sido eso para María, treinta y tres años después, mientras estaba parada a los pies de la cruz de Jesús. ¿Qué pasó con el bebé que iba a ser el rey? Se sentía como la pérdida de un sueño, de una promesa.

Nosotros tenemos el regalo de la Biblia entera para darnos el cuadro completo de esta historia. Sin embargo, solemos interpretar mal los mensajes que escuchamos de Dios, y estamos confundidos y perplejos. Tenemos que recordar que las promesas de Dios para nosotros son siempre para bien, pero no siempre tenemos la información para ver todo el cuadro de Dios.

INTERACCIÓN DIARIA ▼

**CONÉCTESE:** Postee su foto favorita de una Navidad pasada y pida a otros que compartan la suya. ¿Cómo han cambiado con los años sus puntos de vista sobre la Navidad?

## 3 de diciembre

*No tengas miedo, María; Dios te ha concedido su favor "le dijo el ángel". Quedarás encinta y darás a luz un hijo, y le pondrás por nombre Jesús.*

Lucas 1:30-31

DEVOCIÓN ▾

## En su Plan

María era una joven adolescente que iba a hacer su rutina diaria cuando un ángel se le apareció y le dijo: "No tengas miedo". Por supuesto que estaba sorprendida y temerosa, y tal vez estas palabras la tranquilizaron. ¿Pero la siguiente parte? "Concebirás y darás a luz un hijo. . ."

Ese "favor" que recibió de Dios debe haber sido poderoso desde el principio. Dios le dio lo que ella necesitaba para estar en la presencia de un ángel y recibir un mensaje que no solo iba a cambiar toda su vida, sino también a cambiar la historia. Él le reveló el papel único que iba a jugar en los propósitos de Dios. Y ella aceptó ese papel, a pesar de que vendría con un gran costo personal.

Mientras atravesamos las rutinas de nuestro día, suponemos que Dios encaja en nuestra historia. La Navidad es un recordatorio de que nuestra historia, incluyendo todas sus partes difíciles, nunca se entiende realmente hasta que es vista a la luz de la historia más grande que es la de Dios. Su regalo para nosotros es ese favor que nos incluye en su plan.

INTERACCIÓN DIARIA ▾

**CONÉCTESE:** Investigue la palabra *favor*. Anote sus observaciones del favor de Dios en su vida.

## 4 de diciembre

*El Espíritu Santo vendrá sobre ti, "y el poder del Altísimo te cubrirá con su sombra. Así que al santo niño que va a nacer lo llamarán Hijo de Dios."*

Lucas 1:35

▼ DEVOCIÓN

# Belleza en la entrega

"¿Cómo será esto?" María hizo una pregunta comprensible al ángel después que él le anunció la increíble tarea que Dios le pedía a ella. El ángel no le explica realmente la forma. Su respuesta supone nubes y espíritus y sombras. No quiere que María (o nosotros) nos empantanemos en la mecánica de un nacimiento virginal. Él solo quiere llevar a María a contemplar el poder del Espíritu Santo y entregarse silenciosa y calmamente a su guía.

A menudo gastamos mucho tiempo y energía tratando de averiguar cómo va a suceder algo. Si no podemos explicarlo o imaginarlo, no creemos que se pueda hacer. A veces nos negamos a participar en los planes de Dios porque no podemos ver el siguiente paso o pasos, y cómo nos llevarían a un resultado. No queremos vivir en una sombra y confiar en el poder del Espíritu Santo para realizar su trabajo.

Hay belleza en rendirse ante el misterio de Dios y decir: "No sé".

INTERACCIÓN DIARIA ▼

**CONÉCTESE:** En su diario en línea, haga una lista de las situaciones de su vida que usted no puede explicar en este momento.

## 5 de diciembre

*"Aquí tienes a la sierva del Señor" contestó María. "Que él haga conmigo como me has dicho." Con esto, el ángel la dejó.*

LUCAS 1:38

DEVOCIÓN ▾

# Decir sí

María era una chica joven, inexperta, y cuando el ángel le describió lo que sería el propósito de su hijo como Hijo del Altísimo y la gran misión que se le había confiado, debe haberse asustado. Probablemente ella no supo cómo sería el "reinado" de su hijo. No hay duda de que podía mirar hacia adelante y ver la falta de comprensión, el sufrimiento y el ridículo que le esperaban. Tendría que decírselo a José, su prometido, y seguramente él la rechazaría y la repudiaría. El futuro no lucía bien.

Así que, con sorpresa, leemos su respuesta. "Aquí tienes a la sierva del Señor. Que él haga conmigo como me has dicho". María, obviamente, podía ver algo más. Tenía una vislumbre de la Gran Visión. Ella estaba dispuesta a decir que sí a esta tarea. Había estado escuchando la voz de Dios y sabía cómo reconocerla. Por lo tanto, cuando le oyó decirle algo que no le quedaba en claro, estuvo dispuesta a obedecer porque sabía que era de Dios. Su deseo más profundo era hacer la voluntad de Él.

¿Cuál es su deseo más profundo? ¿Puede decirle que sí a Dios sin importar lo que le pida?

INTERACCIÓN DIARIA ▾

**CONÉCTESE:** Visite JesusDaily.com y ore para que alguien sea obediente a la dirección de Dios al orar lo mismo por usted.

## 6 de diciembre

*"...no temas recibir a María por esposa, porque ella ha concebido por obra del Espíritu Santo. Dará a luz un hijo, y él salvará a su pueblo de sus pecados."*

MATEO 1:20-21

▼ DEVOCIÓN

# Obedecer valientemente

Comprometidos para casarse, José tenía grandes planes para su vida futura con María. Pero María quedó embarazada. No sabía cómo, pero sabía que él no era el padre de su bebé. Estaba herido, y con el fin de evitar la vergüenza, decidió romper con María en silencio. Un ángel se le apareció en un sueño y le dijo que siguiera adelante con el matrimonio, porque el bebé de María era el Hijo de Dios concebido por el Espíritu Santo. Probablemente él no entendió todo lo que oía, pero siguió adelante con el matrimonio.

La historia de José nos habla de un cambio de planes de vida. Todos tenemos historias de decepción y angustia. Pensábamos que íbamos en una dirección, y terminamos en otro lugar. A veces podemos ver la dirección de Dios, en otras no nos da una razón. Tenemos que seguir adelante, sabiendo que el plan de Dios puede ser diferente de los nuestros.

Esto requiere valor y confianza. Clamamos a Dios para redimir y usar nuestras nuevas circunstancias, sabiendo que él nos ama y sabe lo que es mejor. José enfrentó el ridículo, la pérdida de reputación y el ostracismo. Se armó de valor para hacerse cargo de su nueva familia y su nueva misión en la vida. José obedeció a Dios valientemente.

INTERACCIÓN DIARIA ▼

**CONÉCTESE:** Haga una lista de personas que lo han ayudado en sus decepciones. Envíeles un mensaje de agradecimiento.

## 7 de diciembre

*[Elisabet] exclamó: ¡Bendita tú entre las mujeres, y bendito el hijo que darás a luz!... ¡Dichosa tú que has creído, porque lo que el Señor te ha dicho se cumplirá!*
LUCAS 1:42, 45

DEVOCIÓN ▾

# Vivir el momento

¿Alguna vez se sintió bendecido por algo que no entiende y que quizás no desea particularmente? Debe haberle llevado un tiempo a María creer que un embarazo fuera del matrimonio y un casamiento de apuro eran cosas buenas. Sin embargo, en su visita a Isabel, Dios le dio el estímulo para creer en su extraña vocación. Dios le dio la fe que ella necesitaría para dar a luz al Hijo de Dios. A menudo pensamos que no tenemos la fe para hacer los actos maravillosos y valientes que vemos en las vidas de otros. ¿Cómo llegaron a ser tan fuertes? ¿Por qué yo no puedo hacer estas grandes cosas para Dios? La respuesta es vivir en el momento.

Dios nunca se adelanta a darnos sus dones. Ha prometido que vamos a tener exactamente lo que necesitamos en el momento que lo necesitemos. María dio el siguiente paso, y Dios estuvo allí para proporcionarle todo el valor y la fe y la gracia para soportar ese momento. Él hará eso para usted, también.

INTERACCIÓN DIARIA ▾

**CONÉCTESE:** Investigue otras historias de grandeza para Dios. Identifique los elementos comunes en las vidas de estas personas.

*Entonces dijo María: "Mi alma glorifica al Señor, y mi espíritu se regocija en Dios mi Salvador, porque se ha dignado fijarse en su humilde sierva. Desde ahora me llamarán dichosa todas las generaciones..."*

LUCAS 1:46-48

▼ DEVOCIÓN

## Cánticos de alabanza

María visita a su prima Elisabet, y las dos mujeres se sienten abrumadas por los dones que Dios les está dando. María prorrumpe en un cántico acerca de lo maravilloso que es Dios y su gratitud hacia Él por las grandes cosas que ha hecho por ella. ¡Ella ha sido elegida para gestar al Hijo de Dios! Ella se regocija a pesar de que se refiere a sí misma como una humilde servidora. A pesar de su humilde posición, ella será respetada por todas las generaciones. Generaciones la verán como un ejemplo de un simple ser humano tocado por el poder y la presencia de Dios.

¿Cuántas veces se ha sentido indigno de una bendición o un don? Tome un tiempo para reflexionar sobre los muchos dones con los que hemos sido bendecidos y para regocijarnos en Dios. Tómese unos minutos para leer el cántico de alabanza de María, y reflexione sobre las bendiciones de Dios en su vida. ¿Se está regocijando en ellos?

Las únicas personas cuya alma verdaderamente puede magnificar al Señor son personas como Elisabet y María: personas que reconocen su humilde condición y están apabulladas de que Dios las haya elegido para hacer su obra.

INTERACCIÓN DIARIA ▼

**CONÉCTESE:** Conéctese con amigos o familiares que viven lejos. Hágales saber que usted está pensando en ellos y los extraña durante esta época de Navidad.

## 9 de diciembre

*El Espíritu del Señor omnipotente está sobre mí, por cuanto me ha ungido para anunciar buenas nuevas a los pobres. Me ha enviado a proclamar liberación a los cautivos y libertad a los prisioneros*
ISAÍAS 61:1

DEVOCIÓN ▼

# Liberar a los cautivos

La buena noticia anunciada por Isaías y otros profetas del Antiguo Testamento vino a la vida en el pesebre en Belén. Jesús se hizo humano y nació de una virgen. Vino a iniciar una revolución, no de tipo político como muchos del pueblo judío esperaban, sino del tipo que nos libera de la tiranía del pecado y el castigo de la muerte. Cristo renunció a su trono en el cielo, a fin de experimentar lo que se siente al ser un hombre: vivir como uno, amar como uno, y morir como uno. Solo que Él también era Dios. Él venció a la muerte y liberó a todas las personas que habían sido mantenidas cautivas por su poder.

Ya no tenemos que vivir en la oscuridad o permanecer encadenados a los hábitos pecaminosos y adicciones que con tanta frecuencia nos atan. Debido a que hace más de 2.000 años un bebé nació en una cueva, poco más que un establo donde se guardaban los animales, tenemos una nueva vida: la vida eterna.

INTERACCIÓN DIARIA ▼

**CONÉCTESE:** Alumbre a alguien que pueda estar pasando por su momento oscuro. Envíele un versículo favorito, una tarjeta electrónica de Navidad, o una tarjeta de regalo en línea.

## 10 de diciembre

*"Por lo tanto, manténganse despiertos, porque no saben qué día vendrá su Señor".*

MATEO 24:42

▼ DEVOCIÓN

# Mantenerse despiertos

Más de una madre desearía conocer la hora exacta en que nacerá su bebé. Es tanta la preparación que se debe hacer para un recién nacido. Los médicos pueden dar un tiempo estimado de nacimiento, que es útil, pero a veces los padres son pillados desprevenidos y sin preparación. La clave es estar preparado.

En la época de Jesús, muchos pensaban que el fin del mundo estaba cerca. Hoy en día, mucha gente piensa lo mismo. Ya que nadie sabe la fecha y la hora exacta, ¿qué significa "vigilar"? Al igual que con una nueva adición a la familia, tenemos que hacerle sitio a Jesús en nuestros corazones y vidas.

Como los padres crecen en conocimiento y amor, queriendo saber todo lo necesario para cuidar de sus hijos, así podemos aprender tanto como podamos acerca de Dios y cómo ser su hijo o hija. Dios nos ha dado trabajo para hacer, y debemos buscarlo y servirlo y cuidar de los que representan a Jesús entre nosotros. Es necesario que abramos nuestros ojos y vigilemos con diligencia, para que cuando venga Jesús, le seamos agradables.

INTERACCIÓN DIARIA ▼

**CONÉCTESE:** Pida a otros que posteen sus tradiciones favoritas de Navidad y sus maneras personales de celebrarla. Pida prestada una y pruébela para usted y su familia.

## 11 de diciembre

*Sucedió que un ángel del Señor se les apareció. La gloria del Señor los envolvió en su luz, y se llenaron de temor. Pero el ángel les dijo: "No tengan miedo. Miren que les traigo buenas noticias que serán motivo de mucha alegría...".*

LUCAS 2:9-10

DEVOCIÓN ▾

### Las mejores noticias

¿Se puede imaginar lo que debe haber sido eso? Usted está afuera haciendo su trabajo, tratando de mantener el calor pese a los fríos vientos del desierto, en busca de depredadores que podrían tratar de arrebatar sus ovejas, cuando de repente todo el cielo nocturno estalla en luz. El brillo lo ciega, pura y simplemente lo aterroriza, y luego se escucha una voz que le dice que no tenga miedo. La voz dice ser un mensajero del cielo y le ofrece la mejor noticia imaginable. El Mesías, Aquel largamente prometido que vendría a liberar a su pueblo, ¡ha nacido!

La historia nos es familiar y por lo tanto nos resulta difícil imaginar la intensidad y la sorpresa de ese encuentro inicial en una colina de Judea hace tanto tiempo. Pero los pastores respondieron como tantos de nosotros respondemos: el miedo y la confusión se transformaron en asombro y adoración y alegría inconmensurable.

La buena noticia puede ser vieja, pero aún así es la mejor noticia que usted jamás oirá.

INTERACCIÓN DIARIA ▾

**CONÉCTESE:** En lugar de hacer compras en línea para comprar regalos para otros, busque viajes, clases y experiencias que usted y ellos podrían compartir.

## 12 de diciembre

*Porque nos ha nacido un niño, se nos ha concedido un hijo; la soberanía reposará sobre sus hombros, y se le darán estos nombres: Consejero admirable, Dios fuerte, Padre eterno, Príncipe de paz.*

Isaías 9:6

▼ DEVOCIÓN

### Nuestro Dios poderoso

¿Se ha preguntado por qué Dios parece tener tantos nombres? ¿O incluso por qué está compuesto de tres distintas dimensiones: Padre, Hijo y Espíritu? El pueblo judío solía darle a Dios nombres o frases descriptivos que reflejaban su experiencia con Él. Por lo tanto, algunos hacen hincapié en la capacidad de Dios para proveer, mientras que otros enfatizan su justicia.

Como profeta de Dios, Isaías predijo a la nación de Israel que Dios iba a enviar a un Salvador, un bebé nacido de una virgen que sería el propio Hijo de Dios. Es curioso, sin embargo, que el profeta Isaías enumere aquí tres nombres todos los cuales se aplican a Dios. De hecho, solemos pensar en el Espíritu Santo como nuestro consejero y consolador. Padre Eterno es lo suficientemente claro y nos recuerda el amor de nuestro Abba. Príncipe de Paz parece reflejar el papel de Jesús como Hijo del Rey, la realeza enviada para poner fin a los conflictos y sanar heridas. En conjunto, estos tres en realidad comprenden el cuarto nombre que Isaías menciona, Dios fuerte.

Padre, Hijo y Espíritu: Dios permanece siempre presente en nuestras vidas, lo que demuestra su amor, gracia y poder de maneras ilimitadas.

INTERACCIÓN DIARIA ▼

**CONÉCTESE:** Seleccione de su lista uno de los nombres de Dios, lea al menos un comentario sobre su uso y significado, y compártalo con otros.

# 13 de diciembre

*...en tiempos del rey Herodes, llegaron a Jerusalén unos sabios procedentes del Oriente. "¿Dónde está el que ha nacido rey de los judíos?... Vimos levantarse su estrella y hemos venido a adorarlo."*

MATEO 2:1-2

DEVOCIÓN ▾

## Él es nuestro Rey

No hace muchos años, la gente creía que la Tierra era el centro del universo. Se creía que todos los planetas estaban en órbita alrededor de la Tierra. La astronomía moderna ha demostrado que esto es un error. Esa visión histórica del universo nos dice mucho sobre la mentalidad de la humanidad. Como la gente, queremos creer que todo gira a nuestro alrededor: lo que queremos, lo que necesitamos, lo que podemos controlar y alcanzar. Queremos estar en el centro de lo que está sucediendo.

El rey Herodes conocía las antiguas profecías sobre el nacimiento del Mesías, y le aterraba pensar que en alguna parte estaba naciendo un niño que tomaría su lugar. Y sin embargo, eso es lo que los visitantes de Oriente preguntaron: ellos eran conscientes del nacimiento de este niño rey y parecían decididos a encontrarlo allí en Israel. Entonces Herodes trató de tomar el control y proteger su futuro asesinando a los bebés varones de Belén. Esa cobardía y miedo, y ni qué hablar de la violenta masacre de niños inocentes, nos repele.

Sin embargo, a veces respondemos de la misma manera que Herodes hizo: con miedo, incertidumbre y ansiedad. En lugar de buscar a Jesús, trabajamos duro para mantener nuestra identidad separada de Él.

INTERACCIÓN DIARIA ▾

**CONÉCTESE:** Recuerde a algunas personas cercanas a usted que no son responsables de hacer felices a todos los demás en esta época del año. Hágales saber cuánto le importan.

## 14 de diciembre

*Así que fueron de prisa y encontraron a María y a José, y al niño que estaba acostado en el pesebre.*

LUCAS 2:16

▼ DEVOCIÓN

# Adorar al Rey

Frecuentemente tratamos de escapar del ajetreo y el bullicio de la temporada festiva: los centros comerciales y tiendas atestados, las obligatorias fiestas de oficina y reuniones profesionales. Aun nuestras cenas familiares y los programas de la iglesia nos pueden hacer sentir agotados, cansados y hastiados. A veces anhelamos un momento tranquilo de calma y serenidad, tiempo para dar un paso atrás de todo el ajetreo, y simplemente reflexionar sobre la maravilla del nacimiento de Jesús.

Los pastores que encontraron al niño acostado en el pesebre pueden haber sentido lo mismo. Ellos habían estado ocupados cuidando sus rebaños durante la noche, cuando las huestes celestiales estallaron a través de la oscuridad y anunciaron la noticia que los hizo correr para descubrir la verdad por sí mismos. Sin aliento, cansados, emocionados, confusos y con incertidumbre, deben haberse acercado con temor a la tranquila pareja del establo. Pero entonces vieron al bebé, envuelto en pañales como el ángel les había dicho. ¡Era cierto!

Los pastores pasaron de estar frenéticos a inclinarse en adoración al Rey recién nacido. Estamos llamados a hacer lo mismo durante este tiempo tan ocupado del año.

INTERACCIÓN DIARIA ▼

**CONÉCTESE:** Visite JesusDaily.com y postee una foto de algo tranquilo, relajante, e inesperadamente pacífico.

## 15 de diciembre

*"Gloria a Dios en las alturas, y en la tierra paz a los que gozan de su buena voluntad".*
LUCAS 2:14

DEVOCIÓN ▼

# Cantar sus glorias

La música es una parte vital de la Navidad. De los himnos sagrados y villancicos a los favoritos populares e históricos, casi todo el mundo disfruta de los sonidos de la temporada. Vamos a cantar villancicos para compartir nuestra alegría y espíritu festivo con amigos y vecinos. Descargamos clásicos de artistas queridos y sintonizamos estaciones de radio dedicadas a pasar nada más que música de Navidad durante todo el día. Cantamos en coros e interpretamos cantatas clásicas y música sagrada que han sido cantadas por cientos de años.

Pero nada de eso se puede comparar con el sonido de las huestes celestiales, que anunciaron el nacimiento de Cristo a los pastores y se regocijaron con cantos de júbilo como nunca se han escuchado. Tenemos el privilegio de disfrutar de música hermosa esta época del año y utilizarla para adorar el nacimiento de nuestro Rey recién nacido.

Hoy permita que la canción que está en su corazón emerja de sus labios en alabanza al nacimiento de Cristo.

INTERACCIÓN DIARIA ▼

**CONÉCTESE:** Adjunte en su página personal un archivo de audio o un link con una canción preferida o una pieza de música que lo inspira a la adoración.

# 16 de diciembre

*Y hemos contemplado su gloria, la gloria que corresponde al Hijo unigénito del Padre, lleno de gracia y de verdad.*

JUAN 1:14

▼ DEVOCIÓN

## Él está aquí

En algún momento de nuestras vidas tenemos experiencias o visiones de cosas o personas increíbles, y lo mejor que podemos testificar es que lo vimos "en la carne". Queremos decir que lo vimos con nuestros propios ojos. En algunos casos, el acontecimiento es mucho mejor de lo que hubiéramos esperado, pero con frecuencia nos sentimos decepcionados. Nos imaginamos cómo sería y la realidad no estuvo a la altura de nuestra imaginación.

Imagínese que usted ha oído y leído acerca de Jesús toda su vida. Las historias y las expectativas que lo rodean se han convertido en leyendas de brillantez. Y entonces, un día, Él está aquí delante de nosotros, en la carne. Todas las palabras que se han dicho de Él están encarnadas en una sola persona. Nos damos cuenta de que venía de Dios para darnos una imagen de su gloria y de actuar su gracia y verdad mientras camina entre nosotros. Eso sería algo para ver con sus propios ojos, ¿no? Dios quiere que experimentemos el desarrollo, la verdad viva de su Palabra hecha carne.

INTERACCIÓN DIARIA ▼

**CONÉCTESE:** Navega por los muchos cuadros, pinturas e ilustraciones de la escena de la natividad a través de la historia. Elige uno para usar como fondo de escritorio en la temporada de Navidad.

## 17 de diciembre

*María, por su parte, guardaba todas estas cosas en su corazón y meditaba acerca de ellas.*
Lucas 2:19

DEVOCIÓN ▾

# Atesorar en su corazón

Durante la temporada de Navidad, solemos recibir numerosos regalos de los compañeros de trabajo, amigos, colegas y, por supuesto, nuestra familia. Ellos suelen tener un rango desde pequeñas muestras, tales como dulces, frutas o golosinas caseras a elementos tales como libros, DVD y tarjetas regalo. A partir de ahí, la lista de regalos generalmente se hace más personal: ropa, perfume o colonia, artículos prácticos que necesitamos, y hermosos artículos que el dador sabía que iban a deleitarnos de alguna manera.

Por lo general, después de que se han recibido todos los presentes, se abrieron y guardaron, uno o dos persisten en su mente. Tal vez se destacan por ser inesperado o debido a la asociación agradable con la persona y evento, o el contexto en el que fueron recibidos. O tal vez algunos regalos solo nos hablan y emergen como favoritos.

María buscó entre todos sus recuerdos y momentos preciosos con su hijo recién nacido, como si explorase un museo de arte de valor incalculable. Tal vez simplemente no podía elegir una escena especial o un recuerdo imborrable sobre otro. Ella los guardaba todos, consciente del milagro que había tenido lugar en su propia vida, y para toda la humanidad.

INTERACCIÓN DIARIA ▾

**CONÉCTESE:** Postee una de sus fotos favoritas de Navidad de su infancia como su estado en su página personal.

# 18 de diciembre

*Los pastores regresaron glorificando y alabando a Dios por lo que habían visto y oído, pues todo sucedió tal como se les había dicho.*

LUCAS 2:20

▼ DEVOCIÓN

## La mayor fiesta

¿Ha escuchado alguna vez a los compañeros de trabajo o amigos de la iglesia hablar de la gran fiesta a la que todos ellos asistieron la noche anterior? Están bromeando y recordando, recontando los mejores momentos de lo que era claramente un buen momento. Hay un problema, sin embargo: usted no fue invitado.

No es divertido quedarse fuera mientras otros celebran, sentirse pasado por alto e ignorado, sin importancia, o peor, no deseado. Sin embargo, la mayor parte de la historia es una que todavía está pasando y una a la que sin duda usted está invitado a asistir. De hecho, usted no solo está invitado sino que ¡puede traer tantos amigos y familiares como quiera!

La buena noticia del nacimiento de Cristo sigue siendo para todas las personas. No para la élite, o los de onda, o los ricos o exitosos. Pero para todo el mundo. Nuestro Padre nos ama a todos. Jesús nació, murió y resucitó por todos. La fiesta recién comienza.

INTERACCIÓN DIARIA ▼

**CONÉCTESE:** Postee uno de sus versículos favoritos de la historia de la Navidad en JesusDaily.com y dé "me gusta" a tantos otros publicados como usted pueda.

## 19 de diciembre

*... vieron al niño con María, su madre; y postrándose lo adoraron. Abrieron sus cofres y le presentaron como regalos oro, incienso y mirra.*

MATEO 2:10-11

DEVOCIÓN ▼

# Sin la etiqueta de precio

A menudo es difícil mantenerse dentro de su presupuesto cuando compra los regalos de Navidad. Claro, hay algunos presentes que usted debe dar solo para mostrar su agradecimiento y reconocimiento a clientes, compañeros de trabajo, jefes y conocidos. Otros regalos son más divertidos de comprar, así como de dar. Usted sabe que quiere dar algo personal, algo especial y significativo, algo que va a sorprender y deleitar a su destinatario.

Los hombres sabios de Oriente dieron regalos muy caros y lujosos, el tipo que se ajusta literalmente a un rey. Ellos no escatimaron gastos o dificultades para encontrar y traer los tres regalos más famosos de esa primera Navidad. Su respeto, adoración, y fe fueron claros por lo que dieron, y no por el precio sino por la atención reflexiva que estaba detrás de su selección.

No es cuestión de cuánto gasta en el regalo de alguien que le importa. Es la cantidad de corazón que pone en lo que les da, tanto en Navidad como durante todo el año.

INTERACCIÓN DIARIA ▼

**CONÉCTESE:** Comparta con otros en JesusDaily.com el recuerdo de una Navidad favorita de su infancia.

# 20 de diciembre

*¡Gracias a Dios por su don inefable!*
2 Corintios 9:15

▼ DEVOCIÓN

## Su don inefable

¿Cuáles son los mejores dones que ha recibido en Navidad a lo largo de toda su vida? ¿Recibió un pony cuando estaba creciendo? ¿Una nueva bicicleta que soñaba? ¿Una muñeca favorita, una batería, o un iPod? O tal vez usted ha sido bendecido para recibir como adulto algunos presentes que lo han dejado sin palabras: tal vez un anillo de compromiso, un coche nuevo, una preciosa reliquia de la familia, o unas vacaciones sorpresa.

Independientemente de sus mejores regalos, ninguno de ellos se puede comparar con el supremo regalo: ¡el regalo indescriptible de la gracia y la vida eterna! Dios nos dio su más preciado, su más amado Hijo, sabiendo que su tiempo en la tierra no sería fácil. Y, sin embargo, nuestro Padre sabía que esta era el única regalo que podría cerrar la brecha entre nuestros pecados y su santidad.

Siempre es memorable dar y recibir regalos extraordinarios, impresionantes. Pero el más deslumbrante de todos los regalos ya ha sido dado.

INTERACCIÓN DIARIA ▼

**CONÉCTESE:** Comparta un recuerdo de uno de los regalos más tontos o "peores" que haya recibido. ¿Qué hace que este regalo particular se destaque en su mente?

## 21 de diciembre

*Toda buena dádiva y todo don perfecto descienden de lo alto, donde está el Padre que creó las lumbreras celestes, y que no cambia como los astros ni se mueve como las sombras.*

Santiago 1:17

DEVOCIÓN ▾

# Ser un regalo

Por todo su espíritu festivo, la alegría de la Navidad y las gozosas celebraciones, esta época del año también puede ser una de las estaciones más solitarias, más dolorosas. Hay una enorme presión sobre nosotros para que estemos alegres y felices todo el tiempo. Vemos películas, programas de TV, tarjetas, e historias con grandes familias felices. Vemos ansiosos compradores que se apresuran en los negocios, excitados por comprar lo que quieran sin que parezcan preocuparse de sus presupuestos.

¿Pero y si su familia vive lejos? ¿O si usted no tiene mucha gente en su vida? ¿Qué pasa si su presupuesto no le permite entregar ni siquiera el más pequeño o el más mínimo adorno? ¿Qué pasa si no está seguro de cómo va a pagar el alquiler o solventar los comestibles o cubrir la factura de la calefacción?

Si usted seriamente quiere recuperar a Jesús como la razón de esta época, debe estar dispuesto a ser Cristo para los que más lo necesitan. Mire a su alrededor y vea cómo puede responder a las necesidades de otros como un regalo de Navidad para el Señor, un regalo de agradecimiento por el indescriptible regalo de su precioso Hijo.

INTERACCIÓN DIARIA ▾

**CONÉCTESE:** Conéctese con alguien en línea y pónganse de acuerdo para reunirse antes de que pasen las vacaciones.

# 22 de diciembre

*"Mira que estoy a la puerta y llamo. Si alguno oye mi voz y abre la puerta, entraré, y cenaré con él, y él conmigo".*

APOCALIPSIS 3:20

▼ DEVOCIÓN

## La puerta de su corazón

La mayoría de nosotros relacionamos este pasaje en Apocalipsis con el tiempo de nuestra experiencia inicial de salvación con Jesús. La puerta de nuestro corazón tiene un picaporte que se puede abrir desde el interior para permitir la entrada de Jesús, o de cualquiera. Se dice frecuentemente que Jesús es un caballero, y no va a irrumpir en nuestras casas sin ser invitado. Eso era verdad en el día de nuestra salvación, y es cierto hoy.

¿Ha pensado alguna vez que Jesús sigue llamando a la puerta de su corazón? Él sigue deseando entrar, no como un extraño, sino como un amigo o vecino. Él quiere pasar tiempo con usted. Él ve que usted necesita ayuda con las tareas domésticas y se ofrece para ayudarle. Él le pregunta acerca de su familia, amigos y seres queridos. Él quiere saber cómo va su trabajo. Él quiere escuchar lo que realmente hay en su corazón.

Mire, Él incluso le trae una comida y quiere compartirla con usted. Usted está dolorido, y Él quiere sentarse con usted. Aunque es parte de la familia de Dios, usted sigue pudiendo elegir qué le permite a Dios que haga en su vida. Él quiere hacerlo todo.

INTERACCIÓN DIARIA ▼

**CONÉCTESE:** Escriba una carta a un amigo lastimado y recuérdele que Jesús está con él en todo tiempo.

## 23 de diciembre

*Sobre este monte, el Señor Todopoderoso preparará para todos los pueblos un banquete de manjares especiales, un banquete de vinos añejos, de manjares especiales y de selectos vinos añejos.*

Isaías 25:6

DEVOCIÓN ▾

# Un gustito a cielo

En casi todas las culturas, se preparan y disfrutan comidas especiales para ayudar a celebrar la época de Navidad. Dondequiera que miremos, parece que alguien tiene galletas caseras, dulces de menta, pastel de frutas, dulce de leche o pan de jengibre. Luego están las fiestas y cenas, por no mencionar nuestras propias reuniones familiares con platos favoritos y la receta secreta de la abuela.

Aunque tenemos que vigilar nuestra cintura durante esta temporada cargada de calorías, parece oportuno que celebremos con tales deliciosos sabores y distintos platos navideños. Con los muchos sabores festivos, recordamos que el regalo de Dios es incomparable.

Muchas personas anticipan que en el cielo podremos disfrutar de un banquete que va más allá de nuestra imaginación, una fiesta en la que la comida y el compañerismo están literalmente, fuera de este mundo. En Navidad, tal vez sea lógico que tengamos un poco de gustito a cielo.

INTERACCIÓN DIARIA ▾

**CONÉCTESE:** Intercambie recetas festivas en su página personal, recordando a los amigos y la familia la presencia de Dios en nuestras fiestas de vacaciones.

*Ciertamente Dios se acordó de su santa promesa, la que hizo a su siervo Abraham.*

SALMO 105:42

▼ DEVOCIÓN

## Su santa promesa

En Navidad celebramos el nacimiento de Jesús de muchas maneras. Entre ellos, incorporamos tradiciones familiares y sacamos a relucir ornamentos heredados y decoraciones especiales. Muchas de estas tradiciones y artículos han pasado de generación en generación, tan especiales, y tomamos conciencia de que nuestros padres, abuelos y bisabuelos disfrutaron de esos mismos elementos especiales en su celebración de la Navidad.

En Navidad, así como disfrutamos de esos singulares elementos familiares heredados, se nos recuerda nuestra herencia eterna. Dios le prometió a su pueblo que iba a hacer un camino para salvarlos de su desobediencia y malas decisiones. Se comprometió a enviar un Salvador, su Hijo, Cristo el Señor.

Nuestro Padre siempre cumple sus promesas, y la mayor de todas sigue siendo nuestro regalo más preciado, un bebé en un pesebre envuelto en pañales.

INTERACCIÓN DIARIA ▼

**CONÉCTESE:** Desconéctese y anime a otros a hacer lo mismo y pasar tiempo sin interrupciones con la familia y amigos.

## 25 de diciembre

*"Porque tanto amó Dios al mundo, que dio a su Hijo unigénito, para que todo el que cree en él no se pierda, sino que tenga vida eterna".*

JUAN 3:16

DEVOCIÓN ▾

# Celebrarlo a Él

¡Hoy, celebre el nacimiento del Niño Jesús hace más de 2.000 años!

En medio de todos los regalos y festejos, comidas y recuerdos, tómese tiempo para agradecer a Dios el mejor regalo que usted podría recibir jamás.

INTERACCIÓN DIARIA ▾

**CONÉCTESE:** Manténgase desconectado y concéntrese en compartir un tiempo de calidad con la familia, amigos y su Salvador.

*Instrúyeme, SEÑOR, en tu camino para conducirme con fidelidad. Dame integridad de corazón para temer tu nombre.*
*Salmo 86:11*

▼ DEVOCIÓN

## Un corazón indiviso

Después de las vacaciones, a veces es difícil recuperar nuestro equilibrio y volver al horario normal. Tenemos que limpiar las consecuencias de nuestras fiestas, recoger todas las cajas y papeles de regalo, lidiar con los sobrantes de comida, y encontrar la manera de pagar por los lugares a los que fuimos por encima del presupuesto.

El bajón emocional es normal después de la euforia, pero no debemos perder ninguna de las maravillas, la alegría y la paz que vienen con la celebración del nacimiento de Cristo. ¿Cómo evitar una tristeza luego de unas vacaciones?

Nuestros corazones permanecen completa y singularmente enfocados cuando nos concentramos en amar a Dios y servir a su reino. No tenemos que sufrir una crisis después de la maravillosa celebración del nacimiento de Cristo. Su Espíritu habita en nuestros corazones, y ha prometido estar con nosotros para siempre.

INTERACCIÓN DIARIA ▼

**CONÉCTESE:** Postee algunas fotos de su celebración de la Navidad, destacando las personas y no los regalos.

## 27 de diciembre

*Porque él no desprecia ni tiene en poco el sufrimiento del pobre; no esconde de él su rostro, sino que lo escucha cuando a él clama.*

Salmo 22:24

DEVOCIÓN ▾

# Él se mantiene constante

Jesús vino para la gente que más lo necesitaba, no para los que pensaban que tenían la vida resuelta. Ya desde su entrada en este mundo, Cristo vivió de una manera humilde, discreta y sin estridencias. Él pudo haber nacido en el palacio más grande y ser adorado por los líderes mundiales durante toda su vida.

En cambio, nació en un pesebre de las afueras de un pequeño pueblo llamado Belén. En lugar de que la realeza anunciara su llegada, vinieron pastores junto con tres hombres sabios. Incluso tuvo que huir exiliándose de su tierra natal porque su vida estaba amenazada por el edicto que emitió el rey Herodes.

Desde el principio, Jesús supo lo que era ser un extraño. Él crecería mezclándose con pescadores, recaudadores de impuestos y prostitutas, y sería rechazado por los líderes religiosos y políticos de su época. Cristo se relaciona con nuestro dolor porque Él lo experimentó.

INTERACCIÓN DIARIA ▾

**CONÉCTESE:** Deje que otros sepan lo mucho que disfruta de sus fotos de Navidad mientras comienza a reconectarse con su comunidad en línea.

## 28 de diciembre

*Grande es el Señor, y digno de toda alabanza; su grandeza es insondable.*

Salmo 145:3

▼ DEVOCIÓN

# Más que digno

Mientras el año comienza a desinflarse y usted empieza a reflexionar sobre todo lo que ha pasado en los últimos doce meses, observe las maneras en que Dios le ha sido fiel. Tenga en cuenta los momentos en los que usted no sabía cómo seguir adelante o si podría salir de la cama por la mañana. Recuerde las noches sin dormir y los largos días de trabajo cuando le parecía que nunca iba a terminar la tarea. Reflexione sobre las formas en que su Padre estuvo allí para usted, en cada paso del camino, cada día y todos los días.

Él es más que digno de ser alabado. Realmente no podemos comprender su grandeza. Ni aunque pasemos todo un año tratando de intentarlo.

INTERACCIÓN DIARIA ▼

**CONÉCTESE:** Comparta un versículo favorito de este año en JesusDaily.com y vea cómo también les gusta a muchas personas.

# 29 de diciembre

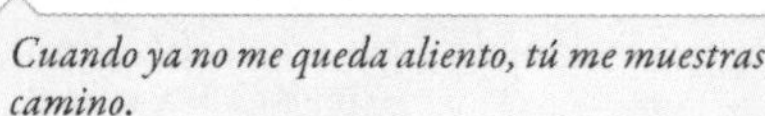

*Cuando ya no me queda aliento, tú me muestras el camino.*

Salmo 142:3

DEVOCIÓN ▾

## Contar con su presencia

A medida que el nuevo año se cierne en el horizonte de tiempo, es posible que usted haya comenzado preocuparse por lo que viene. Es cierto que hay un montón de problemas que usted sabe que estarán esperando, así como sorpresas desagradables que están listas para aparecer a lo largo del camino. Pero aun en medio de sus preocupaciones e inquietudes, crea profundamente en la paz del Señor.

Mirar al futuro siempre puede hacernos estar ansiosos y temerosos. Pero debemos recordar que nuestro Padre nos cuida en todo momento. Hemos atravesado otro año a causa de su fidelidad y bondad. Su soberanía no cambia solo porque nuestro calendario lo haga.

Podemos contar con que la presencia de Dios va delante de nosotros y camina a nuestro lado en el nuevo año que se avecina.

INTERACCIÓN DIARIA ▾

**CONÉCTESE:** Pida a otros que compartan las resoluciones de Año Nuevo que puedan estar haciendo y comparta también una de las suyas. Pónganse de acuerdo en orar y rendirse cuentas uno al otro.

## 30 de diciembre

*Que el Dios de la esperanza los llene de toda alegría y paz a ustedes que creen en él, para que rebosen de esperanza por el poder del Espíritu Santo.*

ROMANOS 15:13

▼ DEVOCIÓN

# Rebosar de esperanza

Algunos años se caracterizan por la dificultad y la pérdida, la lucha y la devastación insondable, las enfermedades y los problemas financieros, el desempleo y el divorcio. Otros años parecen ser más agradables, llenos de recién llegados, promociones merecidas e inesperadas bendiciones y provisiones. Tendemos a pensar que por el solo hecho de que cambien los números en nuestro calendario, de alguna manera nuestras circunstancias también cambiarán automáticamente.

Aunque rara vez suceden un final tan limpio y nuevo comienzo, podemos confiar en Dios con todas las áreas de nuestras vidas. En el año que viene, su paz permanecerá con nosotros, su alegría continuará satisfaciéndonos, y su esperanza nos seguirá sosteniendo.

Usted tiene todo lo que necesita para comenzar un nuevo año de caminar con el Señor.

INTERACCIÓN DIARIA ▼

**CONÉCTESE:** Envíe notas de agradecimiento a personas que lo han bendecido especialmente con su amabilidad durante este año pasado.

##  31 de diciembre

*Puso en mis labios un cántico nuevo, un himno de alabanza a nuestro Dios. Al ver esto, muchos tuvieron miedo y pusieron su confianza en el Señor.*
SALMO 40:3

DEVOCIÓN ▼

# Un cántico nuevo

Independientemente de cómo elija despedir el viejo y recibir el nuevo, ya sea una vigilia en la iglesia o una ruidosa fiesta con sus amigos y familia, llene los primeros momentos del nuevo año con alabanza y acción de gracias.

Dios está haciendo una obra poderosa en su vida. Ha empezado algo nuevo dentro de usted, y no lo abandonará ahora. Está con usted para el largo plazo, para este año y todos los años por venir.

En medio de las fiestas y toma de resoluciones, los brindis y besos a la medianoche, dedique hoy algún tiempo a reflexionar sobre su año y dar gracias. Pídale a Dios que lo fortalezca y bendiga durante todo el año que comienza, sin importar lo que pueda depararle.

INTERACCIÓN DIARIA ▼

**CONÉCTESE:** Visite JesusDaily.com y deje saber a otros que usted estará orando por ellos a lo largo del nuevo año que se inicia.

▼ NOTAS

NOTAS ▼

▼ NOTAS

NOTAS ▼

▼ NOTAS

NOTAS ▼

▼ NOTAS

NOTAS ▼

▼ NOTAS

NOTAS ▼